주제로 보는 한국사 3

고즈윈은 좋은책을 읽는 독자를 섬깁니다.
당신을 닮은 좋은책—고즈윈

주제로 보는 한국사3_ 조선편
이희근 지음

1판 1쇄 발행 | 2005. 12. 15.

글 · 사진 저작권자 ⓒ 2005 이희근 · 권태균
이 책의 저작권자는 위와 같습니다. 저작권자의 동의 없이
내용의 일부를 인용하거나 발췌하는 것을 금합니다.
Copyrights ⓒ 2005 by Lee Hee-geun · Kwon Tae-gyun
All rights reserved including the rights of reproduction
in whole or in part in any form. Printed in KOREA.

발행처 | 고즈윈
발행인 | 고세규
신고번호 | 제313-2004-00095호
신고일자 | 2004. 4. 21.
(121-819) 서울 특별시 마포구 동교동 200-19번지 오비브하우스 501호
전화 02)325-5676 팩시밀리 02)333-5980

값은 표지에 있습니다.
ISBN 89-91319-53-X
　　　 89-91319-54-8(세트)

고즈윈은 항상 책을 읽는 독자의 기쁨을 생각합니다.
고즈윈은 좋은책이 독자에게 행복을 전한다고 믿습니다.

조선편

주제로 보는 한국사

교양인을 위한 우리 역사 87가지 이야기

3

이희근 지음

고즈윈
God'sWin

조선은 그 초기만 해도
외국인에 대한 개방적인 정책을 취하는 등 열린 사회였으나
후기에 와서 열녀 만들기 광풍, 동성혼화 열풍,
여성의 지위 추락 등의 현상을 보듯이
보수화된 닫힌 사회가 되었다.

　도서관이나 서점에 진열된 중고등학교 교과서와 대학 교재 등 한국사 관련 개설서 내지 통사류는 사실(史實)만을 나열한 백과사전식 책들이 대부분, 아니 절대 다수를 차지하고 있다고 해도 결코 지나친 말이 아니다. 때문에 한국인이면 대다수가 한국사 하면 달달 외워야 하는 것이거나 재미없는 과목으로 여길 것이다.

　한국사가 이렇게 인식된 데에는 국사학계에 일차적인 책임이 있다. 국사학자 대부분이 이른바 실증사학이란 미명하에 기록 자체에 매몰되어, 그 이면에 담겨 있는 실체는 도외시한 채 사실의 진위 여부만에 천착한 연구 성과를 제출해왔기 때문이다. 한국사 관련 교과서나 교재가 사실, 즉 정보만으로 이루어질 수밖에 없는 구조적인 문제점이 바로 여기에 있다. 당연히 이런 유의 책을 읽은 독자들은 한국사에 대한 전반적인 이해는 고사하고 엄청난 정보에 질려 본능적으로 한국사 관련 책들에 아예 접근하지 않으려는 기피경향을 갖고 있을 것이다.

　이러한 문제의식 아래 이 책에서는 각 시대(고대·고려·조선)마다 한국사에 대한 전반적인 이해, 나아가 그 실체에 접근하는 데 도움이 되는 핵심 주제 30개 내외를 선별하여 서술하는 방식을 택했다. 이런 방식을 취한 데에는 한국사도 재미있으면서 흥미로운 분야라는 점을 인식시켜주려는 의도도 담겨 있다.

조선사를 다룬 3권에서는 조선 왕조의 정체성을 파악할 수 있는 주제를 여덟 부분으로 나누어 글을 구성하였다. '나라 세우기 프로젝트'에서는 태조 이성계가 건국 후 가장 먼저 착수한 사업인 경복궁 건설을 다루었다. 이는 왕조의 상징인 궁궐을 세워 새 왕조인 조선 왕조의 위상을 내외에 과시하려는 프로젝트인 동시에, 전통시대 국왕의 정치적 운명을 좌우할 정도로 엄청난 파장을 야기할 수 있는 혁명적 사업인 천도의 일환이기도 했다. 그리고 역대 국왕과 왕비의 위폐를 모신 종묘와 토지신과 곡물신을 모신 사직이 국가 그 자체라는 사실, 오늘날의 헌법과 같은 『경국대전』이 왕권과 신권의 타협의 산물임을 밝혔다. '사대부 나라, 조선'에서는 조선 왕조가 서원의 천국이었음을 살폈다. 그것은 송나라부터 명나라에 걸쳐 세워진 중국의 서원 누계는 300 내지 400곳인 데 비해, 학계에 보고된 서원만 해도 조선의 서원은 무려 900여 곳에 이른다는 사실이 단적으로 보여준다. 서원은 바로 사대부의 근거지이므로 조선 왕조는 그야말로 사대부의 나라 그 자체임을 밝혔다. 이와 함께 사족지배체제의 보루 역할을 한 유향소와 향약 등도 살펴보았다.

'열린 사회에서 닫힌 사회로'에서는 조선 초만 해도 외국인의 정착을 허용할 정도로 열린 사회였던 조선이 고립화의 길을 걷게 된 계기가 인조반정이었으며, 이를 더욱 가속화한 이론이 북벌론이었다는 사실을 밝혔다. 이로써 후기에 와서 조선은 외부 세계의 정세에 대한 정보에 무지하여 식민지가 될 수밖에 없었다. 그리고 북학론은 실상 소수의 지식인이 향유한 이론에 불과하며, 강화도조약도 결코 근대화가 아닌 전쟁 방지를 위해 체결된 조약이었다는 사실을 점검했다. '조선 사회의 보수화'에서는 그 연장선에서 조선 후기에 와서 열녀 만들기 광풍, 여성 지위의 추락, 동성촌화 열풍 등 보수화 현상을 다루었다.

'반란, 민란 그리고 농민전쟁'에서는 조선의 3대 의적으로 알려진 홍길동, 임꺽정, 장길산 등이 의적이 아니었음을 밝혔다. 이들에 대한 당시 기록에선 의적의 흔적마저도 찾아볼 수가 없고, 단지 허균의 『홍길동전』, 홍명희의 『임꺽정』, 황석영의 『장길산』을 통해 대도가 의적으로 부활했을 따름이다. 그리고 1842년 임술민란은 반봉건적 운동이 아니라 생존권 보장 운동, 홍경래 난과 1894년 동학농민운동도 결코 근대적인 운동이 아니라 각기 조선 왕조와 같은 왕조체제 건설 운동, 조선 왕조체제 내의 개혁운동에 불과했음을 밝혔다. '경계인의 존재와 삶'에선 조선 사회의 지배이데올로기인 성리학으로 인해 가장 냉대받고 비난받았던 백정, 무당, 보부상, 향리 등의 삶을 살폈다.

'전통이냐, 근대냐'에서는 실학은 근대적 성격을 내포하지 않았으며 단지 조선 왕조체제를 유지하기 위한 학문이란 사실을 밝혔다. 그리고 통념과 달리 조선 후기에 양반이 줄어드는 등 신분제 해체가 아니라 강화하는 현상을 살폈으며, 화폐량 증가도 근대화에 따른 결과가 아니라 정부의 재정 확보정책의 산물임을 밝혔다. '동아시아 삼국의 영토전쟁'에서는 불명확한 조청조약으로 불거진 간도의 영토 분쟁 과정을 살펴보았다. 또 그 근거인 백두산정계비가 일제의 추악한 음모에 의해 사라졌음을 점검하였다. 그리고 1905년 이전의 일본측 자료에서도 독도를 한국의 영토로 명시하고 있으며, 일본 정부도 이때까지는 일본인의 독도 출입을 금지하는 등 한국 땅임을 분명히 하고 있었음을 해명하였다.

마지막으로, 이 책 내용 가운데는 지은이의 독창적인 견해만이 아니라 학계의 연구성과를 반영한 부분도 있음을 밝혀둔다. 그리고 이 책을 통해 한국사의 전반적인 이해, 나아가 그 실체에 접근하는 데 도움이 되었으면 한다.

2005년 11월
이희근, 이정란

고대편

고려편

　조선왕조의 대외 관계는 사대교린정책을 축으로 전개되었다. 다시 말해 조선은 건국 직후부터 명나라와는 친선관계를 유지하여 왕조의 안전을 보장받고, 중국 왕조 이외의 주변 나라나 세력과는 교린정책을 취하였다. 이런 정책은 상대가 달라지더라도 왕조 전 기간에 걸쳐 일관되게 유지되었다. 그 결과 조선왕조는 건국 후 200여 년 동안은 평화시대를 구가할 수 있었다.

　이렇게 장기간의 평화를 가능하게 했던 사대교린정책도 주변 나라들의 정세 변동과 그에 대한 조선왕조의 대처능력 미숙으로 몇 차례 파탄을 맞이하였다. 첫 번째가 바로 임진왜란이었다. 임진왜란은 전국(戰國)시대를 통일하여 자신감에 찬 도요토미 히데요시〔豊臣秀吉〕의 대륙 진출이란 허망한 야망에서 비롯되었지만, 일본의 침략을 예견한 조선왕조가 군비 증강 등 적절한 대책을 마련하지 않아 전란의 피해를 극대화한 측면도 있다.

　두 번째는 조선왕조의 무능에서 비롯되었다. 정묘호란으로 후금(後金, 청)의 위력을 명백히 경험하였던 조선왕조는 현실적인 정책이 아닌, 명(明)과의 의리를 중시하는 친명배금(親明排金)정책을 택함으로써 병자호란마저 야기하여 엄청난 피해를 자초하였다. 그 여파로 조선의 지배층 사이에는 호란 때 당한 치욕의 복수와 함께, 임진왜란 때에 입은 명나라의 은혜를 갚아야 한다는 여론이 득세하였다. 그것이 바로 양란 이후 사대부들의 정신적 지주가 된 북벌론(北伐論)과 대명의리론(對明義理論)이다.

그 결과 조선왕조는 외부세계와 단절된 고립주의 노선을 취함으로써 국내적으로 정체되었음은 물론이고 외세에 대한 정보마저 부족하여 제국주의의 침략에 적절하게 대응할 수 없게 되어, 끝내 역사의 뒤안길로 사라져버렸다. 물론 그 사이에 청의 발달한 문물을 배우자는 북학론(北學論)이 제기되었지만, 이는 일부 지식인의 여론에 불과했다.

● 당쟁과 환관 발호에 힘싸인 명나라(1368~1644)

명의 태조 주원장(朱元璋)은 중국 역사에서 한나라의 고조와 함께 평민 출신으로서 황제에 오른 입지전적인 인물이다. 그는 원나라 말기 백련교도(白蓮敎徒)가 원의 통치에 반기를 들고 일어났을 때 이에 가담하였다. 당시 머리에 붉은 수건을 둘러 홍건적(紅巾賊)이라고도 불리던 백련교도는 중국 각지에 세력을 떨치고 있었다.

그중 주원장은 지리적 요충지인 금릉(金陵, 남경)을 근거지로 삼아 각지의 군웅(群雄)들을 차례로 제압하고 마침내 1368년 명을 세

웠다. 이어 그 여세를 몰아 원나라를 북으로 몰아내고 중국을 통일
하였다. 태조는 남경(南京)을 수도로 삼고, 중앙집권적 지배체제를
강화하는 등 내정에 힘을 기울였으나 외국에 대해선 소극적이었다.

적자인 혜제(惠帝)를 몰아내고 즉위한 성조(成祖)는 수드를 북경
에 정하고 몽골 정복에 나서 만주를 점령하고 안남(安南)다저 복속
시켰다. 그가 죽은 뒤에는 황제에 오른 인물들 가운데 평범하거나
연소자가 많아서 안으로는 관료의 당쟁과 환관의 전횡이 심해지고,
밖으로는 몽골의 공격과 왜구의 침탈로 곤경에 처했다. 이어 16세
기에 와서는 밀무역에 종사한 중국인과 일본인이 동남해안을 침탈
하였다. 이 때문에 군사비가 팽창하여 나라 재정이 고갈되었다.

그러다가 신종(神宗, 1572~1620) 때 장거정(張居正)이 정치개혁을
단행하여 관료의 비리를 척결하고 대대적인 토지조사를 단행해 징
세기반을 확대하여 국력을 어느 정도 회복하였다. 그러나 그의 사
후 또다시 당쟁이 격화되고 환관이 세력을 떨치자 정국이 불안정해
졌다. 마지막 황제 의종(毅宗) 때에 이르러서는 각지에서 대규모의
반란이 일어났다. 그 와중에 이자성(李自成)이 1644년 북경을 함락
하자, 의종이 자살하여 명은 끝내 멸망하고 말았다. 명을 대신해 중
국을 통일한 나라는 바로 여진족의 청이다.

● 다시 한번 중국을 제패한 여진(만주)족의 청나라(1616~1912)

한때 동아시아의 최강자로 군림했던 금 왕조는 1234년 칭기즈칸
의 등장으로 멸망한 후 여러 부족으로 분산되어 한동안 원나라와

명나라의 지배를 받았다. 누르하치[奴兒哈赤]의 등장과 함께 1616년(광해군 8) 후금(後金)이 건국되고, 2대 태종(太宗)이 1636년(인조 14) 청으로 국호를 바꾸어 다시 한번 중국대륙을 차지하였다.

태종은 조선을 정복하고 동부 몽골을 병합하였다. 3대 세조(世祖) 때 섭정 도르곤이 1644년 북경을 점령하여 이곳을 수도로 정하고 중국의 지배를 선언하였으며, 세조 연간에 명조의 남은 무리를 소탕하고 나라의 기틀을 마련하였다. 다음 성조(聖祖, 강희제)는 안으로는 오삼계 등의 3번(三藩)의 난을 평정하고 밖으로는 외몽골, 티베트, 위구르지역까지 영유하였다. 이와 함께 성조는 한인(漢人) 학자를 이용하여 제도를 정비하고 문화를 융성하였다. 다음 세종(世宗, 옹정제)은 조세제도를 개혁하여 국부를 신장하고 사상통제와 관료숙정을 단행하여 중앙집권 확립에 힘썼다.

이로써 고종(高宗, 건륭제) 때에 와서 최전성기를 맞이하였다. 고종은 원나라에 버금가는 제국을 건설하고 학문을 장려하여 『사고전서(四庫全書)』와 같은 대작을 편찬하는 등 문화의 번성을 이룩하였다. 이때의 발전된 문물은 조선의 북학파에게 큰 자극제가 되었다. 이와 동시에 만주족의 국수주의를 고무하여 한족(漢族)의 반청사상을 억압하였다.

그 만년부터 인종(仁宗)대에 걸쳐 국정이 이완되고 군사력의 근간인 8기군(八旗軍)의 기강마저 해이해졌고 국가재정도 악화되어 갔다. 그 결과 영국과의 아편전쟁이 일어나 1842년 남경조약을 맺어 끝내 개국하기에 이르렀다. 곧이어 태평천국(太平天國)의 난이 일어나 파탄에 이르고 영·불 연합군의 북경 함락으로 더욱 궁지에 몰렸다. 그 여파로 강유위(康有爲) 주도의 무술정변(戊戌政變)이 일어나

신구 양파 간의 권력투쟁을 더욱 격화시켰다. 더욱이 한족의 반청 분위기마저 고조되어 손문(孫文) 주도의 혁명파가 마침내 1911년 신해혁명(辛亥革命)을 일으켜 청을 멸망시키고, 이듬해 2월 중화민국(中華民國)을 세웠다.

● 전국(戰國)의 혼란을 끝내고 평화시대를 구가한 에도 바쿠후[江戶幕府, 1603~1867]

15세기 후반에 일어난 오닌[應仁]의 난 후 일본은 전국시대(1467~1568)로 접어들었다. 각지에서 일어난 다이묘[大名]는 저마다 전국의 통일을 목표로 교토로의 진출을 시도하면서 상호간에 격렬한 항쟁을 거듭하였다. 이 혼란기를 수습한 인물이 바로 임진왜란을 일으킨 도요토미 히데요시다.

히데요시는 전국의 토지조사와 병농분리를 추진하고, 수확량에 근거한 다이묘 영지와 조세 수취제도를 마련하였으며, 전국의 중요 도시를 직할화하는 등 중앙집권에 성공하였다. 이와 함께 무기몰수령과 해적정지령을 공포하여 다이묘의 발호를 차단하였다. 성공적인 그의 통치력도 두 차례에 걸친 조선 침략으로 가장 극심한 고통을 받은 무사들이 반란이 일으키고 많은 농민들마저 대거 유리하자 급속히 약화되었다.

히데요시의 후계자 도쿠가와 이에야스[德川家康]가 1603년 천황으로부터 정이(征夷)대장군에 임명되면서 에도 시대가 개막되었다. 에도 시대는 제15대 쇼군[將軍] 도쿠가와 요시노부가 천황에게 정권을 반환한 1867년까지 265년간 지속되었다. 에도 바쿠후는 이 기간 권력의 중추기관인 바쿠후가 에도에 있었기에 붙여진 이름이다. 이 시대의 일본은 대내적으로는 바쿠한〔幕藩〕체제가 확립된 17세기 중엽부터 19세기 중엽 개국까지 전쟁이 없는 평화로운 시대를 구가하여 독자적인 경제와 문화를 발전시켰다. 그리하여 일본은 19세기 후반에 밀어닥친 서구문명을 받아들일 수 있는 기반을 마련하게 되었다.

에도 바쿠후의 개창자인 이에야스는 1600년 세키가하라 전투에서 승리하여 사실상 전국의 패권을 장악하였다. 이에야스는 히데요시가 만든 통치체제인 바쿠한체제를 계승하였다. 이어 쇼군에 임명되어 토지 지배권을 매개로 다이묘들과 군사적 주종관계를 맺었다. 바쿠후는 에도·오사카·교토 등 주요 도시와 광산을 차지하고, 중요한 교통로를 지배하며 화폐주조권을 독점함으로써 다이묘에 대해 압도적인 우위에 섰다. 바쿠후는 기독교 금지를 축으로 대외무역을 통제, 관리하고 자국인의 해외 왕래를 금지하였다. 이런 쇄국정책은 1854년 개국 때까지 지속되었다. 그럼에도 네덜란드인은 여전히 나가사키의 데지마〔出島〕를 거점으로 삼아 무역활동을 영위하였는데, 이것이 바로 조선의 쇄국정책과는 다른 점이다.

1868년 왕정이 복고되면서 전개된 메이지시대에는 정한론(征韓論)이 강력하게 대두되었고, 1876년에는 메이지정부의 무력 압력으로 조선과 일본은 불평등한 강화도조약을 맺기에 이른다.

1

나라 세우기 프로젝트

| 혁명적인 프로젝트, 500년 도읍지 한양을 세우다
| 새 왕조의 두 근간, 종묘와 사직
| 왕권과 신권의 타협의 산물, 『경국대전』

혁명적인 프로젝트,
500년 도읍지 한양을 세우다

1392년 7월 17일, 조선왕조를 창업한 태조 이성계의 즉위식이 열린 곳은 새 왕조의 도읍 한양(漢陽)이 아니라 개경의 수창궁(壽昌宮)이었다. 그로부터 12일이 지난 7월 28일에 반포한 즉위교서에서, 이성계는 국호를 그대로 고려라 칭하고 법과 제도 역시 모두 고려의 것을 따를 것임을 선언했다. 물론 이 조치는 개경에 기반을 둔 고려 구세력의 반발을 고려한 것이었다.

태조 이성계 고려의 마지막 왕 공양왕에게 선양(禪讓)의 형식을 빌어 왕위를 물려받았다.

새 술은 새 부대에

전근대사회의 수도는 지배층의 생활공간인 동시에 한 나라의 정치, 경제, 사회, 문화의 중심지였다. 그 때문에 오늘날과 달리 전근대의 천도(遷都)는 정권의 운명을 가를 정도로 혁명적인 변화를 야기하는 중대한 국가적인 프로젝트였다. 당시 천도가 혁명적인 사업임을 보여주는 단적인 근거로 조선시대 한양 출신이 정부의 고위직을 독점하다시피 한 사례를 들 수 있다.

예컨대 정조-철종 연간(1776~1862)의 '도당록(都堂錄)'에 오른 인물의 거주지를 보면, 한양이 75.8퍼센트, 경기도가 8.8퍼센트로 한양 일원이 84.7퍼센트나 차지했을 정도였다. 도당록이란 문과 합격자 중 당상관(堂上官, 정3품 이상)의 일차적인 후보집단을 선정하여 기록해둔 문서다. 실제 이 기간의 문과 합격자 가운데 당상관에 오른 비율은 한양 일원 출신이 무려 90.1퍼센트에 달하고 있다. 당시 전국 1천만 가량의 인구 가운데 한양 인구가 20여 만 명이었음을 고려하면 한양 출신이 정부의 고위직을 사실상 독점했음을 알 수 있다.

그만큼 천도 사업은 기존 수도에 기반을 둔 지배층의 엄청난 반발을 수반할 수밖에 없었다. 고려의 인종(1122~1146) 때 묘청(妙淸)으로 대변되는 서경세력이 서경 천도를 추진하다가 개경에 기반을 둔 김부식(金富軾)을 비롯한 귀족들의 완강한 반발에 부딪혀 그 계획이 좌절되었음은 물론이고 묘청 등 서경세력은 거의 다 무참히 살해당했을 정도였다.

이런 사례는 전근대에서 흔한 현상이었다. 예컨대 신라의 경우

신문왕(681~692) 때에는 현재의 대구인 달구벌(達丘伐)로 천도하려
했다가 경주에 기반을 둔 귀족세력의 반대에 부딪혀 결국 실행하지
못했다. 그 극단적인 사례는 백제에서 찾아볼 수 있다. 오늘날의 공
주인 웅진(熊津)에서 사비(泗沘, 부여)로 천도하려던 동성왕(479~501)
의 계획은 웅진에 세력기반을 가진 백가(苩加)로 대변되는 귀족세력
의 반발로 좌절되었을 뿐 아니라 동성왕 자신마저 죽임을 당했다.
백가세력이 천도를 반대한 것은 사비 천도로 자신들의 정치적 기반
을 잃을까 우려했기 때문이다. 이처럼 천도 문제는 그야말로 국왕
의 정치적 운명을 좌우할 정도로 엄청난 파장을 야기할 수 있는 혁
명적인 사업 그 자체였다.

그러나 신생국 조선이 해결해야 할 첫 번째 과제는 새로운 도읍
을 정하고 궁궐과 관청을 세워 국가의 면모를 제대로 갖추는 것이
었다. 개경은 고려 구세력의 근거지였기 때문에 당연히 신왕조에
대한 반감이 팽배했다. 그들의 고려에 대한 연민과 향수, 그리고 조
선에 대한 반감이 반란으로 이어질 것을 태조 이성계는 크게 염려
했다. 더불어 '개성은 신하가 임금을 폐하는 망국의 터'라는 참설도
천도에 영향을 미쳤다.

그리하여 조선의 건국 주체는 어느 정도 새 왕조의 기틀이 잡히
자 고려의 체제에서 벗어나려 했다. 그리고 마침내 건국 이듬해에
새 왕조의 국호를 '조선'이라 정하고 새 도읍지 건설에 나섰다. 그
과정은 순탄하지 않았다. 본래 이성계가 마음에 두었던 도읍지는
한양이 아니라 계룡산 기슭의 신도안〔新都內〕이었다. 실제로 계룡산
에 새로운 도읍지를 짓기 위해 1년 가까이 공사를 진행하고 있었는
데, 경기 좌우도 관찰사 하륜(河崙)이 계룡산의 풍수적 결함을 지적

하여 중단되고, 한양이 새 도읍지로 결정되었다.

오늘날의 서울지역은 고려 때부터 중요하게 여겨졌다. 풍수지리 설을 굳게 믿었던 고려인들은 이 지역을 명당으로 손꼽았다. 그리하여 고려 문종 21년(1067)에는 현재의 서울지역을 남경(南京)으로 하여 서경·개경과 더불어 3경을 삼기도 하였다. 그만큼 한양은 고려왕조에 향수를 가지고 있던 사람들의 반발을 줄일 수 있는 이점도 있었다. 새로운 도읍지를 한양으로 결정한 것이 태조 3년(1394) 8월의 일이었는데, 태조는 불과 두 달 만에 한양으로의 천도를 단행하였다.

500년 도읍지, 한양건설

우선 태조는 과거 한성부 객사(客舍)를 이궁(離宮)으로 삼아 임시 거처로 정하였다. 천도한 태조에게 무엇보다 시급한 과제는 종묘(宗廟)와 사직(社稷)을 조성하기 위한 새 궁궐을 건립하는 일이었다. 고로 수도의 건설은 왕궁 건설부터 시작되었다.

어느 곳에 궁궐을 건설해야 할 것인가에 대한 논란이 일었다. 이성계의 스승이자 승려인 무학(無學)은 인왕산을 주산으로 하고, 백악산(북악산)을 좌청룡(左靑龍)으로 하고, 목멱산(남산)을 우백호(右白虎)로 하자고 주장하였다. 그러자 정도전(鄭道傳)이 "예부터 제왕(帝王)은 모두 남면(南面)하고 정치를 하였지, 동쪽을 향했다는 말은 듣지 못했다."고 반대하였다. 결국 정도전의 주장이 받아들여져 궁궐 터가 정해졌다. 사실 무학은 한양 천도를 주도했다는 통념과는 달리 천도나 도읍 조성 과정에서 그다지 영향력을 발휘하지 못했다.

천도 직후 궁궐 공사를 서둘러 약 1년 만에 최초로 완성된 궁궐이 바로 500년 조선왕조의 정궁(正宮) 경복궁이었다. '경복궁'이란 이름은 『시경(詩經)』 주아편의 "군자 만년, 그대의 큰 복〔景福〕을 도우리라."는 구절에서 따온 것이다.

궁궐이 완성된 후 태조는 정도전에게 이름을 짓게 하였는데 정도전은 궁궐을 경복(景福), 정전을 근정(勤政), 침전을 강녕(康寧), 침전의 남쪽 전각을 사정(思政)이라 지었다. 그리고 궁궐의 남문은 광화(光化), 동문은 건춘(建春), 서문은 영추(迎秋), 북문은 신무(神武)라 했다. 또한 도성문은 남은 숭례(崇禮), 동은 홍인(興仁), 서는 돈의(敦義), 북은 숙청(肅淸)이라 했다.

남면한 경복궁을 중심으로 『예기(禮記)』의 '좌묘우사(左廟右社)'

경복궁 전경 500년 조선왕조의 영욕이 담긴 정궁(正宮)이다.

원칙에 따라 왼쪽(동방)에 태조의 4대조를 비롯한 역대 국왕과 왕비의 신위(神位, 위패)를 모실 종묘(宗廟)를 세웠다. 또 오른쪽(서방)에 토지의 신〔社〕과 오곡의 신〔稷〕을 도시는 사직단(社稷壇)을 건설했다. 이 '효도'와 '권농(勸農)'이 바로 새 왕조 조선의 두 근간이었다.

태조 이성계는 재위 3년(1394) 11월 백관을 거느리고 개경을 떠나 한양에 도착하여 경복궁에 들어갔다. 이때부터 왕도 서울의 역사가 시작된 것이다. 태조는 그 이듬해 이곳을 한성부(漢城府)로 개칭하고, 지역을 5부 52방으로 구획하였다. 이때부터 한성부에 여러 시설이 건설되기 시작하였다. 경복궁의 정문은 광화문인데, 앞에는 남으로 펼쳐지는 지금의 세종로인 다 로를 내었다. 그 양쪽에 의정부를 비롯한 육조(六曹), 중추부, 사헌부 등 국정의 주요 기관이 늘어선 관청가를 건설했다.

수도 주변에는 군사와 치안의 필요에 따라 성곽을 쌓았는데 북악산-낙산-남산-인왕산-북악산의 능선을 연결하는 도성(都城)이었다. 축성에 필요한 인력은 전국에서 징발된 백성들로 충당되었다. 이때 인부로 소집된 인원은 연 50만 명에 이르렀다. 그리하여 태조 5년(1396)에 높이 8.5미터, 둘레 18킬로미터의 도성이 완성되었다. 도성에는 4대문과 4소문을 두었는데, 현재 보물 1호인 동대문과 국호 1호 남대문은 각각 1397년, 1398년에 준공되었다.

이렇게 건설된 수도 한성부는 전형적인 정치도시였다. 즉 한성부는 권력의 집결지로 관료들의 주거지였으며, 그 가족과 이들이 부리는 노비들의 터전이었다. 그리고 전국의 조세·공납이 집결되는 거대한 소비도시이기도 했다.

서울 성곽 일제 강점기를 거치면서 대부분 파괴되어 현재 일부의 모습만 보존되어 있다.

국왕의 단순한 거주지가 아닌 궁궐

궁궐은 그 용도상 왕이 주로 거주하며 나랏일을 볼 목적으로 지은 정궁, 늘 거주하지는 않지만 필요에 따라 일정 기간 거주하는 이궁, 왕이 서울을 벗어나 지방에 행차할 때 머물 목적으로 건축한 행궁(行宮)으로 구분할 수 있다.

정종이 즉위하면서 도읍을 다시 개성으로 옮기어 경복궁은 비게 되었으나, 태종 때 다시 환도하여 정궁으로 이용되었다. 재위 4년(1404) 한양 환도를 결정한 태종은 궁내에 경회루(국보 제224호)를 지었다. 연못을 넓게 파고 장대한 누각을 지어 임금과 신하가 모여 잔치를 하거나 사신을 접대하도록 하였으며, 파낸 흙으로는 침전 뒤편에 아미산(蛾眉山)이라는 동산을 만들었다.

환도와 함께 태종은 경복궁 동쪽에 이궁을 새로 짓기 시작하는데 이 궁이 바로 창덕궁이다. 이듬해 10월 창덕궁이 완성되자 태종은 경복궁이 아닌 창덕궁에 입주한다. 태종이 경복궁에 기거하지 않고 새로 창덕궁을 지어 입주한 것은 왕위에 오르기 전에 형제들과의 왕위 쟁탈전 과정에서 많은 살육을 저지른 것에 대한 태조의 분노와도 관련이 있을 것이다.

창덕궁의 건물 배치는 경복궁과는 매우 다르다. 경복궁은 남향으로 하여 질서정연한 대칭구조인 데 반해, 창덕궁은 지형에 맞추어 자유롭게 건물을 배치했다. 특히 창덕궁은 후원이 잘 갖추어져 있다. 일명 금원(禁苑)이라 불리는데, 창덕궁과 창경궁 두 궁궐의 후원으로 조선 궁궐의 조경을 잘 보여준다. 독특한 공간으로 구성된 창덕궁은 정궁인 경복궁과 비교된다. 엄격성을 가진 정궁에 비해 이궁은 좀 더 자유스럽고, 자연스러움을 추구하고 있다. 그리하여 정궁과 이궁이 조화롭게 어울린 조선 궁궐 체제가 완성되었다.

조선 전기에 창덕궁은 임금들이 경복궁에서 정사를 보았으므로 크게 이용되지 않았다. 그러나 성종이 즉위하고부터는 왕이 창덕궁에 머물면서 정사를 보는 일이 많아졌다. 또한 성종은 생존해 있던 삼대비(三大妃)를 위해 창경궁을 새로 지었다. 이리하여 조선 전기의 세 궁궐이 완성되었다.

조선을 비롯한 왕조시대의 궁궐의 기능과 역할에 대해서는 아버지 사도세자를 위해 수원의 행궁(行宮)을 지었던 정조가 한 말에 잘 나타나 있다.

"궁궐은 왕이 거주하면서 다스리는 곳이다. 사방의 사람들이 우러

러보고 신민(臣民)이 둘러 마음을 향하는 곳이다. 그러므로 부득불 그 제도를 장대하게 하여 존엄을 보이고 그 이름을 아름답게 하여 우거(寓居)하는 데 경계를 되새기고 읊으면서, 그 거처를 호사스럽지 않게 하면서도 그 경관을 화려하게 하는 것이다."

나라의 최고 통치자인 임금이 거주하면서 백성을 다스리는 곳이기에 백성들에게 통치자의 권위와 위엄을 과시하기 위한 목적으로 규모를 거대하게 하고 장식을 화려하게 하였던 것이다.

왕조시대의 궁궐은 배타적인 공간으로서 평민들에게 접근이 허용되지 않는 성역이었으며, 이곳에 거주하거나 출입할 수 있는 사람은 엄격히 제한되어 있었다. 왕조시대 국왕은 주권자요 통치자였다. 전쟁과 같은 비상시의 동가(動駕, 임금이 수레 등을 타고 거동하는 일)나 능행(陵幸, 임금이 능에 거둥함), 궁묘(宮廟) 참배 등을 제외하고는 국왕이 궁궐을 벗어나는 일은 매우 드물었기에, 국왕의 활동은 거의 궁궐 안에서 이루어졌다. 그 때문에 궁궐은 국왕의 사적인 주거 공간이라기보다는, 왕실과 국가의 존엄성을 상징하고 나라의 주권자요 통치자로서 왕이 공적인 활동을 펼치는 곳이라는 데 더 큰 의미가 있었다.

국왕은 법적으로 정치와 행정에 관한 모든 일을 집행하지만 모든 업무를 국왕이 직접 할 수는 없었다. 국왕의 업무는 다만 주요 정책에 대한 결정을 내리고 그 결과를 감독하는 데 그쳤다. 따라서 국왕은 여러 직책을 두어 특정한 업무를 나누었다. 그러한 직책을 맡은 사람들이 바로 관료들이다.

국왕이 궁궐 밖으로 나가는 일은 거의 없기 때문에 관료들은 왕

을 만나 주요 사안을 협의하고 그 시행 결과를 검토 보고하는 등의 활동을 하려면 궁궐에 들어와야 했다. 이처럼 궁궐은 국왕뿐만 아니라 주요 관리들의 공적인 활동공간이기에 국가의 최고 관부(官府)이기도 하였다.

왕실의 영욕이 담긴 경복궁

태조 이후에도 여러 왕들에 의해 여러 차례 개수(改修)된 경복궁이 조선왕조의 정궁으로서 완전한 모습을 갖춘 것은 세종 때였다. 세종은 즉위 후에 자주 경복궁에 기거하였고 궁전(宮殿)도 수리 증

축하였다. 세종은 왕권이 안정되자 경복궁을 명실상부한 정궁으로
삼기 위해 노력했는데, 재위 8년(1426)에는 집현전 관료들에게 궁
안의 각 문과 다리들의 이름을 정하게 했다. 이때 정해진 이름이 홍
례문(弘禮門) · 광화문(光化門) · 일화문(日華門) · 월화문(月華門) · 건
춘문(建春門) · 영추문(迎秋門) 등과 영제교(永濟橋) 등이었다.

세종은 이어 11년(1429)에 사정전과 경회루를 증축하고, 13년에
광화문을 개축했다. 이어 14년에 문소전(文昭殿)을 신축하고, 15년
에 강녕전을 개축하고 신무문(神武門)을 신축했으며, 20년에 선원전
(璿源殿)을 이전하기 위한 공사를 추진했다. 세종의 이런 노력에 의
해 경복궁은 조선왕조의 정궁으로서 위용을 떨치게 되었다. 뒤를
이은 왕들도 경복궁을 지속적으로 수리 증축하였지만 경복궁이 제
모습을 갖춘 것은 실로 세종의 덕이었다.

그러나 임진왜란으로 경복궁 · 창경궁 · 창덕궁의 3대 궁궐이 모
두 불타 버리고 말았다. 경복궁 재건은 왜란 직후부터 논의되었으나
실천에 옮겨지지는 못하였다. 여기에다 경복궁이 길(吉)하지 못한
터라는 풍수설이 있어 경복궁 대신에 창덕궁이 재건되었다.

창덕궁은 가장 먼저 복구가 시작되어 광해군 원년(1609)에 중건
되었다. 곧이어 창경궁도 복구되었지만 경복궁만은 그대로 방치되
었다. 이로써 창덕궁은 임진왜란 뒤 중건되면서부터는 조선왕조의
정궁으로서 나라의 크고 작은 모든 일을 치르는 역사의 주무대가
되었다.

경복궁은 그 후 장장 270여 년간이나 복원되지 않은 채 방치되었
다. 그동안 여러 국왕들이 경복궁을 재건하려 했지만 때로는 재정
난으로, 때로는 터가 불길하다는 이유로 고종 2년(1865) 이전까지

시행되지 못하고 있었다.

　안동김씨의 세도정치에 한이 맺힌 조대비(趙大妃)의 도움을 받아 아들 고종을 즉위시키는 데 성공한 흥선대원군(興宣大院君)은 경복궁의 중건계획을 밀어붙였다. 노론의 장기집권과 안동김씨의 세도정치로 위축된 왕실의 권위를 회복하고자 경복궁 재건을 강력히 추진한 것이다. 대원군의 중건 목적은 명곡상의 섭정(攝政)이었던 조대비 이름으로 발표된 중건 교서에 잘 나타나 있다. 그 대략은 이러하다.

　"경복궁은 한양으로 수도를 정함과 동시에 왕궁이었고, 그 규모와 외관이 웅대하고 장려(壯麗)하여 정령(政令)이 바르게 시행된 곳이다. 그런데 불행하게도 왜란으로 불타서 아직 중건하지 못하여 뜻 있는 인사들이 개탄해왔다. 익조와 헌종이 중건의 뜻을 갖고 있었으나, 그 유지가 이루어지지 않아 지금까지 숙원으로 남아 있다. 따라서 이 사업은 역대 왕들의 뜻을 계승하는 일일 뿐 아니라 백성의 복과 나라의 영원한 근본이 이에 있기 때문에, 경복궁을 중건하여 왕실의 중흥대업을 이룩하려 한다."

　드디어 고종 2년, 경복궁 재건 사업이 시작되어 많은 어려움 끝에 3년 4개월 만인 고종 6년 7월에 완공되었고, 고종은 이곳으로 옮겨 정무를 개시하였다. 그러나 이도 잠시였다. 아관파천으로 경복궁은 주인 없는 죽은 궁궐이 되었다. 고종이 러시아공사관에서 환궁하여 죽을 때까지 덕수궁에 거주했기 때문이다. 이후 경복궁은 일제의 식민지배로 영원히 새 주인을 맞지 못한 채 지금의 모습에 이르고 있다.

2

새 왕조의 두 근간, 종묘와 사직

"천자는 칠묘(七廟)를 세우고 제후는 오묘(五廟)를 세우는데, 궁궐의 왼쪽에는 종묘를 두고 오른쪽에는 사직을 세우는 것이 옛날의 제도이다. 고려의 종묘제도는 법도에 합당하지 않고, 또 성 밖에 있다. 사직은 비록 오른쪽에 있으나 그 제도는 옛것과 어긋난다. 그러니 예조에서는 상세히 의논하여 일정한 제도로 삼아야 할 것이다."

1392년 7월 17일 개경 수창궁(壽昌宮)에서 왕위에 오른 태조는 즉위한 지 12일째인 7월 28일에 4대 조상에게 존호(尊號)를 올리고 즉위교서를 발표하였는데, 위 인용글은 즉위교서의 첫 번째 조항이다.

그만큼 태조를 비롯한 조선의 건국 주체는 왕실 조상의 신위(神位, 위패)를 모신 종묘와 토지신인 '사(社)'와 곡물신인 '직(稷)'을 모신 사직단을 새 왕조의 두 기둥이라 여겼다. 그리하여 '종묘사직(宗廟社稷)', 곧 '종사(宗社)'는 왕조 자체를 가리키는 의미를 지니게 되었다.

조상숭배의 형태는 문화권마다 다양하게 나타나게 마련이다. 불교문화권에서는 화장(火葬)을 하여, 그 유골을 사찰에 안치하고 제사를 지낸다. 반면 유교에서는 사람이 죽으면 혼(魂)과 백(魄)으로

종묘 왕실 조상의 위패를 모신 종묘는 사직과 함께 조선왕조의 두 기둥이었다.

분리되어 영혼은 하늘로 올라가고 형체인 백은 땅으로 돌아간다고
믿는다. 그래서 죽은 조상의 혼과 백을 기리기 위해 각각 사당(祠堂)
과 묘(墓)를 두어 조상을 숭배했다. 사당은 죽은 조상의 영혼이 자리
를 잡은 곳이고, 묘(墓)는 시신(屍身)을 모신 곳이다. 그런데 사당은
집안에 두고 조상의 신위를 받들어 제사를 올리는 곳이기에 후손들
에게는 무덤보다 더 특별한 의미가 있었다. 이런 의식은 왕실이라
고 예외일 수 없었다.

　종묘는 왕과 왕비, 그리고 사후(死後)에 왕으로 추존된 왕과 왕비
의 신위를 봉안한 왕실의 사당이었다. 아울러 종묘는 사직단과 함
께 유교 이념을 대표하는 국가적인 제사 시설이었다. 이 때문에 종

묘와 사직은 국가나 조정 자체를 의미할 정도로 큰 비중을 지녔다.

종묘는 삼국시대 이래 가장 중요한 국가 시설이었다.『삼국사기』에 따르면 신라는 1대 혁거세를 시조묘(始祖廟)에 모셨고, 고구려와 백제는 각각 동명왕묘를 두었다. 고려시대에는 태묘(太廟)를 두었는데, 성종 때 중국의 제도, 즉 천자는 7묘, 제후는 5묘라는 관념에 따라 태묘를 설치했다. 의종 때에는 태묘에서 제사 지내지 않는 역대 국왕을 위해 별묘(別廟)를 세우기도 했다.

이렇게 왕조국가에서 조상을 숭배하고 사당을 두는 것은 오랜 전통이었다. 즉위교서의 첫머리에서 사직과 종묘 건설을 언급한 것은 태조 이성계를 비롯한 조선 건국세력도 그 전통을 이어가겠다는 강력한 의지를 표현한 것이다.

종묘에 담긴 의미

태조 3년(1394) 한양으로 천도가 결정되자 종묘의 건설도 함께 이루어졌다. 태조 3년 11월, 최고기관 도평의사사(都評議使司)에서는 종묘 건설의 의미를 이렇게 밝히고 있다.

"종묘는 조종(祖宗)을 봉안하여 효성과 공경을 높이는 것이요, 궁궐은 국가의 존엄성을 보이고 정령(政令)을 내는 것이며, 성곽은 안팎을 엄하게 하고 나라를 굳게 지키려는 것으로, 이 세 가지는 모두 나라를 가진 사람들이 제일 먼저 해야 하는 것입니다. 여론에 따라 한양으로 서울을 정하였으니, 공사를 독촉하여서 종묘와 궁궐을 짓고 성곽을 쌓아서 효성과 공경을 조상에게 바치고, 신하와 백성들에게 존엄성을 보이며, 또 국가의 세력을 길이 굳건하도록 해야 할 것입니다.”

이처럼 종묘는 새로운 왕조를 열고 궁궐과 함께 최우선으로 건설해야 할 국가 시설이었다. 태조 자신도 종묘 건설에 깊은 관심을 나타내어 직접 용산 나루터에 가서 종묘 공사에 쓰일 재목을 살펴보았고, 여러 차례 공사의 진행 상황을 지켜보았다. 마침내 태조 4년 9월 개경에 있던 신주를 한양의 새 종묘에 안치하였다.

새 왕조 조선의 개국을 주도한 정도전은 『조선경국전(朝鮮徑國典)』에서, “임금은 하늘의 명을 받아 나라를 열면 반드시 종묘를 세운 다음 조상을 받드는 법이다. 이것은 자신의 근본에 보답하고 먼

종묘에 모신 신주(위패)

조상을 추모하는 것이다."라고 하였다. 이처럼 종묘는 조선왕조의 근간을 확립하는 데 절대적으로 중요한 건축물이었으며 그런 의미에 걸맞은 독특한 건축 구조를 형성하여 이전과는 다른 양상을 보였다.

중국의 의례를 기록한 『예기』에는 종묘를 궁궐의 좌측에, 사직을 우측에 두는 좌묘우사(左廟右社) 제도를 명시하고 있다. 『예기』를 근거로 하여 조선의 종묘는 경복궁을 중심으로 하여 왼쪽에 종묘가, 오른쪽에는 사직단이 자리 잡게 되었다.

종묘는 주위의 지세를 이용하여 자연스럽게 자리하고 있다. 현재의 종묘 주변은 창덕궁 북쪽의 응봉에서 남으로 내려온 산줄기가 종묘까지 뻗어 내려 형성된 것이다. 종묘 지역은 남북으로 긴 타원형 비슷하게 생긴 지형인데, 이 지세를 따라 언덕을 끼고 건물들이 배치되어 있고, 둘레는 낮은 산줄기가 둘러싸고 있다.

이 형세는 남쪽이 허(虛)하다고 하여 이를 보강하였다. 태종은 재위 9년(1409) 3월에 종묘의 남쪽에 가산(假山)을 증축하고, 또 정문 안쪽으로는 지당(池塘)을 파게 했다. 이렇게 주변 지세를 꽉 채우며 감싸 안은 듯한 느낌을 주게 하여 그 지역 안에 아늑한 분위기를 감돌게 하였다. 이것은 종묘가 제사장소라는 특별한 의미를 갖는 건축물이기 때문이었다.

종묘는 역대 왕과 왕비의 신위를 모시고 제례를 올리는 곳이기 때문에 가장 정제되고, 장엄하며, 신성한 건물이어야 했다. 그리고 신위를 위한 장소로서 제례에 맞는 공간을 가지고 있어야 했다. 이에 따라 조성된 정전과 영녕전 공간은 아주 엄정하여 경외감을 불러일으킨다.

신위를 모신 정전과 영녕전 건물이 들어선 담 안에는 나무나 화초를 일체 심지 않은 반면, 그 주변에는 나무를 심었다. 종묘의 사방 주변으로 울창한 숲을 조성하여, 종묘의 공간만이 하늘을 보게 하여 신령스러운 분위기를 느끼도록 하였다.

조선 종묘와 사직의 독창성

제례 공간인 종묘 내의 건축물은 극히 단순하고 절제되어 있다. 이러한 절제된 구조는 종묘에 장엄함을 부여하며, 그 구조의 간결함은 종묘를 상징적으로 나타낸다. 옆으로 길게 뻗어 있는 월대는 안정감을, 반복되는 기둥의 배열은 끊이지 않는 왕실의 영원성을, 곧게 내린 지붕의 기왓골은 왕실의 위엄을 상징적으로 보여준다.

종묘의 각 실 구성도 지극히 단순하다. 이 단순한 각 실이 옆으로 길게 연속되면서 종묘 정전의 전체 공간 구성은 장엄함을 당당하게 드러낸다. 이것은 다른 어떤 건축물에서도 찾아볼 수 없는 종묘만이 갖는 특성이라고 할 수 있다.

종묘 정전은 19칸으로 구성된다. 신위의 순서는 상위를 서쪽으로 하여 19위를 차례로 모셨다. 그렇기 때문에 정전은 19칸에 이르는 일자형 건물이 되었다. 정전의 19칸 신실은 길이가 70미터이며 좌우 협실과 월랑까지 하면 총 길이가 101미터에 달한다.

19칸의 정전은 기둥 간격이 모두 일정하고, 또 앞면 1칸이 개방되었기 때문에 20개의 똑같은 독립된 기둥이 열을 지어 늘어서게 된다. 기둥이 열을 지어 늘어서 있는 모습은 종묘의 장엄함을 그대

종묘 기둥 반복되는 기둥의 배열은 왕실의 영원성을 상징적으로 보여준다.

종묘 제례 모습 이때 연주되는 종묘제례악은 유네스코의 세계무형유산으로 등재되어 있다.

로 보여준다.

종묘는 제례를 위한 공간이기 때문에 화려하지 않도록 장식이 배제되고 채색도 절제하여 종묘가 갖는 의미를 철저히 지키고 있다. 건물에는 울긋불긋한 단청을 칠하지 않고 붉은 칠로만 마감하여 채색을 극도로 절제하고 있다.

조선왕조의 종묘는 모실 신위가 증가함에 따라 몇 차례에 걸쳐 기존 건물 측면에 이어 증축하였다. 이 때문에 다른 건물들과 구별되는 독특하고 고유한 건축 격식과 공간 형식을 갖게 되었다.

중국 주나라에서 시작된 종묘제도는 7대까지 모시는 제도로 시작되어 명나라 때에 와서 9묘 제도로 확립되었다. 그리하여 중국의 종묘는 9실에 불과하지만 한국의 종묘는 19칸인 매우 독특한 구조를 가지고 있다. 가로로 길게 늘어선 독특한 형식의 건물 모습은 종묘제도의 발생지인 중국과도 다른 것이다. 이는 조선의 종묘가 서쪽에서 동쪽으로 신위를 모신 데 반해 중국의 종묘는 태조를 가운데 두고 다음 왕들을 좌우로 배치하는 소목제(昭穆制)를 채택하고 있기 때문이다. 조선의 종묘는 비록 중국의 제도에 바탕을 두고 있지만, 그 구조에서는 조선만의 독자적인 모습을 갖추게 되었다.

종묘의 위치도 중국의 경우처럼 좌우 대칭의 배치를 하지 않고, 자연 지세에 순응하여 건축물을 배치하고 있다. 중국의 예제(禮制)에 따라 종묘를 건립하였지만 배치 형태는 중국과 다르다. 즉 예제에 대한 이해는 같으나 실행에서는 차이가 난다.

사직단 공사도 종묘처럼 새 도읍지 건설과 함께 시작되었다. 기록상 사직단이 처음 세워진 시기는 고구려 고국원왕 9년(391)이었다. 백제에도 유사한 제도가 있었으며, 신라에는 통일 이후인 선덕

사직단 토지신인 '사' 와 곡물신인 '직' 을 모신 사직단은 종묘와 함께 조선왕조 그 자체를 상징하는 건축물이다.

왕 4년(783)에 설치되었다. 고려시대에는 성종 10년(991)에 처음 사직단을 세워 제사하기 시작하였고, 현종 5년(1014)에 사직의 제사 의례(儀禮)가 마련되었다.

왕조국가에서 사직은 종묘와 함께 왕실을 상징하는 것인 동시에 그 장엄한 제사는 백성들에게 왕실의 권위를 과시하는 것이기도 했다. 사직제는 그 기능이 백성들의 재앙을 막고 풍작을 기원하는 데 있었다고 하지만, 실제로는 왕조의 명운과 평안을 기원하는 제사로서 왕실의 운명을 상징하는 것이었다. 이 때문에 유교문화권의 역대 왕조에서는 많은 비용을 들여 그 시설을 엄격하고 완벽하게 관리하였다. 또 제사도 풍성하고 화려하게 지냈다.

새 왕조 조선의 사직단은 태조 4년(1395) 1월에 건설하기 시작하여 그 해에 완공되었다. 현재의 터에 세워진 사직은 동편에 사단(社

壇)이 있고 서편에 직단(稷壇)이 있다. 두 단이 각각 2장(丈) 5척의 정4각이고, 높이가 3척이며, 사방으로 각각 3층의 계단을 내었다. 각 단은 방위를 상징하는 흙으로 축조했다. 즉 동쪽은 청색, 남쪽은 적색, 서쪽은 백색, 북쪽은 흑색으로 하고, 중앙을 상징하는 황토로 전체를 덮었다. 네 문을 연결하는 난간은 사방 25보이며 주변은 담을 둘렀다. 태종 연간에 사직단을 수리하고 수호하는 인정(人丁)을 배정하였다.

이때 그 제사 의례도 마련되어 500여 년간 계속되었는데 사직제는 매년 세 차례(2월, 8월, 12월) 지냈다. 특히 사직은 그 위계가 사전(祀典)에 등재된 여러 신 가운데 최고, 다시 말해 관념상 종묘보다 상위인 최고의 신이었다. 이 때문에 사직은 국상(國喪) 중에도 그 제사가 시행되는 유일한 존재였다.

이것은 중국과 확연히 비교된다. 중국에서 사직은 당대(唐代)까지만 해도 대사(大祀)가 아닌 중사(中祀)에 편입되어 있었다. 이후 송대에는 사직의 중요성이 강조되면서 대사로 승격되었다가, 명 초에 다시 중사로 되었고, 명 태조 10년에는 그의 아버지 인조(仁祖)를 사직에 배향하면서 다시 대사로 바뀌었다. 이처럼 중국의 사직은 당대 이전에는 중사, 송대 이후엔 대사로서 그 비중이 달라졌다. 하지만 중국에서는 조선과 달리 대개 사직은 종묘와 비견되는 존재가 아니었다. 다만 선농(先農) 등 농업과 관계된 여러 신 중 상위하는 개념이 강했다.

조선의 독자성은 사직제의 운영에서도 발견된다. 조선은 명에 대해 제후국을 자처했기에 사직단의 크기는 '천자국의 절반'이란 원칙을 수용하였지만, 실제 주척(周尺)이 아닌 영조척(營造尺)으로 계산하여 1.5배 정도 늘렸다. 그 제물도 본래 천자국은 대우(大牛)를, 제후국은 소우(小牛)를 사용해야 했지만, 조선에선 대우를 사용하는 등 천자국에 버금가게 했다.

사직단은 각 고을마다 있었는데, 보통 읍성 서쪽에 세워졌다. 고을의 사직단은 중앙과는 달리 사단과 직단을 함께 만들었다. 지방에선 중앙처럼 2월과 8월에는 제사하였지만 12월에는 지내지 않았다. 지방의 사직제는 각 고을의 토지신들을 제사하는 것으로, 왕조 차원에서 잡다한 전래의 고유한 제사들을 정비하여 국가적인 의례로 만들었던 것이다.

조선왕조와 함께한 종묘

종묘는 선조 25년(1592) 4월에 일어난 임진왜란으로 크게 수난을 겪게 된다. 종묘에 모셨던 신위는 국왕 선조와 함께 피난했지만, 종묘는 불타고 말았다. 이듬해 왜군이 남쪽으로 물러가자, 선조는 환도하여 정릉동에 있는 월산대군의 집을 행궁(行宮)으로 삼고, 영의정 심연원의 집을 종묘로 삼았다. 이는 임시방편이었고, 전쟁 이후 곧바로 종묘를 중건하였다. 선조 41년(1608) 1월에 종묘 중건 공사를 시작하여 5개월 후 광해군이 즉위한 뒤 완공하였다. 이때 종묘 정전은 11칸 규모였고, 영녕전은 10칸으로 중건되었다.

광해군 즉위년에 중건된 종묘는 그 후 몇 차례 증축을 거쳤다. 1차는 현종 8년(1667)에, 2차 증축은 영조 2년(1726)에, 3차는 헌종 2년(1836) 3월에 공사를 마치고 신위를 안치하였다. 이리하여 정전은 지금의 규모인 19칸이 되었다.

　이런 과정을 거쳐 중건된 종묘는 왕조의 근간답게 엄숙함과 장엄함이 깃들어 있다. 성리학 이념을 종묘건축에 투영시킨 결과였다. 단순하고 절제된 구성은 종묘가 신성한 왕실조상이 자리하는 곳임을 나타낸다. 그리하여 시간의 흐름을 초월해 죽은 자와 산 자가 한데 어울려 영적인 교류를 할 수 있게 한다.

3

왕권과 신권의 타협의 산물, 『경국대전』

오늘날까지도 이탈적인 통치행위를 인치(人治)라 비판하면서 법치(法治)를 해야 한다고들 한다. 조선시대에도 법치의 기본이 되는 지금의 헌법과 같은 기본법전이 있었을까. 고려시대까지만 해도 통치의 기본이 되는 법전은 존재하지 않았다. 다만 필요에 따라 수시로 제정한 법령에 따라 통치하였다. 그밖에 판례나 관습법 등을 준용하기도 했다. 그러다가 고려 말에 와서 국정이 퇴폐하고 법령이 문란해지자 공양왕 4년(1392) 9월에 정몽주(鄭夢周)가 명나라『대명률(大明律)』과 원(元)의 지정조격(至正條格)을 참작하여 신률(新律)을 만들어 왕에게 바쳤다. 하지만 고려의 멸망으로 정몽주의 신률은 끝내 법전으로서 그 효력을 발휘하지 못했다.

태조 이성계는 즉위교서에서 법률을 마련하여 국정은 모두 법에 따라 처리함으로써 고려의 전폐를 결코 밟지 않을 것이라 선언하였다. 한마디로 새 왕조 조선은 건국 직후부터 국왕이나 권신(權臣)의 자의에 의한 인치를 배제하고 법에 근거한 통치, 즉 법치주의를 지향하였다. 이 같은 의지에 따라 새 왕조 조선은 기본법전을 편찬하여 통치의 기본 도구로 삼으려 했다. 그 노력의 산물이 바로『경국

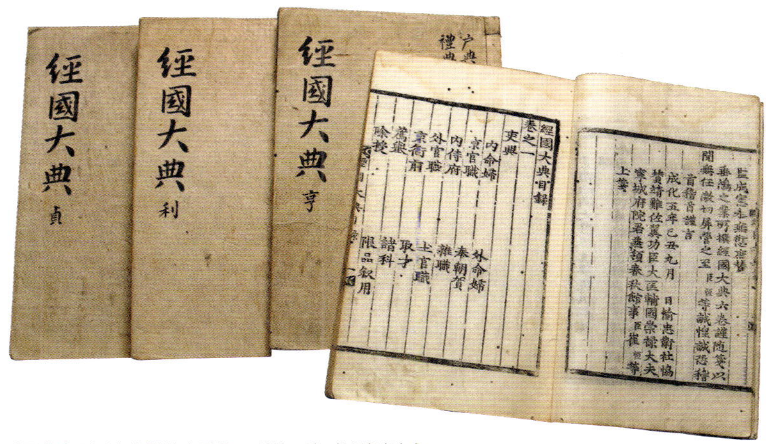

경국대전 오늘날의 헌법과 같은 조선왕조의 기본법전이다.

대전(經國大典)』이다. 통치기반을 마련하는 사업은 성격상 국정운영을 왕권 중심으로 하느냐, 신권 중심으로 하느냐의 논란을 불러일으켜 단기간에 이루어질 수 없었다. 그 와중에 여러 차례 정변이 일어났음은 잘 알려진 대로이다.

국왕의 국정 주도의 서막, 왕자의 난

건국 직후 도평의사사(都評議使司)를 비롯하여 문하부(門下府), 삼사(三司), 중추원(中樞院)이 국가권력의 핵심기구가 되었다. 문하부는 국가의 일반 행정업무를 총괄하고, 삼사는 재정을 담당하며, 중추원은 왕명(王命)의 출납과 군사에 관련된 업무를 관장하였다. 이때의 조직개편에서 가장 주목되는 것은 도평의사사였다.

흔히 도당(都堂)이라고도 불리었던 도평의사사는 건국 직후 조선 왕조의 최고위 인사들이 모여 국가의 중대사를 의논하는 곳이었다. 이 때 최고위 인사라 하면 바로 개국공신들을 말하는 것으로, 조선의 새로운 권력자인 이들은 배극렴(裵克廉), 조준(趙浚), 정도전 등 모두 52명에 달하였다. 그런데 도평의사사는 고려시대 통치체제의 기본골격을 그대로 본받은 것이었다. 건국 주체가 구제도를 유지한 것은 새로운 통치구조를 완벽하게 갖출 수 없었던 현실이 가장 큰 이유였지만, 수십 명에 달하는 개국공신들을 도당에 참여시킴으로써 내부의 권력투쟁을 방지할 수 있는 효과도 있었다. 하지만 고려 때의 도평의사사가 문벌귀족들의 입장을 강력히 반영함으로써 왕권을 견제했던 것처럼, 건국 초기의 도평의사사도 공신들의 정치적 입장을 대변하게 되었다.

이러한 상황에서 정도전은 태조 이성계의 지지를 받으며 권력구조의 개편을 추진하였다. 즉 공신들의 권력을 약화시키고 국왕을 정점으로 한 중앙집권적인 관료체제를 확립하고자 하였다. 정도전의 지위가 태조 2년(1393) 의흥삼군부(義興三軍府)의 설치를 계기로 크게 부상한 반면에, 다른 공신과 왕실세력은 정치에서 소외되기 시작하였다. 아예 정도전은 통치의 기본으로 삼을 『조선경국전(朝鮮徑國典)』을 저술하여 태조 3년 5월에 이성계에게 바쳤는데, 이 법전에서 그는 새 왕조 조선이 갖추어야 할 이상적인 통치구조로 재상 중심의 국정운영체제를 주창하였다.

정도전의 이런 권력구조 개편은 새 왕조의 정치이상을 실현하기 위해 꼭 필요한 일이었지만 개혁의 주역인 정도전, 조준 등 일부에게만 권력이 과도하게 집중되는 결과를 초래함으로써 다수의 공신

과 왕실세력의 강력한 반발을 초래하였다. 특히 이들이 가진 사병
(私兵)에 대한 통수권을 둘러싸고 대립이 극에 달하였다. 더구나 정
도전 이상의 공을 세운 이방원은 개국공신에도 책봉되지 못했으며,
세자 책봉에서도 탈락했다. 이처럼 이방원은 권력구조의 핵심에서
차츰 밀려나게 되고, 세력 기반의 마지막 보루인 사병마저 혁파될
위기에 놓였다. 끝내 이방원은 태조 7년(1398) 8월에 정도전 · 남은
(南誾) 등이 한씨 소생의 왕자들을 살육할 계획을 세우고 있다는 구
실을 만들어 사병을 동원해 이들을 제거해버렸다. 그리고 자신의
둘째 형 방과(芳果)를 왕으로 추대했다.

이른바 '정도전의 난'이라고도 불리는 1차 왕자의 난은 왕위 계
승을 둘러싼 왕자들의 싸움인 동시에 정도전과 이방원의 권력다툼
이기도 했다. 이어 정종 2년(1400) 태조의 넷째아들인 방간이 이방
원에 불만을 품고 박포(朴苞)와 함께 난을 일으켰다. 방간과 박포는
1차 왕자의 난 때 이방원을 도와 공신이 된 인물들이었다. 이것이
바로 '2차 왕자의 난'이다. 결국 난은 실패하여 방간은 귀양 가고,
박포는 방간을 꾀어 난을 일으킨 죄목으로 죽임을 당하였다.

이리하여 이방원은 정종의 권한을 능가하게 되고 다음 왕위를 이
을 존재로 더욱 부각되었다. 박포의 난이 평정된 뒤에 하륜(河崙)이
청하기를, "정몽주의 난에 정안군(이방원)이 없었더라면 일을 이루
지 못하였을 것이고, 정도전의 난에도 정안군이 없었다면 어찌 오
늘이 있었겠습니까. 세자로 정하시읍소서."라고 하였다. 그러자 상
왕 태조는 "시킬 수도 없고 안 시킬 수도 없다."고 하였다. 태조 이
성계조차도 이방원이 즉위하는 대세를 어찌할 수 없었던 것이다.

세자로 책봉된 이방원은 왕권 강화책을 추진하였다. 먼저 그는

사병을 혁파하고 병권(兵權)을 장악하였다. 그리고 도평의사사를 의정부로 고쳐 국정을 총괄하게 하였다. 또한 중추원을 삼군부로 고치고 군정을 담당하도록 하였다. 이어 1400년 11월 정종의 양위를 받아 즉위하였다. 실권이 없었던 정종이 스스로 왕위를 물려준 것이다.

국왕이 국정운영의 중심에 서다

정종의 뒤를 이어 3대 임금에 즉위한 태종 이방원은 왕권 강화책을 더욱 강력하게 추진했다. 태종은 의정부 기능을 축소하고 육조(六曹) 기능을 강화해나갔다. 태종 8년(1408) 의정부의 권한을 대폭 육조에 이관하였다. 즉 의정부의 정승이 장악하고 있던 문무 관료의 인사권을 이조와 병조로 이관하였다. 그리고 의정부 · 사헌부 · 사간원 · 승정원 · 한성부 등의 일부 관아를 제외한 나머지 관아를 육조에 나누어 소속시켰다. 이와 동시에 육조의 권한이 지나치게 강화되는 것을 방지하기 위해 육조에서는 의정부에 업무를 보고하게 하여 육조의 활동을 감독하도록 하였다. 이런 조처로 의정부와 육조 사이의 업무 분담이 명확해지고, 두 기관의 세력이 균형을 이루게 되었다.

한편 병권에 특별한 관심이 있었던 태종은 병조가 군사에 관한 모든 권한을 관장하게 된 것이 불만스러웠다. 그리하여 이듬해 8월 태종은 세자에게 왕위를 물려주겠노라고 선언하였다. 물론 진심은 아니었다. 왕위의 진퇴를 무기 삼아 신하에게 압력을 넣어 군권(軍

權)을 장악하려는 의도였다. 이러한 그의 의중은 『태종실록』 9년 8월 경술조의 기사에 잘 나타나 있다.

"그때 병조가 군정을 장악하고 있었다. 그러므로 왕(태종)은 세자에게 전위할 뜻을 밝힌 후 친히 군정을 관장하려고 하였다. 이에 대해 왕은 '병조는 모두 유신(儒臣)만으로 충원되어 있으므로, 군사를 지휘하는 일에는 적합하지가 않다. 고 하면서, 삼군진무소를 설치하였다."

태종은 병조에 집중된 병권 가운데서 군대의 직접적인 지휘통솔권을 분리하여 삼군진무소에 맡기고 이를 자신의 휘하에 두려고 하였다. 이렇게 직접 군권을 장악함으로써 왕권을 더 강화할 수 있었던 것이다.

문제는 여기서 일단락될 수 없었다. 의정부와 육조의 세력 균형에 초점을 둔 종전의 개혁은 끝내 어느 한곳으로 권력이 치우치는 것을 막을 수 없었다. 의정부는 제도적으로 상급기관이었음은 물론이고 의정부 대신들 또한 원로들이었기 때문에 권력이 집중되게 마련이었다. 결국 태종은 국왕이 통치에 직접적이고도 실제적으로 관여할 수 있는 제도를 강구하게 되었다. 그것이 바로 태종 14년에 시행된 '육조직계제(六曹直啓制)'다.

육조직계제란 국왕이 직접 육조의 업무를 결재하는 것을 말한다. 이렇게 되면 의정부 대신들의 권한은 약화되고 대신 육조의 실무권한이 강화된다. 그 결과 의정부-육조로 양분된 권력이 국왕을 정점으로 재편된다. 태종은 육조직계제를 시행하여 육조가 국정을 나눠

맡게 하였으며, 이로써 왕-의정부-육조의 국정체제를 왕-육조의 체제로 전환해 왕권을 크게 강화하였다.

태종대에 골격이 잡힌 조선왕조의 통치체제는 세종대에 이르러 더욱 큰 발전을 하게 되었다. 비록 세종 18년(1436)에 의정부의 서사권(署事權)이 다시 부활하기는 했지만, 국초의 재상합의 형식과 같은 것으로 되돌아가지는 않았다. 육조를 중심으로 한 정부의 기본조직은 그대로 보존되었으며, 집현전과 같은 기관을 중심으로 유교문화가 크게 발전하면서 조선왕조의 정치운영방식은 더욱 원숙한 단계로 들어서게 되었다.

재상들의 도전

세종 사후 그의 장남 문종이 1450년에 즉위하였다. 문종은 세종 만년에 부왕을 대신하여 섭정을 했지만 병약한 체질로 제대로 국정을 처리하지 못하는 경우가 많았다. 가령 세종 28년(1446) 5월과 세종 31년 11월부터 32년 윤정월까지는 세종이 다시 국정을 처결해야 했을 정도였다. 이 와중에 의정부는 세종의 신임이 두텁고 능력 또한 출중한 황보인(黃甫仁), 김종서(金宗瑞) 등이 재직하여 권한을 신장해나갈 수 있었다.

1450년 문종이 37세로 즉위하였으나 건강상 의정부를 중심으로 정치를 이행할 수밖에 없었다. 그 결과 의정부 재상의 권한은 더욱 강화되었다. 결국 문종은 즉위한 지 2년 3개월 만에 세상을 떠나고, 12세의 단종이 뒤를 잇는다. 문종의 유훈을 받아 단종의 보좌를 담당한 사람은 영의정 황보인과 좌의정 김종서였는데, 이들 의정부 재상의 국정 전단은 불가피했다. 이런 사정은 『세조실록』 원년 8월 임자조 기사가 단적으로 보여준다.

"인주(人主, 국왕)는 손 하나 움직일 수 없는 괴뢰적인 존재로 전락하고, 모든 관리는 왕명을 거들떠보지도 않았으며, 의정부가 있는 것은 알겠으나 군주가 있는 것은 알지 못한 지가 오래되었다."

한마디로 왕권은 이름만 남고, 국정은 두 사람에 의해 좌우되는 이른바 '군약신강(君弱臣强)' 상황에 이르렀다.

세종의 적자 가운데 둘째 수양대군과 셋째 안평대군은 모두 유능하고 서로 라이벌이기도 했다. 안평대군은 서예의 대가로서 문인적인 기질을 소유한 풍류객인 데 반하, 수양대군은 권력욕이 매우 강하고 군사에 대해서도 상당한 관심을 가지고 있었다. 이러한 성격 때문에 수양대군으로서는 당연히 문종에서부터 단종까지 계속 약체화한 왕권이 두 사람의 재상에 의해 좌우되는 것을 좌시할 수 없었다.

황보인과 김종서는 수양대군의 야심에 대항하기 위해 안평대군에게 접근했으나 1452년 수양대군은 문종의 서거를 계기로 쿠데타를 일으켜 황보인과 김종서를 죽인다. 안평대군은 그들에게 추대되어 단종의 왕위를 찬탈하려 했다는 명목으로 강화도로 유배된 후 죽임을 당한다. 이 사건을 '계유정란(癸酉靖亂)'이라 한다. 정란의 일등공신은 권람(權擥)과 한명회(韓明澮)였다. 정변으로 실권을 장악한 수양대군의 참모들은 단종에게 양위를 강요했고, 수양대군은

1455년 어린 단종을 상왕으로 추대하고 제7대 세조로 즉위한다.

세조는 국왕 중심의 국정운영을 위하여 "의정부서사제는 임금이 죽은 제도이다. 너희들은 내가 죽었다고 생각하느냐."(『세조실록』 원년 8월 임자조)라고 하면서, 의정부서사제를 폐지한 후 다시 통치체제를 육조직계제로 고쳤다. 이어 세조는 아예 국왕 중심의 국정운영체제를 영구히 고착하고자 『경국대전』 편찬에 착수하였다.

세조의 이런 의도는 『경국대전』의 편찬이 거의 완료된 세조 12년 무렵부터 동요하기 시작한다. 세조는 신병으로 세자에게 국정을 위임하는 동시에, 한명회·신숙주 등의 원로대신을 원상(院相)으로 삼아 승정원에 출근하여 국정을 협찬하게 하였다. 결국 종래 강력한 왕권을 중심으로 이루어졌던 왕-육조 체제가 왕-원상-육조 체제로 바뀌었다. 하지만 세조 재위 기간에는 원상의 기능이 의정부서사제 때의 의정과 유사하기는 해도 세조가 추구한 국왕 중심의 국정운영체제 등은 크게 바뀌지 않았다.

정도전 사후 조준의 주도 아래 검상조례사(檢詳條例司)를 설치하여 태조 6년(1397) 『경제육전(經濟六典)』이 편찬되었지만, 각 법전 상호간에 일관성이 없었다. 결국 태종 7년(1407)에 하륜의 주도로 속육전수찬소(續六典修撰所)를 설치하여 『경제육전』을 수정·편찬하는 작업에 착수했다. 수정·편찬 사업은 세종과 문종 때에도 계속되었다. 이런 과정을 거쳐 왕조 창건 이래의 여러 법전을 참작하여 조선왕조의 기본법전인 『경국대전』 편찬을 사실상 마무리한 인물이 바로 세조였다.

왕권과 신권의 타협의 산물, 경국대전

세조는 재위 3년(1457)에 육전상전소를 두고 『경국대전』 편찬을 시작하여 재위 6년에 호전(戶典), 이어 재위 7년에 형전(刑典)을 차례로 완성하여 시행하였으며, 재위 12년 말에 이전(吏典)·예전(禮典)·병전(兵典)·공전(工典)을 재교열을 거쳐 완성한 『경국대전』을 2년 뒤부터 시행하기로 하였다. 하지만 세조의 죽음으로 예종 원년(1469)에 다시 손질을 거쳐 그 다음해 1월부터 시행하기로 하였지만, 예종 역시 그 시행을 보지 못한 채 죽고 말았다.

예종이 즉위한 지 1년 만에 서거하고, 13세의 성종이 왕위에 오르면서 왕권의 안정을 위해 원로대신이 중용되고 원상을 중심으로 한 국정운영이 계속되었다. 『경국대전』은 성종 원년(1470) 2월에 편찬을 속개하여 동왕 15년까지 수차례 수정 보완되어 완료되었다. 그리고 이듬해 1월 마침내 반포되어 시행되기에 이르렀다. 이 기간 가운데 성종 6년까지의 국정은 세조비 정희왕후가 섭정하고 한명회, 신숙주 등 원상이 주도하였다. 성종 7년 이후는 성종이 친정을 하면서 원상제가 폐지되었지만 한명회 등이 여전히 강력한 영향력을 행사하였다.

성종 16년(1486)에 반포된 『경국대전』에는 육조가 국왕에게 직접 보고하고 지시를 받으면서도 의정부에 백관과 국정 통령권을 부여하여 사실상 국왕의 육조 지배가 약화되어 있었다. 그러면서도 원로대신이 승정원에 출근하여 승지와 육조를 지휘하면서 국정을 협찬하는 원상제와 판사로서 해당 조를 직접 지휘하였던 육조 판사제 등은 수록되지 않았다. 결국 『경국대전』의 국정운영체제는 세조의 애초 의도와는 달리 신권을 크게 제약하는 국왕 중심의 성격이 수정된 동시에, 지나친 재상 중심의 성격도 피하는 방향으로 귀결되었다. 한마디로 극단적인 왕권과 신권을 배제하고 국왕과 재상이 조화와 균형이 이루면서 국정을 운영하도록 규정하고 있다.

요컨대 건국 이래 새 왕조 조선의 정치는 그 권력분배에서 국왕 중심제냐 재상 중심제냐가 핵심 쟁점이었다. 한마디로 국왕-의정부-육조 가운데 의정부의 세 정승에게 어느 정도의 권한이 배분되느냐의 문제였다. 정도전의 구상은 재상 중심제였다. 이방원이 그를 제거하고 제3대 태종으로 즉위한 이후 세종 재위 기간까지는 국왕 중심제가 시행되었다. 그러다 문종대에서 단종대까지는 재상 중심으로 바뀌었다. 이어 세조의 즉위로 다시 국왕이 국정의 중심에 섰으나 예종 즉위 이후 다시 재상 중심으로 반전되었다가 성종 친정 이후 비로소 왕권과 신권이 권력 분배에서 타협점에 이르게 되었다. 이런 권력투쟁의 산물이 바로 『경국대전』이다.

이렇게 『경국대전』을 반포하기까지 여러 차례 수정·편찬사업을 거친 것은, 물론 왕권과 신권의 권력분배를 둘러싼 이해관계를 조정한 측면이 강하지만, 영구히 지킬 기본법전을 만들려는 의지의 결과이기도 했다. 이는 『경국대전』이 반포된 이후 사실상 오늘날의 헌법과 같은 기본법전으로서의 역할을 수행하며 조선왕조와 그 운명을 함께했다는 사실이 웅변하고 있다. 그만큼 조선왕조는 건국 초기부터 국왕이나 권신의 자의에 의한 인치(人治)를 배제하고 법치주의에 의한 통치를 지향했던 것이다.

이상 살펴보았듯이 새 왕조 조선의 기본법전인 『경국대전』의 완성은 매우 신중하게 이루어졌다. 하지만 왕조의 통치체제도 사회의 변화에 맞추어 수정을 하지 않으면 안 되어, 『대전속록(大典續錄)』
(1492), 『대전후속록(大典後續錄)』(1543), 『전록통고(典錄通考)』(1707),
『속대전(續大典)』(1745), 『대전통편(大典通編)』(1784), 『대전회통(大典
會通)』(1865) 등이 계속 편찬되었다. 하지만 이 모두가 『경국대전』을
기본으로 하면서 수정·보완된 것임은 두말할 나위도 없다.

참고문헌

『세조실록(世祖實錄)』, 『세종실록(世宗實錄)』, 『정종실록(定宗實錄)』, 『태조실록(太祖實錄)』, 『태종실록(太宗實錄)』, 『조선경국전(朝鮮經國典)』

1) 오영교, 『조선 건국과 경국대전체제의 형성』, 혜안, 2004.

2) 김동욱, 「종묘」, 『한국사시민강좌』 23, 1998.

3) 나각순, 「고려말 남경복치와 한양천도」, 『강원사학』 16 · 17, 2002.

4) 남지대, 「중앙정치세력의 형성구조」, 『조선정치사』 상, 청년사, 1990

5) 박병호, 「'경국대전'의 편찬과 계승」, 『한국사』 22, 국사편찬위원회, 1995.

6) 이성무, 「'경국대전'의 편찬과 '대명률'」, 『역사학보』 125, 1990.

7) 이영춘, 「사직제의 기원과 변천」, 『인하사학』 10, 2003.

8) 이원명, 「한양천도 배경에 관한 연구」, 『향토서울』 42, 1984.

9) 이태진, 「한양 천도와 풍수설의 패퇴」, 『한국사시민강좌』 14, 1994.

10) 원영환, 「한양천도와 수도건설고-태종대를 중심으로-」, 『향토서울』 45, 1987.

11) 신명호, 「장서각 소장자료와 종묘의 역사」, 『장서각』 4, 2000.

12) 장지연, 「여말선초 천도논의에 대하여」, 『한국사론』 43, 2000.

13) 지두환, 「국조오례의 편찬과정I-길례 종묘, 사직제의를 중심으로-」, 『부산사학』 9, 1985.

14) 최승희, 「조선태조의 왕권과 정치운영」, 『진단학보』 64, 1987

15) 최승희, 「태종조의 왕권과 정치운영체제」, 『국사관논총』 30, 1991

16) 한형주, 「조선 태종 · 세종대 사직제의 이해와 운영」, 『한국사학보』 6, 1999.

2

사대부의 나라, 조선

서당에서도 주자학만 가르치다
성리학적 사족지배체제의 보루, 유향소와 향약
서원이 전국에 산재한 까닭은?

4

서당에서도 주자학만 가르치다

김홍도(金弘道)의 풍속화 「서당」을 보면, 훈장과 동료들이 지켜보는 가운데 꾸지람을 듣고 훌쩍거리고 있는 아이의 모습이 매우 재미있게 묘사되어 있다. 아마 제대로 대답을 하지 못해 회초리를 맞은 모양인데, 훈장 오른쪽에 앉은 아이는 입에 손을 대고 웃고 있다. 우는 아이를 두고 모두들 재미있어 하는 표정이 역력하다. 그렇지만 맞은 아이는 몹시 서러운 듯한 얼굴로 훈장을 등지고 있다.

이처럼 서당 하면 제일 먼저 떠오르는 모습은 회초리를 든 훈장의 모습일 것이다. 훈장은 「서당」에서 중심인물로 등장한다. 가운데에 자리 잡고 있는 훈장은 그 모습도 가장 크게 그려져 있다. 훈장은 광대뼈가 튀어나와 있고 목을 잔뜩 움츠리고 있다. 주름진 옷은 훈장을 더 커 보이게 한다. 전체적인 인상은 엄격하고 꼿꼿한 선생님을 보는 듯하다.

「서당」에는 여러 아이들의 표정이 다양하게 묘사되어 있다. 옷차림을 보아서는 지체 높은 양반가의 자식이 아니라 일반 평민의 아이들로 생각된다. 갓을 쓴 아이는 양반가의 자식으로 보인다. 이렇게 「서당」은 조선사회에서 교육이 어떻게 이루어졌는가 하는 장면을 보여준다.

서당과 같은 초등교육 기관은 이미 고구려 때부터 있었다. 고구려에는 경당(扃堂)이라는 학교가 있었는데, 이곳에서는 유교 경전과 활쏘기를 가르쳤다. 이런 교육기관은 통일신라를 거쳐 고려로 이어졌다. 송나라 사신 서긍(徐兢)은 고려 견문기 『고려도경(高麗圖經)』

김홍도의 서당도 조선시대에도 양반만이 아니라 평민도 서당에서 교육받았음을 보여준다.

에서 고려의 서당에 대해 이렇게 서술한다.

"마을 거리에는 경관(經館)과 서관(書館)이 두 개, 세 개씩 서로 바라보고 있으며 민간의 미혼 자제들이 선생에게 경서를 배운다. 좀 성장하면 무리를 지어 사찰로 가서 강습한다. 병졸이나 어린아이들도 모두 향선생(鄕先生)에게 배운다."

기록처럼 당시의 기초교육은 매우 활발했다. 이러한 고려의 교육열은 조선시대에도 계승되었고, 마을 선비들과 주민들은 향촌마을에 초등교육기관인 서당을 세워나갔다.

향촌 사림과 서당 교육

사립학교인 서당은 허가를 받을 필요가 없었기 때문에 뜻 있는 사람들은 누구나 설립할 수 있었다. 서당은 사족(士族) 자제들을 자기 집에서 가르치는 경우, 훈장 자신이 교육에 뜻을 두고 가르치는 경우, 또는 이웃이나 친구의 요청으로 학동을 받아 수업하는 경우, 마을의 몇몇 유지 또는 한 마을 전체가 훈장을 초빙하여 자제를 교육시키는 경우, 그리고 훈장 자신이 생계를 위하여 직접 설립하는 경우 등이 있었다.

훈장은 봄과 가을에 곡식으로 수업료를 받았다. 학부모들이 대체로 가난했기 때문에 훈장도 빈한하기 짝이 없었다. 이런 가운데에서도 교육에 남다른 성과를 낸 훈장이 있었다. 성종 때 광주(廣州)에 살면서 서당을 열었던 유인달(兪仁達)이 바로 그런 인물이었다. 유인달은 세조 6년(1460)부터 집 옆에 서당을 짓고 가르치기 시작하였는데, 성종 3년(1472)까지 34인을 가르쳐 과거 급제자가 1명, 생원·진사에 합격한 사람이 10명이나 되었다. 그러자 성종은 그 공을 치하하여 유인달에게 벼슬길을 열어주었다. 서당은 중등교육기관인 향교(鄕校) 또는 사학(四學)에 들어가기 위한 예비단계지만, 서당에서도 중등교육에 준하는 교육을 하여 생원·진사 시험에 응시할 수 있었다.

서당에는 훈장 이외에도 접장(接長)이라고 불리는 사람이 있었다. 규모가 작은 서당에서는 훈장 한 사람이 가르쳤으나 비교적 큰 서당에서는 훈장 혼자 많은 학생을 가르칠 수 없었으므로 학생들 가운데서 나이가 들고 실력이 뛰어난 자를 '접장'으로 두어 그보다 하급과정의 학생들을 가르치게 하였다. '접(接)'이란 '단체', '무리'라는 뜻으로 우두머리 격이 곧 '접장'이고, 같은 서당에서 수업하는 동료를 '동접(同接)'이라 하였다.

서당에 입학하는 연령은 일정한 구정은 없었으나 대체로 7~8세 전후가 되면 글을 배우는 것이 통례였으며, 7~8세부터 15~16세에 이르는 연령층이 중심을 이루었다. 교육 내용은 강독, 제술(製述), 습자(習字)의 3가지로 이루어졌다.

강독은 한자(漢字)를 익히기 위한 서적과 유교의 기본 내용을 배웠다. 『천자문(千字文)』이나 『유합(類合)』을 통해 한자 한 글자 한 글자에 대한 음훈을 깨치고, 음독(音讀)하는 법을 배웠다. 그 다음 『동몽선습(童蒙先習)』, 『명심보감(明心寶鑑)』, 『소학(小學)』 등을 통해 초보적인 구두점과 문장의 뜻을 해독하고 책 속의 교훈적인 내용을 터득하는 훈련을 쌓았다. 『소학』은 주자의 부탁을 받아 그의 친구 유자징(劉子澄)이 편집한 주자학 입문서로, 『소학』까지가 사서오경(四書五經)에 들어가기 위한 입문 과정이다. 제술은 오언절구, 칠언절구 등의 시를 지었다. 습자는 해서를 위주로 행서, 초서 등을 익혔다.

『소학』 다음의 과정인 사서오경의 교과서도 모두 주자의 주석본이고 학습과정도 주자가 정한 대로 『대학』→『논어』→『맹자』→『중용』 순으로 되어 있다. 문제는 서민 교육기관인 서당의 교육 내용이 셈 같은 실용적인 것이 아니라 그들의 실생활과 동떨어진 유교적 교화에만 집중되었다는 점이다. 게다가 그것도 주자학 일색이었다.

이런 현상은 사림파(士林派)가 등장한 15세기 중반 이후 더욱 심화되었다. '사림'은 '유학, 정확히 성리학을 공부하는 선비들의 집단'을 가리킨다. 사림의 기원은 고려 후기로 거슬러 올라간다. 이들은 사족(士族), 사대부(士大夫), 사류(士類) 등으로 불렸다. 이들 사족 중 역성혁명을 거부한 온건파는 자신들의 본거지인 향촌에 내려가 은거하게 되었다.

향촌에 기반을 둔 사림은 세조 즉위(1455) 이후 훈구파(勳舊派)의 비리를 비판하면서 중앙정계로의 진출을 시도하는 한편, 향촌사회에서 자신들의 세력기반을 굳히고자 하였다. 이들은 기존의 사대부·사족·사류 대신에 사림이라는 용어를 사용하면서 차별성을 부각시켰다. 이들 사림은 경제적으로 지방의 중소지주층이었고, 학문과 사상 면에서 성리학을 기본 소양으로 하여 학연을 통해 결속을 다졌다. 따라서 이들의 처지는 고려 말에 역성혁명을 반대하였던 온건개혁파 사족과 상통하는 바가 있었다. 실제 사림 중에는 온건개혁파의 학문이나 혈통을 계승한 인물도 있었다.

15세기 중반 이후 향촌사회에 큰 영향력을 행사하던 사림은 서당 설립을 주도하였다. 자신의 이념인 성리학적 사회질서를 확산하려는 의도로 활발하게 서당을 건립한 것이다. 그 결과 서당의 교과 내용이 주자학 일색이 되어 교과과정의 각 단계에서 생도 대다수를 차지하던 평민 출신들이 탈락하여 많은 문맹자를 양산하게 되고 말았다.

성리학적 사회질서 보급의 요람, 향교

조선왕조는 건국 직후부터 고려 중기 이후 집권한 무신세력을 대신하여 문신 주도의 정부를 구축하려 했다. 그 일환으로 중앙은 물론이고 지방에도 향교를 설립하는 데 관심을 가졌다. 여기에는 왕조의 정치이념인 유학, 정확히 말해 성리학적 사회질서를 지방 사회까지 침투시키려는 정치적 의도도 크게 작용하였다. 『경국대전』에는 지방의 향교와 중앙 4학(四學)은 중등교육을, 중앙의 성균관(成均館)은 고등교육을 책임지는 것으로 규정되어 있었다. 초등교육은 전적으로 사적 영역에 맡겨져 있었다.

성균관의 정원은 2백 명이었다. 4학은 각각 1백 명이 정원이었다. 향교의 정원은 군현의 규모와 행정구분 상의 위계질서 등급에 따라 30명부터 90명에 이르기까지 차이가 있었다. 따라서 330여 군현의 향교에 입학할 수 있는 정원과 4학 및 성균관의 정원을 합치면 최소 1만 5백 명 이상이 된다. 이들 학교의 학생인 교생(校生)들은 군역 면제 등의 특혜를 받았으며, 조선왕조 초기 첫 수십 년간 향교는 매우 중요한 교육적·사회적 역할을 담당하였다.

그러나 15세기 후반에 접어들면서 향교는 점차 쇠퇴하기 시작한다. 세조의 집권으로 양식 있는 지식인들이 관학 참여를 기피하여 교사의 수준은 계속 떨어졌고 학생들은 출석률이 저조하였으며 수준도 떨어져 위정자들조차 향교의 학생들이 무식하다고 비난하면서 그들의 목적은 단지 군역 면제에 있다고 불만을 털어놓을 정도였다. 이처럼 향교의 질이 떨어지면서 일종의 사립학교인 서원의 출현은 필연적이었다.

교생들의 교육연한은 정해진 것이 없었다. 일반적으로 40세까지는 향교에 머무르며 학생신분을 허락받았다. 16세 미만인 경우도 정원에 관계없이 향교 입학이 가능하였다. 이들을 '동몽(童蒙)'이라 불렀다.

향교는 시문(詩文)을 짓는 이른바 사장학(詞章學)과 유교 경전을 공부하는 경학(經學)을 교과 내용으로 하였다. 경학의 교재는 『소학』, 사서오경, 그리고 『근사록(近思錄)』과 『심경(心經)』 등 성리학자들의 저술이었다. 『소학』과 사서오경의 텍스트 또한 주자와 그 동료들의 주석본임은 두말할 나위도 없다. 당연히 향교의 교육내용도 성리학 일색이었다. 즉 향교도 서당과 마찬가지로 교육보다는 성리학적 교화에 우선순위를 두었던 것이다. 이는 『태종실록』 10년 4월 갑진조 기사에서 단적으로 엿볼 수 있다.

"풍속은 국가의 원기(元氣)이고, 교화는 국가의 급무(急務)입니다. 교화가 닦이면 풍속이 후해지고, 국가가 다스려지는 것입니다. (중략) 전하께서는 비서(丕緒)를 계승하사 경술(經術)을 돈상(敦尙)하시고 학교를 크게 여시면 문물제도가 크게 갖추어져 교화가 행하게 될 것입니다."

이러한 사정은 향교의 구조에서도 단적으로 드러난다. 향교의 구조는 대성전(大成殿), 동무(東廡), 서무(西廡), 명륜당(明倫堂), 동재(東齋), 서재(西齋) 등의 개별 건물들이 하나의 양식을 이룬다. 향교는 선현(先賢)의 제사와 학생의 교육을 담당하는 만큼 이를 위한 두 개의 공간이 핵심이 된다. 공자, 맹자 등 성인(聖人)들을 모신 대성전과 저명한 유학자들을 모신 동무와 서무는 제사 공간이고, 명륜당은 교육이 행해지는 장소이며, 그 앞에 학생들이 기거하는 동재와 서재를 두었다.

그런데 제사 공간인 대성전과 그 좌우의 동·서무를 교육 공간인 명륜당보다 우위에 두었다. 평지의 경우 대성전을 가장 앞쪽에 두어 우위를 표시하고, 구릉지의 경우는 명륜당보다 높은 곳에 두어 높낮이 차이로 우위를 표시했다. 또 두 공간을 하나의 축으로 하여 좌우대칭의 균형을 이루게 하여 공간에 대한 위엄성을 가지도록 하였다. 향교가 공자 등의 성인을 모신 신성한 공간이었기 때문이다.

성리학적 교화에 치중한 향교의 성향은 사림파가 집권한 선조 이후 더욱 심화되어갔다.

5

성리학적 사족지배체제의 보루, 유향소와 향약

고려 말에 등장한 신진 사족(士族), 이른바 신흥 사대부는 성리학을 매개로 도덕 윤리에 합치되는 사회 건설을 목표로 했다. 그 가운데 한 분파, 이른바 급진개혁파는 이 같은 목표를 실현하기 위해 고려왕조를 개혁하는 데 그치지 않고 신왕조 건설을 추진해나갔다. 이렇게 성립한 조선왕조는 상층에서 하부까지 성리학적 사회질서를 이루어야 할 과제를 안게 되었다. 도덕정치를 실현할 성인(聖人) 군주의 등장이 상층에서 이룰 성리학적 질서의 전제 요건이라면 향촌사회의 성리학적 질서는 유향소(留鄕所)와 향약(鄕約)에 의해 확립되어갔다. 그 주도세력은 바로 재지사족(在地士族)이었다.

유향소의 폐쇄성

재지사족은 이른바 '유향품관(留鄕品官)', '토성품관(土姓品官)'이라 불리는 부류이다. 고려 말에 남발(濫發)되었던 첨설직(添設職)을 받아 이족(吏族)에서 유향품관으로 성장한 집단 또는 왕조교체와 세조 왕위 찬탈 때 낙향한 사족으로, 이들이 중심이 되어 유향소를 설치 운영하였다. 유향소를 기반으로 성리학적 사회질서를 확립하는 동시에 향촌사회에서 그들의 정치·사회적 세력을 키워나갔던 것이다.

대체로 유향품관은 수령보다 품계(品階)가 높았다. 게다가 건국 초에는 수령들이 대부분 자질이 낮아 수령을 능멸하는 일이 자주 일어났다. 이 때문에 태종 6년(1406) 중앙집권책의 일환으로 유향소 혁파를 시도했지만 국사학계의 통설과는 달리, 그다지 효과를 거두지 못했던 것 같다. 이는 세종이 내린 조치가 뒷받침한다. 세종 2년(1420)에 아예 '수령고소금지법'이 내린 것이다. 수령이 비리를 저지른다 해도 품관, 향리 등이 고발할 수 없다고 명한 이 법은 정부의 일방적인 중앙집권 강화책이었다. 이 법이 중앙집권의 확립에 크게 기여했다고 해도 수령의 불법행위, 향리의 농간 등은 향촌사회의 큰 문제로 남게 되었다.

그 결과 세종 10년(1428)에 유향소 제도를 정비하여 비리와 불법을 저지르는 향리를 규찰하고 향촌의 풍속을 바로잡고자 하였다. 즉 유향소에 부(府) 이상 5인, 군(郡) 4인, 현(縣) 3인의 유향품관을 두었는데, 이들을 각 경재소(京在所)가 선정하도록 하여 중앙의 통제를 받도록 하였다. 사실 유향소가 수령과 대립하면서 사족의 이해를 대변할 수 있었던 것은 그 지역 출신 사족의 재경(在京) 연합체라고 할 수 있는 경재소의 힘 때문이었다.

또한 세종은 재위 17년에 경재소 제도를 정비해 유향소를 더욱 견제하기 시작했다. 즉 현직 관원이 아버지의 내외향(內外鄕), 어머니의 내외향, 처의 내외향, 할아버지의 외향, 증조부의 외향 등 8향

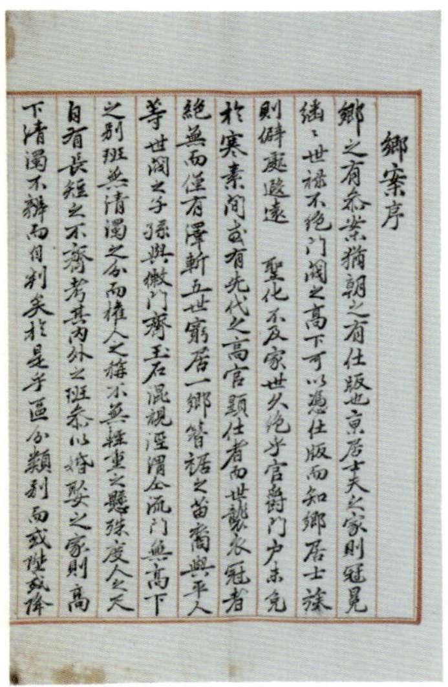

향안 향촌사회의 지배층인 현족(顯族)으로 구성된 향원(鄕員)의 명부이다.

의 유향소를 장악할 수 있도록 하였다. 이런 조치에도 재지사족은 유향소를 발판 삼아 향촌사회에서 그 지배력을 강화시켜나갔다. 결국 유향소는 세조의 전제정치와 관권 중심의 중앙집권화 정책과 충돌하여 세조 13년(1467)에 폐지되고 말았다.

유향소의 임원은 향촌 인사 가운데 인망이 두터운 자를 선임하였다. 그런데 선임되는 자는 반드시 향안(鄕案)에 등재된 사람이어야 했다. 각 지방마다 향촌사회의 지배층인 현족(顯族)으로 구성된 향원(鄕員)이 있었는데, 이 향원의 명부를 향안이라 한다. 이 명부 안에서 덕망 있고 나이 든 인물이 향헌(鄕憲)·향유사(鄕有司) 등으로 뽑혔다. 이들은 임원으로서 유향소 좌수(座首)를 감독하였다.

좌수 선임은 지역마다 달라서 향헌이 임명하는 곳도 있고, 임기를 마친 전임 좌수가 후임을 택하기도 하였다. 대체로 향원들의 모임인 향회(鄕會)에서 다수결로 선출하여 추천하면, 경재소의 당상(堂上)이 임명하였다.

좌수 1인, 별감 2인의 3인을 삼향소(三鄕所)라고 하였다. 유향소와 삼향소는 공히 사람을 가리키는 말인 동시에 청사를 의미하기도 했다. 청사에는 삼향소 외에 10~50여 명의 인원이 있어 제반 업무를 보았다. 풍헌(風憲) 이하의 면임(面任)과 이임(里任)은 좌수가 임명하여 세금 수납, 역(役) 부과, 농업 권장 등 대민 행정실무를 주관하였다. 청사는 관아와 멀리 떨어져 있어 이아(貳衙)라 불렸으며 이러한 거리는 수령을 규제할 유향소의 존재를 상징했다.

유향소의 좌수·별감이 될 수 있는 자격은 향안에 등재된 인물로 국한되어 폐쇄적인 성격을 보였다. 향안에는 세족(世族), 현족, 우족(右族) 등으로 불리는 재지사족만이 등록될 수 있었다. 향촌을 장악한 이들 재지사족은 대개 훈신(勳臣) 계열에 속하지 않고 조상 대대로 살아온 토착세력으로서 중앙권력에 대립해온 부류였다. 향안에 등록되어야 비로소 양반으로서 인정과 대우를 받음은 물론이고 좌수·별감에 선출되어 향촌사회의 지배신분으로 행세할 수 있었다.

유향소와 성리학적 질서 보급

사림파가 중앙정계에 진출하면서 성리학적 향촌질서를 확립함과 동시에 자신들의 세력 기반을 강화하기 위해 유향소를 다시 설치할 것을 주장했다. 그 결과 성종 19년(1438)에 다시 유향소가 설치되었

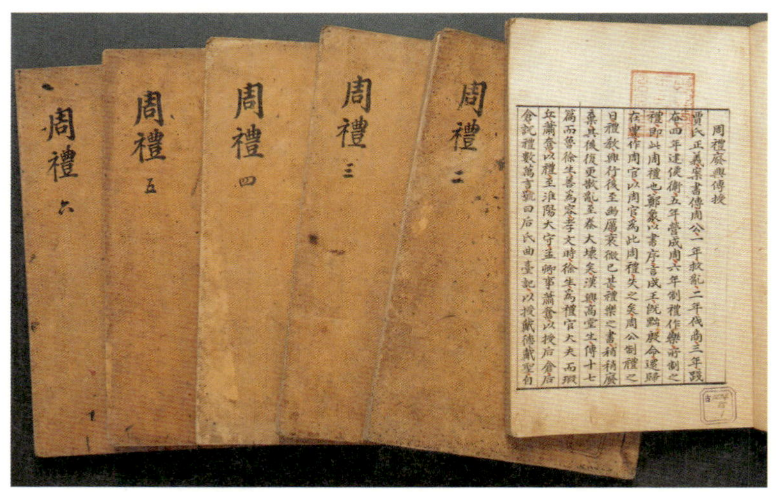

「주례」

다. 그런데 김종직(金宗直)을 중심으로 한 이들 사림파의 유향소 복
립 운동은 단순한 이전 제도의 부활이 아니라, 『주례(周禮)』의 향사
례(鄕射禮)·향음주례(鄕飮酒禮)를 실천할 기구이자 향촌을 교화하고
향촌질서를 파괴하는 자들을 통제하는 조직의 설립을 의도한 것이
었다.

향사례는 어질고 재능 있는 사람을 왕에게 천거할 때, 그 선택을
위해 행하는 활을 쏘는 의식이고, 향음주례는 향촌의 선비·유생들
이 학덕과 연륜이 높은 이를 모시고 술을 마시며 잔치하는 의례를
말한다. 따라서 이들 의례는 효제충신(孝悌忠信)하며 덕과 재주가 있
는 자, 어진 이를 존중하는 것을 그 목표로 삼고 있었다. 또 유향소
는 향촌 내의 불효자, 연장자에게 예절에 벗어난 행동을 한 자, 화목
하지 못한 자, 구휼을 소홀히 한 자 등 향촌질서를 파괴하는 자들을

통제해 향촌 교화를 이루도록 하는 데 중점을 두었다.

이렇게 성종대의 사림파는 유향소를 통해 성리학 이념을 바탕으로 한 향촌질서를 확립하려고 하였다. 또한 사림파는 성리학적 향촌질서를 확립함과 동시에 자신들의 세력 기반을 강화하기 위해 유향소를 경재소와 밀접하게 관련시켜 놓았다.

그러나 두 차례의 사화(士禍, 무오 · 갑자사화)를 겪으면서 사림파가 중앙 정계에서 도태되자 오히려 훈구파가 경재소를 통해 유향소를 장악해버렸다. 중앙의 현직 관리로 경재소 당상을 삼아 그들로 하여금 유향소의 좌수(座首)를 임명하게 하고 통제하도록 함으로써 유향소를 장악하였다. 이로써 비리가 속출하고 경재소와 유향소는 수탈의 본거지가 되어 향촌사회를 혼란하게 만드는 주범으로 지목되었다.

경재소는 끝내 선조 36년(1603)에 혁파되었다. 이와 함께 유향소는 이제 수령이 그 임원을 임명하게 되면서 수령의 보좌역으로 전락하고 말았다. 그래서 영조 때부터 편찬되기 시작한 관찬읍지(官撰邑誌)에는 향소(鄕所)의 임원을 관직 조항에 넣어 수령의 속관(屬官)으로 취급했던 것이다. 유향소는 조선 후기에 와서 향청(鄕廳) 또는 향소라 부르게 되었다.

결국 사림파의 생원 · 진사들은 따로 사마소(司馬所)를 설치해 그들 나름대로 향촌질서를 세우려 하였다. 한편으로 유향소에 적임자가 없어 민폐가 크니 혁파하자고 주장하며, 유향소 대신 향약(鄕約) 보급에 주력하여 성리학적 향촌질서를 재정비해나갔다.

향촌의 성리학적 질서 규약, 향약

향약(鄕約)은 '향촌규약(鄕村規約)'의 준말로 향민(鄕民)이 서로 도우며 살아가자는 약속이지만, 사족의 향촌자치에 바탕을 두었기 때문에 이를 통해 하층민을 통제하는 역할을 했다. 이처럼 조선의 향약은 그 내용상 중국의 향약과는 차이가 있었다. 즉 향촌자치에 필요한 덕목과 상호협조 등을 규약한 것이라고는 하지만, 이보다는 사족의 이념인 성리학 예절을 향촌사회에 보급하여 성리학적 사회질서를 확립하는 데 그 목적을 두었다.

앞서 말했듯 향약 전에도 유향소와 같은 자율적 조직체가 존재했는데, 향안은 구성원의 명부이고 향규(鄕規)는 규약이다. 향규는 유향소가 설치 운영되자 군현 단위로 제정되었으며, 향약이 본격적으로 수용되기 전부터 유향소의 설립과 동시에 규정되었던 것이다. 이런 향규는 종래의 향도(香徒)관계 규약과 함께 실시되다가 중국의 향약이 보급되자 종전의 불교적이고 음사(淫祀)적인 의식과 관습이 주자학적 실천윤리로 대치되어나가는 과정에서 점차 향약화되고 있었다.

잘 알려진 대로 향약은 중국 북송(北宋) 말기 여씨 형제에 의해 최초로 실시되었다. 이들은 친척과 향리 사람들을 교화 선도하기 위하여 덕업(德業)을 서로 권하고, 과실(過失)을 서로 규제하고, 예속(禮俗)으로 교류하며, 환난(患難)에 서로 구휼한다는 4대 강목을 시행하였다. 그 후 주자가 이것을 손질하여 『주자증손여씨향약(朱子增損呂氏鄕約)』이라 하였는데, 이것을 성리학의 고전인 『소학(小學)』에 수록함으로써 성리학적 향촌질서를 보급하는 규범의 하나로 자리 잡게 되었다. 이 때문에 여씨향약은『소학』교육의 보급과 함께 15세기 부터 사대부 계층에 수용되었다.

　이러한 향약은 성리학적 실천윤리를 향촌사회에 보급시키고자 했던 사림에 의하여 영남지방부터 점차 전국으로 확산되어갔다. 구체적으로 중종반정(1506) 후 정계에 다시 등장한 사림파는 유향소의 기능을 대신하는 수단으로 여씨향약을 실시하여 성리학적 사회질서를 보급하려고 하였다. 이는 당시 향촌 풍속을 바로잡기 위하여 설치되었던 유향소가 자체 내의 모순으로 그 기능을 제대로 수행하지 못하자, 유교의 이상 정치를 실현하려던 조광조(趙光祖) 일파에 의해 강력하게 추진되었다.

　향약을『소학』교육과 함께 유교의 이상 정치 실현의 수단으로 여긴 조광조 일파는 중종 13년(1518) 향약을 대량 발간하여 전국에 반포하고 그 실시를 권장하였다. 그 이듬해인 중종 14년에 일어난 기묘사화로 조광조를 비롯한 사림세력이 대부분 제거되자 향약에 대해서도 제재가 가해졌다. 그 다음해 1월 사헌부에서는 "향약 실시 이후 사사로운 미움으로 악적(惡籍)이 만들어지고 심지어 노비가 수령을 침해할 정도로 아랫사람이 윗사람을 능멸하고 천한 자가 지체 높은 자를 업신여기는 풍조가 생겼다. 더구나 가난한 사람이 구제를 위해 재물을 내지 못하면 벌을 가하니 폐단이 매우 크다."고 주장하였다. 그러자 중종은 향약을 혁파하도록 지시하였다.

향촌지배의 수단이 된 향약

이처럼 향약은 한때 중단되었다가 중종 38년 왕명으로 다시 시행되었는데, 사실상 지방에 따라 간헐적으로 실시된 것에 불과했다. 향약은 여러 차례의 사화 끝에 마침내 사림이 중앙정계를 완전히 장악한 선조 이후부터 본격적으로 시행되었다.

덕업상권 · 과실상규 · 예속상교 · 환난상휼의 취지를 가진 여씨향약은 조선의 실정에 맞게 조정되어 조선 고유의 향약이 되었는데, 그 대표적인 향약이 퇴계 이황(李滉)의 예안향립약조(禮安鄕立約條)와 율곡 이이(李珥)의 해주일향약속(海州一鄕約束)이다. 퇴계의 향약은 사족 중심의 자율적인 성격이 강한 반면 율곡의 향약은 관권(官權)을 활용하는 측면이 강하였다.

선조 8년(1575) 동 · 서 분당을 계기로 사림파가 분열하자 동인의 한 분파인 남인과 영남학파는 이황의 향약을 모범으로 삼아 그들의 근거지인 영남지방을 중심으로 보급하기 시작했다. 서인의 아성인 기호지방에서는 이이의 향약이 전형으로 자리 잡았다. 남인이 이황의 학문을 계승한 사람들 중심으로 형성되었던 반면에, 서인은 주로 이이의 문인들로 이루어졌기 때문이다.

향약의 임원은 대개 유향소의 임원을 겸하게 마련이었다. 그리하여 재지사족은 향약을 통해 결속력을 강화하고 이를 바탕으로 하층민을 효율적으로 통제하였다. 이런 과정에서 향약은 성리학적 풍속과 예절을 보급 · 정착시키는 데 크게 기여하였다.

실상 재지사족은 향약을 교화적인 수단보다는 하층민에 대한 합법적인 수탈 수단으로 악용하는 경우가 많았다. 조선 후기 실학자 정약용(丁若鏞)은 그의 저서에서 이러한 만행을 통렬히 비판하였다.

　　"향약의 해(害)는 도적보다 심하다. 토호적인 향족(鄕族)이 집강(執
綱)에 차임(差任)되면 스스로 약장(約長) 또는 헌장(憲長)이라 하여 향
권(鄕權)을 전담(專擔)하고 소민(小民)을 위협하여 주식(酒食)을 토색
하고 곡물을 수탈한다."

『목민심서(牧民心書)』 교화조

이렇게 향약은 위로부터, 즉 사족을 중심으로 향촌지배를 위한
하나의 수단으로 작용하였다. 결국 향약도 유향소와 마찬가지로 성
리학적 윤리에 입각하여 사족지배체제를 유지 강화하는 수단이었
던 것이다.

6

서원이 전국에 산재한 까닭은?

서원의 천국, 조선

한국 최초의 서원인 백운동서원(白雲洞書院)이 중종 37년(1542)에 세워진 후, 서원의 수는 엄청나게 증가하였다. 정약용은 저서 『목민심서(牧民心書)』 예전 제사조에서 읍마다 수십 개의 서원이 있었다고 적고 있다. 이는 물론 과장된 표현이겠지만 조선시대에 그만큼 서원이 많았음을 말해준다.

이런 현상은 중국과 비교해보면 바로 알 수 있다. 중국학계의 연구 결과에 따르면, 중국에는 송대로부터 명나라에 거쳐 설립된 서원의 누적 숫자가 모두 더해 3백 내지 4백여 개에 불과했다고 한다.

이에 비해 조선시대에는 『민족문화대백과사전』의 서원 항목만 보더라도 선조 연간(1567~1608)까지 세워진 서원 수가 120여 개나 되었고, 숙종 연간(1674~1720)까지는 그 수가 6백 개 이상이 되었다. 19세기에 와서는 그 누계가 900여 개에 이르렀다고 한다. 한국과 중국의 인구를 고려하면, 그야말로 조선은 서원의 천국이었다고 할 수 있다.

백운동 서원 한국 최초의 서원으로, 경상
북도 영주시 순흥면에 있다.

세조 집권(1455) 이후 점차 쇠퇴하기 시작한 향교는 결국 16세기에 접어들면서 교육기능을 거의 상실하기에 이르렀고 향교의 교육기능을 서원이 대신해나갔던 것은 잘 알려진 대로이다. 서원의 건립 주도세력은 사림이었다.

사림은 본래 불사이군(不事二君)이라 하여 정치 참여를 거부했지만 성종(1470~1494)대에 이르러 점차 현실을 인정하고 중앙정계에 진출하기 시작하였다. 그들은 주자학을 신봉했기에 도덕과 의리를 숭상하고 학술과 언론을 바탕으로 하는 도덕정치를 추구하였다. 따라서 당시 부국강병을 명분으로 내세우며 비리와 부정에 젖어 있던 훈구세력과의 대립이 불가피하였고 그 결과 사화가 발생하였다. 사림은 사화로 큰 타격을 입고 세력을 키우기 위한 궁극적인 방안을 모색하였다.

향촌을 기반으로 했던 사림은 향촌자치제 강화를 주장하였다. 사창제(社倉制) 실시를 요구하고 유향소를 다시 세우며 향약을 전국적으로 시행하려 한 것은 그러한 의도에서였다. 그러나 그 의도를 간파한 훈구파의 방해로 쉽게 이루지는 못하였다.

결국 사림은 세력 결집을 위한 새로운 장으로 서원을 구상하였다. 서원은 명목상 어디까지나 교육기관이었기 때문에 훈구세력의 견제를 피할 수 있다고 여겼던 것이다. 이제 사림세력은 서원을 발판으로 학연을 돈독히 하면서 자신들의 힘을 키울 수 있게 되었다.

사림이 서원 설립에 주력한 결과 명종(1545~1567) 말기에 이르러 서원 수가 20여 개에 달했는데, 그 절반쯤은 이황의 주도로 설립된 것이었다.

서원의 기능

명종 연간은 훈구파가 정권을 장악하고 있었다. 사림은 경계 태세로 자신들의 동향을 예의주시하고 있던 훈구세력의 견제를 고려해야만 했다. 서원도 교육 기능에 치중될 수밖에 없었다.

한편 교육 기능 못지않게 제사 기능도 중시되었다. 서원은 선성(先聖)이나 선현(先賢)을 모시는 사묘(祠廟)의 역할도 겸하였다. 봄과 가을에 지내는 제사는 선현을 통해 바람직한 인간상을 제시하는 행사였다. 서원에 배향되는 인물은 향촌사회를 교화하기 위해 학덕이 크게 뛰어나거나 충절과 의리로써 모범이 될 만한 경우로 한정되었다.

중종반정(1506) 후 사림파가 다시 정계로 진출하면서 정부 차원에서도 서원 설립을 지원하였으나 조선 후기 실학자 유형원(柳馨遠)의 지적처럼, 초창기 서원의 기능은 어디까지나 교육이 우선이고 제사는 부수적이었다.

"지금의 서원은 예전에는 없던 것이다. 각 고을 향교의 교육이 잘못되어 과거에만 집착하고 명예와 이익만을 다투게 되자, 뜻있는 선비들이 고요하고 한적한 곳을 찾아 정사(精舍)를 세워 배움을 익히고 후진을 교육한 데서 서원이 생겨났다."

제사 기능이 강화된 서원이 본격적으로 확산되기 시작한 것은 사림파가 중앙 정계를 장악한 선조 이후부터였다. 서원은 사림파가 정국의 주도권을 쥐게 된 후 전개된 붕당정치(朋黨政治)와 깊은 관련이 있었다. 원래 붕당은 신하들끼리 모여 정파를 이룬 것이기에 왕권이 강성하였던 조선 초기에만 해도 용납될 수 없었다. 그러다 16세기에 와서 왕권이 약화되고 사림파가 집권하면서 그 부산물로 붕당이 생겨난 후 붕당 간의 다툼, 즉 당쟁이 벌어졌던 것이다.

서원이 남설된 까닭은

붕당정치는 향촌사회의 서원을 중심으로 전개된 사림의 공론(公論)에 입각한 정치였다. 서원은 중앙의 정치문제에 대한 향촌 사림의 일차적 여론 결집의 거점이 되면서 점차 중요성을 띠게 되었다. 이는 향촌사회에서 사족의 활동 기반이었던 유향소, 향약 등이 점차 제 기능을 발휘하지 못하고 붕당정치가 현실과 동떨어진 명분과 의리 중심으로 전개되면서 향중(鄕中)의 공론이 정치운영의 방향에 본격적인 영향을 미쳤기 때문이다.

이제 서원은 교육과 제사 기능만이 아니라, 양반들이 모여 여러 나랏일을 의논하고 여론을 수렴하여 정치에 반영하는 기능까지도 담당하게 되었다. 가령 현종의 복(服), 즉 1년상으로 할지 3년상으로 할지를 둘러싼 예송(禮訟) 시비 때 남인은 영남 각 지역의 서원을 통하여 공론을 형성하고 1천여 명이 서명한 상소를 올리는 등 집단적인 시위까지 벌일 정도였다. 그 결과 남인은 마침내 송시열(宋時烈)의 서인을 실각시키고 집권할 수 있는 토대를 마련하였다.

결국 17세기 이후 당쟁이 격화되고 문벌과 학벌이 점차 강조됨에 따라 서원의 수도 엄청나게 증가하였다. 사림이 자기 당파나 학파의 입지를 강화할 목적으로 자파의 인물들을 모시는 서원을 증설하

는 데 힘을 기울인 결과였다. 예컨대 숙종 6년(1680) 경신환국(庚申
換局)*을 계기로 다시 집권에 성공한 서인은 영남 출신 남인이 자신
들의 세력 기반을 확대할 목적으로 서원을 남설(濫設)한 데 대해 문
제를 제기하였다.

> "서원을 설립하려는 의도는 불디(不美)한 것이 아니지만 그 수가
> 지나치게 많습니다. 1읍에만 7~8에 이르고 1도에는 80~90에 이르
> 고 있는데 서원의 번성함이 영남만한 곳이 없습니다."
>
> 『숙종실록』 7년 6월 계미조

남인의 서원 남설을 비판한 서인 또한 그들 자신의 세력 확대를
위해 서원을 증설하였다. 『증보문헌비고(增補文獻備考)』와 『조두록(俎
豆錄)』에 따르면, 서인집권기에 건립된 서원은 모두 39개소 즉 연평
균 4.3개소로, 이는 숙종 6년까지의 남인집권기의 연평균 2.7개소보
다 많은 숫자였다.

서원이 당파의 후방기지 역할을 한 결과 본래 저명한 재야학자의
직책인 서원 원장직도 중앙의 고관이 맡게 되고, 서원의 유생이 하

---

* 조선 숙종 6년(1680, 이해의 간지가 경신)에 서인 일파가 남인을 조정에서 대거 축출한 사건.
현종 15년(1674)의 당쟁에서 승리하여 정권을 잡은 남인 일파가 숙종의 신임을 받지 못하자, 서
인인 김석주(金錫胄) 등이 영의정 허적(許積)의 서자인 허견(許堅)이 인평대군의 세 아들인 복창
군·북선군·복평군 등과 함께 역모를 꾀한다고 고발하여 옥사(獄事)가 일어나서, 허적 일가족
등이 살해되고 남인 일파가 축출되어 서인 일파가 정권을 잡게 되었다. 경신대출적(庚申大黜陟)
으로도 불린다. 환국은 시국이나 판국이 바뀐다는 말로서, 역사적으로는 정치 주도세력의 급작
스런 교체에 따라 정국이 급격하게 전환되는 현상을 이른다.

게 마련인 유사직에 향유사(鄕有司)와 진진유사(縉紳有司)를 따로 두어 향유사는 유생이, 진진유사는 당상관 이상의 고급관료가 맡게 되었다. 이런 조직은 향촌 사림에게는 중앙 관료와 연계되어 그들의 정치적 진출에 도움이 되고, 중앙 관료의 입장에서는 자파의 이해관계에 대한 향촌 사림의 지지를 획득할 수 있게 해주었다.

문중서원의 출현

서원의 남설 경향은 문중 단위의 가묘(家廟)화로 이어졌다. 문중서원(門中書院)의 출현이 그것이다. 임진왜란과 병자호란 이후 사족은 대부분 향촌사회 복구작업에 참여하면서 가문의 기반을 확보하기 위해서 동족부락을 형성하고, 혈연적인 결속력을 배경으로 족계(族契)를 만들기 시작했다.

물론 족계는 동족 간의 친목도모나 상호부조, 조상 제사에 그 기본 목적이 있었다. 하지만 사족들은 향촌사회에서 자기 가문이 인정받기 위해서는 지속적으로 가문을 재생산해야 한다는 필요를 절감했기 때문에, 많은 족계에서 자식 교육을 위한 서당의 건립과 운영을 중요한 사항으로 다루었다.

한편 17세기 후반 이후 당쟁이 격화되면서 각 당파에서 자파계 인물을 서원에 배향하는 경향이 두드러지게 나타났다. 이제 서원 본래의 교육 기능이 제사 위주로 전환되었고 이 과정에서 배향 인물의 범위도 고관, 의로운 선비나 효자로까지 확대되었다.

그 결과 저명한 성리학자를 주로 배향하여 사림의 모범으로 삼고 더불어 교육기관으로서 기능하던 서원이, 가문 단위 조상 제사나 자식 교육을 위한 기구로 변화되기 시작하였다. 후손이나 문중의 입장에서는 자기 가문의 뛰어난 조상을 서원에 제향하는 그 자체가 가문의 권위를 나타내는 데 큰 역할을 했기 때문이다.

그리하여 17세기 후반 이후 각 동족집단은 자신들 내의 뛰어난 인물이나 충효인물까지 배향하는 서원을 앞다투어 설립하였다. 그 결과 조선 후기에 이르러서는 정약용의 지적처럼 읍마다 수십 개소의 서원이 존재할 정도로 그야말로 붕당의 온상인 서원의 천국이 되었던 것이다.

참고문헌

『고려도경(高麗圖經)』, 『경국대전(經國大典)』, 『목민심서(牧民心書)』, 『숙종실록(肅宗實錄)』, 『증보문헌비고(增補文獻備考)』

1) 윤희면, 「조선후기 향교 교재」, 『두계이병도박사구순기념 한국사학논총』, 지식산업사, 1987.

2) 이범직, 「조선전기 유학교육과 향교의 기능」, 『역사교육』 20, 1976.

3) 이성무, 「조선초기의 향교」, 『한파이상옥박사 회갑기념논문집』, 1969.

4) 한동일, 「조선시대 향교교육 퇴폐의 원인에 관한 연구」, 『대동문화연구』 19, 1985.

5) 고영진, 「조선중기 향례에 대한 인식의 변화」, 『국사관논총』 81. 1998.

6) 김필동, 「조선전기 향약의 보급과 그 사회적 의미-16세기를 중심으로-」, 『한국의 사회와 문화』 10, 1989.

7) 신정희, 「조선조 향약 시행에 대한 일고찰」, 『대구사학』 5, 대구사학회, 1972.

8) 이성무, 「경재소와 유향소」, 『택와허선도선생정년기념 한국사학논총』, 1992.

9) 이태진, 「사림파의 유향소 복립운동 (상·하)」, 『진단학보』 34·35, 1972·1973.

10) 향촌사회사연구회, 『조선후기 향약 연구』, 민음사, 1990.

11) 고석규, 「조선 서원, 사우에 대한 연구의 추이와 그 성격」, 『외대사학』 1, 1987.

12) 민병하, 「조선시대의 서원교육」, 『대동문화연구』 17, 1983.

13) 이성무, 「조선의 성균관과 서원」, 『한국사시민강좌』 18, 일조각, 1996.

14) 이해준, 「조선후기 서원의 성격변화와 서원정책」, 『배종무총장퇴임기념사학논총』, 1994.

15) 이해준, 「조선후기 문중서원의 개념과 성격 문제」, 『한국중세사논총』(이수건교수정년기념), 2000.

16) 정만조, 『조선시대 서원연구』, 집문당, 1997.

17) 최완기, 『한국의 서원』, 대원사, 2003.

3

열린 사회에서 닫힌 사회로

7

조선에 정착한 아랍인들

"예조에서 보고하기를, '회회교도(回回敎徒)는 의관(衣冠)이 우리들
과 달라서, 사람들이 모두 우리 백성이 아니라 하여 혼인하기를 꺼
립니다. 이미 우리나라에 귀화한 사람들이니 마땅히 우리나라 의복
을 좇아 별다르게 하지 않는다면 자연히 혼인하게 될 것입니다. 또
대조회(大朝會 매월 초하루 · 보름에 문무백관들이 임금에게 문안을 드리고
정사를 아뢰기 위하여 아침에 모이는 의식) 때 회회도(回回徒)의 기도하
는 의식(儀式)도 폐지함이 마땅합니다.' 라고 하였다."

『세종실록』 9년 4월 임술조

이 기록처럼 회회인(回回人)이라 불린 아랍인들은 조선에 귀화,
정착하여 살고 있었다. 그들은 고유 의복을 착용하는 등 그들 풍속
대로 생활하고 있었는데 조정에서는 그들이 조선인과 결혼하여 진
정으로 정착하기를 바라고 있었다. 또한 국가 의례에서 무슬림들은
그들의 종교인 이슬람교 의식을 거행하였다.

오랜 역사를 지닌 아랍과의 교역

조선 초기만 해도 아랍과 교류를 하였고 그로 인해 조선에 정착한 아랍인 사회가 존재하였음을 알 수 있다.

역사상 한반도와 아랍의 교류는 신라 때부터 있어왔다. 신라의 고도(古都) 경주에서 발굴된 서아시아의 교역품이 이를 증명한다. 실제 『삼국사기』에는 골품(骨品)에 따라 사용할 수 없는 고급 물품의 목록이 나오는데 에메랄드, 알로에, 페르시아산(産) 카펫 같은 많은 서역산 제품이 포함되어 있다. 또 경주 괘릉의 이방인(異邦人) 석상, 처용의 존재 등도 신라가 아랍과 교류하였다는 사실을 뒷받침해주고 있다.

잘 알려진 대로 한국의 영어 명칭이 '코리아(Korea)'가 된 것은 '고려'와 관련이 있다. 이는 세계에 한국인의 존재가 알려지기 시작한 시기가 바로 고려왕조부터였다는 의미가 된다. 고려는 다른 대륙에 있는 나라와의 교류와 무역도 마다하지 않았다. 그리하여 예성강 하류에 위치한 벽란도(碧瀾渡)는 국제무역항이 되었고 이를 통해 중국과 동남아시아 지역뿐 아니라 아랍인과도 교류를 하였다.

예컨대 『고려사』 현종 15년 (1024) 9월조에는 "대식국(大食

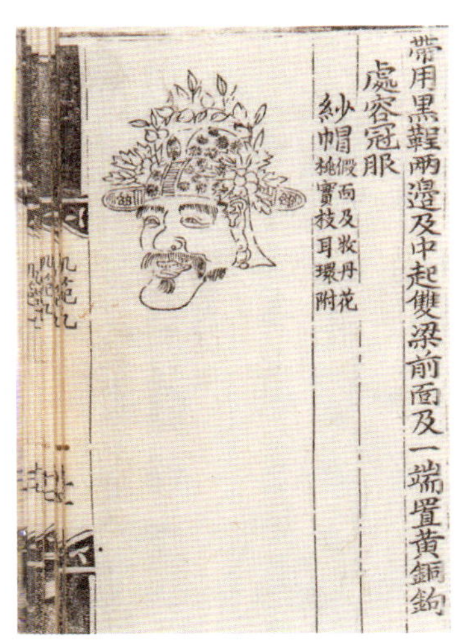

처용(『악학궤범』)

國, 아라비아)의 100여 명이 토산물을 바쳤다."는 기사가 실려 있다. 그 이듬해에도 이와 같은 기록이 보인다. 이어 정종 6년(1040)에는 대식국 상인이 수은, 향료 등의 물자를 바치자 그들을 객관에 머물게 하였다는 기록이 있다.

고려가 백여 명에 이르는 대규모 아랍 상단과 교역하였다는 사실은 중요한 의미를 지닌다. 이러한 아랍과의 교류 전통이 조선 초기만 해도 지속되었던 것이다.

조선왕조는 아랍뿐 아니라 동남아시아의 여러 나라들과도 교류하였다. 조선이 건국 초기에 중국, 일본, 여진 다음으로 많이 교류한 나라가 바로 현재의 오키나와인 류큐국〔琉球國〕이다. 류큐는 19세기 말 일본에 멸망하여 지금은 존재하지 않지만, 14~15세기까지만 해도 활발한 대외활동으로 남방무역을 주도한 나라였다.

조선을 방문한 동남아시아 사람들

류큐는 11~12세기에 안사(按司)라 불리는 호족들이 등장하여 쟁란을 계속하다가 14세기 초반 중산(中山)·산남(山南)·산북(山北)이라는 세 개의 소국으로 정립되었다. 그중 중산이 가장 강했고 대외교섭도 활발하게 전개하였다. 중산왕(中山王) 찰도(察度)는 고려 및 명나라와 각각 교섭을 시작하였다.

이어 조선왕조가 개국하자 찰도가 태조 원년(1372)에 사신을 보내 수교하였다. 이후 류큐는 중종 19년(1524)까지 130여 년 동안 50여 차례에 걸쳐 신하라 칭하며 방물(方物)을 바쳤다. 이처럼 조선 초기

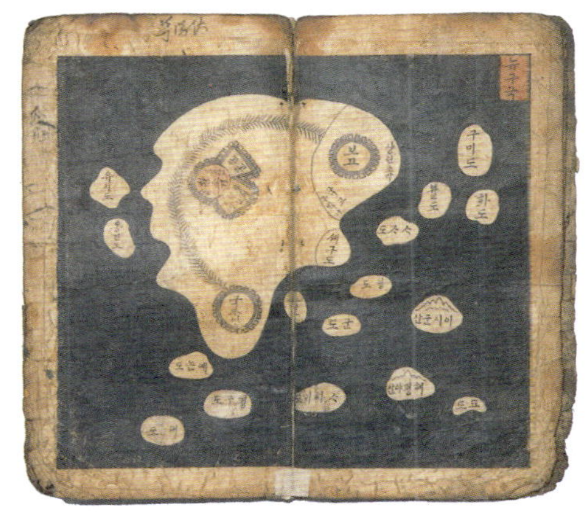

조선 말기에 그려진 류큐국 지도

만 해도 조선과 류큐의 교류는 비교적 잦은 편이었다. 물론 조선측에서 사신을 보낸 것은 3회밖에 되지 않은 것으로 미루어, 조선과 류큐의 교류는 거의 일방적으로 류큐 사신단의 방문으로 이루어진 것으로 보인다.

조선과 류큐의 교역 형태는 기본적으로 사행(使行)무역이었다. 류큐 사신단이 진상품을 바치면, 조선측이 답례품을 주는 형식으로 교역이 이루어졌다. 하지만 류큐는 해외무역을 생계로 삼았기 때문에 본래의 목적이 경제적 교역이었던 만큼 관(官)무역에 부수된 형태의 사무역을 추구하였다. 예컨대 『세조실록』 원년 9월 무인조 기사에 따르면 류큐의 사신단이 가져온 물품이 너무 많아 포소(浦所)에는 그에 상당한 물품을 교역할 부상(富商)이 없었기에 서울로 운반하여 교역하게 하였다고 한다.

당시 류큐는 조선에 토산물과 안남(安南, 지금의 베트남), 섬라(暹羅, 지금의 태국) 등 남방 산물을 중개 무역한 대신에, 섬유와 문방구

류 등 조선의 특산물을 가져갔다. 『세조실록』 8년 2월 계사일(28)조에 류큐국 사신을 맞이한 이계손의 보고가 적혀 있다. 그 내용은 대략 이러하다.

"유구국의 의복제도를 물으니, 남자의 관(冠)은 조선의 중〔僧〕이 쓰는 죽립(竹笠)과 같으며 여자의 옷은 중국 여자와 같다고 하였습니다. 공격하고 싸우는 일을 물으니, 갑옷과 도검(刀劒)은 일본과 같으며, 풍속이 죽음을 가볍게 여기므로 진격하기만 알고 후퇴를 알지 못하니, 싸움에 이기지 않은 적이 없다고 합니다.

형벌에 대한 일을 물으니, 도적은 곧 목을 베고 용서하지 않기 때문에 길에 떨어진 물건도 줍지 않는다고 하였습니다. 술 빚는 방법을 물으니, 깨끗이 씻은 쌀로 밥을 지어 누룩에 섞어서 술을 빚으며, 다만 하루거리 술은 15세 처녀가 입을 깨끗이 씻고 밥을 씹어서 술을 빚는데, 그 맛이 기막히게 달다고 하였습니다.

가무(歌舞)에 대해 물으니, 한 사람이 손바닥을 치면서 노래하면 여러 사람이 모두 따라 부르고 손을 흔들면서 춤을 추는데, 노랫소리는 조선의 농가(農歌)와 같고 춤은 야인(野人)의 춤과 같다고 합니다.

농사에 대해 물으니, 논에는 11월에 파종하였다가 3월에 모내기하고 6월에 베며, 또 6월에 파종하였다가 10월에 벤다고 합니다. 토산물(土産物)을 물으니, 황금·산호·유황·철이 나는데 유황의 경우 1년 동안 파내도 없어지지 않는다고 하였습니다."

이 기록은 류큐국, 즉 오키나와의 전통 풍속을 보여준다. 1년 2모작이라든가 화산섬의 특징인 유황의 산출은 현재의 오키나와를 보는 것같이 생생하다.

그런데 이들 류큐국 사신이 무역보다 더욱 간절히 요구한 것은 대장경이었다. 세조 원년(1455)에 류큐국 사신 도안(道安)이 대장경을 요청한 이래 류큐 사신들은 대부분 대장경 하사를 원했다. 그리하여 '만대자손의 이익이 될 것'이라며 대장경을 받아갔다. 조선이 하사한 대장경은 류큐의 주요 사찰에 모셔져 그들의 불교문화 발전에 크게 기여하였다. 이때 받은 조선의 범종도 국보로서 현재 슈리(首里)의 파상궁(波上宮)에 보관되어 있다.

조선 초기에 조아국(지금의 자바)과 섬라곡국(지금의 태국)을 남만(南蠻)이라 불렀는데, 당시 남만의 배는 안남을 지나 마카오, 광동, 천주, 대만 해협, 류큐, 일본을 거쳐 조선으로 왔다. 조아국은 태종대 이래로 진언상(陳彦祥)이 여러 번 사절로 왔고, 남양의 여러 토산물과 인도 지방에서 생산하는 번포(蕃布) 등을 가져왔다. 이때의 자바는 마지바히트 왕조로서 국세가 한창 융성하던 시기이자 해외무역도 활발히 전개하고 있었다. 섬라곡국은 당시 아유티아 왕조로서 태조 때 사절을 보내왔으며, 방물로는 소목(蘇木)·속향(束香) 등을 바쳤다.

이렇게 왕조 초기만 해도 조선은 동남아시아 국가들과 교류를 했을 뿐 아니라 멀리 아랍과도 교류를 하였다. 흔히 조선의 외교를 '사대교린(事大交隣)'이라고 하는데, 중국에 대해서는 사대외교를, 일본을 비롯한 여진·류큐·남만의 여러 나라에 대해서는 교린외교를 펼쳤다. 물론 이들 국가 역시 조선의 이런 외교정책을 인정하고 있었다. 가령 이들 나라에서 보낸 외교문서를 보면, 조선에 대해 상국(上國)으로 예를 갖추었고, 스스로를 '번인(蕃人)'이라 하여 낮추어 칭했다.

8

쿠데타로 들어선 고립화의 길

|인조반정, 병자호란 그리고 고립화|

17세기 초 조선왕조는 개국 이래 최대의 위기상황에 직면해 있었다. 나라 전체가 임진왜란의 후유증에 시달리는 와중에 남부에서는 일본의 위협이 여전했고, 북부에서는 여진족 누르하치의 위협이 커져갔다. 종주국을 자처했던 명나라 역시 왜란 이후 나라를 다시 세워주었다는 은혜, 즉 재조지은(再造之恩)을 내세워 조선에 대한 내정간섭을 강화하고 있었다. 이러한 동아시아 국제정세의 급변은 조선에 커다란 위기로 작용하였다.

더욱이 조선은 내부적으로도 붕괴 위기에 직면해 있었다. 7년에 걸친 임진왜란이 남긴 피해는 실로 엄청났다. 인구 감소와 경작지 황폐화는 조선사회를 그야말로 붕괴 직전으로 몰아갔다. 예컨대 임란 후 전국의 경작면적은 종전의 3분의 1에도 못 미쳤으며 일본군의 피해를 가장 많이 입은 경상도의 경우는 6분의 1에 지나지 않았다. 경작지의 황폐화는 백성들의 생활을 파탄지경에 이르게 했다. 기근과 전염병까지 만연하여 백성들의 참상은 이루 말할 수 없을 정도였다. 국가 재건에 필요한 나라의 재정 또한 인구와 경작지의 감소로 절대적으로 부족했다.

민생을 우선시한 광해군

이런 상황에서 조선이 생존하려면 어떤 방법으로든 전쟁만은 피
해야 했다. 전쟁이 아닌 평화체제 유지 속에서만 시대적 과제인 국
가 재건에 모든 국력을 기울일 수 있었기 때문이다. 또다시 전쟁에
휘말린다면 회복불능의 상태로 빠져들 것임은 자명한 사실이었다.
결국 위정자들에게 부여된 최우선적인 책무는 급변하는 국제정세
에 대해 실용주의적 외교정책을 구사하여 남의 전쟁에 휩싸이는 것
만은 막아야 하는 데 있었다. 그러기 위해선 당시 만성화된 권력투
쟁을 청산하고 국력을 집결시켜 전후 복구사업에 온 힘을 쏟는 한
편, 혹시 현실화될 수도 있는 외국의 침략에 대비해 국방력을 강화
하는 등 전쟁 대비책도 마련해야 했다.

광해군묘 문성군부인(文成郡夫人) 유씨(柳氏)의 묘와 쌍분을 이루고 있다. 경기도 남양주시 진건면 소재.

이때 재위한 국왕이 바로 15대 광해군이다.

임진왜란 발생 당시 집권 당파였던 동인이 실각한 후 잠시 서인이 집권했는데, 종국에는 일본에 대한 강경책을 주도하고 의병장도 다수 배출한 북인이 집권하게 된다. 그러나 선조 말년, 북인은 선조의 후계 문제를 둘러싸고 둘로 갈라진다.

그중 영의정 유영경(柳永慶)이 이끄는 소북(小北)은 인목대비의 아들 영창대군을 지지하였다. 반면에 이이첨(李爾瞻)과 정인홍(鄭仁弘)이 이끄는 대북(大北)은 전란 중에 세자로 책봉되어 사실상 국정을 총괄하면서 백성들의 정신적 구심점 역할을 충실히 수행했던 광해군을 지지했다. 선조는 내심 적자(嫡子)인 어린 영창대군을 지지하여 세자 광해군은 몇 번이나 위기에 몰렸지만, 왕위계승을 둘러싼 소북과 대북의 권력투쟁이 한창인 와중에 선조가 갑자기 죽어 겨우 왕위에 오를 수 있었다.

7년간의 임진왜란은 이후 동아시아 국제정세에 급격한 변화를 야기했을 뿐만 아니라 조선사회 내부적으로도 개국 이래 초유의 국난이었으므로 광해군은 새 왕조 개국에 버금가는 국가 재건이란 시대적 과제를 부여받았다. 광해군은 이런 국내외적 상황에 효과적으로 대처할 수 있는 현명한 군주였다.

광해군과 대북정권이 즉위 원년인 1608년에 대동법을 경기도에 시범적으로 실시한 것은 이들이 시대적 과제를 능동적으로 해결하려 했다는 한 증거가 된다. 이후 대동법은 인조 원년(1623) 강원도, 17세기 중엽에는 충청·전라·경상도의 순으로 확대되었으며, 숙종 34년(1708)에 이르러 황해도까지 실행되었다. 이로써 대동법은 평안·함경도를 제외한 전국에서 실시되기에 이르렀다.

대동법 실시 이전에는 공납(貢納)의 폐단으로 한 마을이 텅 비는 일까지 있을 정도로 백성들의 도망이 속출했다. 공납은 가난한 농민들은 많은 부담을 안는 반면, 부유한 양반은 사실상 납부 대상에서 제외된 불공평한 과세제도였기 때문이다. 토지 소유량을 기준으로 한 누진세인 대동법은 이런 불균형을 시정할 수 있는 획기적인 세법이었

평택 대동법 시행비

다. 대동법 시행은 당연히 지주인 양반의 극렬한 반대에 부닥쳤다. 공납은 부유한 토지소유자인 양반이든 가난한 전호든 같은 액수를 내지만, 토지 1결당 12말을 내는 대동법의 경우는 토지가 많을수록 많은 액수의 세금을 내야 했기 때문이다. 그만큼 어려움이 있었음에도 광해군은 즉위하자마자 양반의 반발을 무마하며 경기도에 대동법을 시범 실시하는 단안을 내렸던 것이다.

민생을 우선시하는 광해군의 정책은 『동의보감(東醫寶鑑)』 간행에서도 엿볼 수 있다. 전란 후 가장 시급했던 과제는 의술의 보급이었다. 매우 복잡한 중국 의학이론과 값비싼 중국산 약재 대신에 싸면서도 우리 몸에 맞는 토종 약재와 의학이론을 갖춘 허준(許浚)의 『동의보감』 또한 광해군의 후원에 크게 힘입은 것이었다.

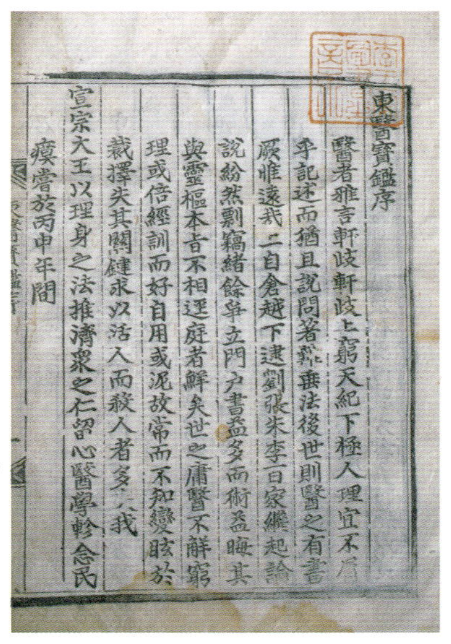

동의보감

그밖에도 광해군은 전란의 피해를 복구하는 데 탁월한 능력을 발휘했다. 전쟁으로 피폐된 산업을 재건하고 전후 복구사업에 필요한 재정을 충당하기 위해 세금 부과의 기준이 되는 토지조사와 호적정리 사업을 실시하는 한편, 외침 대비책으로 성곽과 무기를 수리하고 군사훈련을 강화하였다. 또한 즉위 직후에는 종묘를, 1611년에는 창덕궁을 중건하여 실추된 왕권의 위상을 회복하는 데도 힘썼다.

광해군의 실용주의적 외교

앞서 언급한 정책들도 시의적절한 것이었지만 광해군의 정책 가운데 단연 으뜸은 실용주의적 외교정책이었다. 청 태조 누르하치는 1617년 명나라의 전략적 요충지인 무순(撫順)과 청하(淸河)를 점령했다. 이는 누르하치가 만주를 석권하는 서막인 동시에 명나라의 심장부인 북경이 위험에 그대로 노출된 것을 뜻했다. 명 조정은 온통 들끓었고 대책 마련에 고심했다. 그리하여 명나라는 원정군을 편성하기로 결정하고, 조선에도 군대를 징발하여 협공하라고 요구하며 '재조지은'을 명분으로 내세웠다.

조선에서는 명의 파병 요구를 둘러싸고 광해군과 신하들 사이에 격렬한 논쟁이 벌어졌다. 광해군은 명의 요구에 확고한 반대 입장을 보였다.

"우리는 아직 왜란의 후유증에서 벗어나지 못했다. 명도 누르하치의 위세를 쉽게 당해내지 못했는데 우리의 허약한 군대를 보내봤자, 호랑이굴에 농부를 밀어넣는 격이 될 것이다. 그 와중에 군대 파견은 경제적으로 민생을 망치고, 군사적으로 누르하치와 원한을 맺을 이유가 없다."

그러나 신하들은 대부분 찬성하는 입장이었다.

"명은 우리에게 부모의 나라이고 재조지은을 베풀었습니다. 지금 부모의 나라가 오랑캐에게 수모를 당했는데, 자식의 도리로 어찌 달려가 구원하지 않겠습니까? 한낱 우리의 약세만 생각하여 싫어하는 기색을 보이다가 명나라가 우리를 대의(大義)로써 질책한 뒤 어쩔 수 없이 달려가 구원한다면, 그 뒤의 책임을 면하지 못할 것입니다. 또한 훗날 우리에게 위험이 닥친다 해도 무슨 면목으로 다시 명에게 구원을 요청하겠습니까?"

이렇게 현실론과 명분론을 둘러싼 광해군과 신하들 사이의 치열한 논쟁은 별다른 결론도 없이 계속되었다. 하지만 광해군의 입장

투항하는 강홍립 정조 때 간행된 『충렬록』에 실려 있다.

에 동조하는 신하는 몇몇에 불과했고, 그간 대북파의 영수로 광해군을 보위하는 데 앞장섰던 이이첨마저 신하들의 대열에 섰다.

하는 수 없이 광해군은 여진족이 세운 후금을 정벌하기 위해 군사파견을 결정하고 강홍립(姜弘立)을 도원수, 김응서(金應瑞)를 부원수로 하는 1만여 명의 조선군을 파견하였다. 이때 광해군은 강홍립에게 '상황 판단을 정확히 하고 패하지 않는 싸움이 되도록 최선을 다하라.'고 비밀 지시를 내렸다. 전력을 다해 후금과 싸우지 말고 상황을 보아 유리한 쪽에 붙어 전력을 보존하라는 밀지(密旨)였다. 한마디로 실리외교를 취하자는 것이었는데 출전한 강홍립은 이미 명이 후금의 상대가 아님을 알고 후금과 싸우는 척하다가 항복하고는 후금에게 조선의 참전이 자의가 아니었음을 설명하였다.

후금은 명과 후금 사이에 낀 조선의 사정을 이해하고 동정을 표했는데 강홍립은 후금 진영에 있으면서 광해군에게 계속 밀서를 보내어 조선에서는 후금의 사정을 정확히 알 수 있었다. 요컨대 남의 전쟁에 우리의 피를 흘릴 이유가 없다는 것이 광해군의 외교정책이었다.

또한 외교정책은 현실적인 측면을 가장 우선적으로 고려해야 한다는 것이 광해군의 기본 생각이었다. 명나라가 요동으로 망명하겠다는 선조를 일본의 앞잡이로 생각해 받아들이지 않은 사건을 보아도 명에게 조선은 또 다른 오랑캐에 불과했다. 더욱이 임진왜란 때의 참전 경험으로 조선의 사정을 꿰뚫고 있던 명은 광해군이 둘째라는 것을 빌미로 왕위 계승문제를 간섭하고, 수시로 여러 명목의 사신단을 보내 은을 비롯한 각종 물자를 수탈해 갔으며, 심지어는 조선을 직할령으로 삼으려 했다.

광해군은 이처럼 냉혹한 국제정세를 정확히 파악하고 현실적인 외교정책을 펼쳤다. 왜란 당시 부왕 선조를 대신하여 일선을 누비면서 몸으로 전쟁을 겪은 광해군에겐 전쟁을 막기 위해 현실적인 외교대책 외에 다른 선택의 여지가 없었다. 그러면서도 광해군은 최악의 상황, 즉 전쟁에 대비해 군사력도 갖추었다. 화포와 전차를 비롯한 무기를 제작하고 비축하는 데 힘썼고, 무과를 자주 시행하여 우수한 군사를 선발하고 조련했으며, 서울이 함락되는 최악의 상황을 상정하여 피난처이자 최후의 방어선인 강화도를 정비하기도 하였다.

광해군의 현실적 외교정책은 7년간의 전란에 지친 백성들의 생활 안정에 필요한 평화를 가져다주었다. 평화는 초토화된 국토 재건을 위해서도 절실한 것이었다. 당시 조선에 필요한 것은 평화체제의 유지였지 숭명(崇明)이니 배청(排淸)이니 하는 허울뿐인 명분다툼이 결코 아니었다. 그러나 이런 평화체제는 인조와 서인세력이 주도한 인조반정에 의해 그 밑바닥에서부터 깨지고 말았다.

이들이 내세운 반정 명분은 『인조실록』 인조 1년 3월 갑진조에 실린, 왕을 폐위해 광해군으로 삼고 능양군을 즉위시킨다는 인목대비의 교지에 잘 나타나 있다. 그 주된 내용에는 부모를 폐하고 형제를 죽이는 패륜행위, 대규모 토목공사를 일으켜 민생을 파탄시킨 실정, 임진왜란 때 은혜를 베푼 명을 배반하여 인륜을 저버렸다는 명나라에 대한 배신 등이 포함되어 있다.

인조반정, 존명정책 그리고 전쟁

문제의 심각성은 인조반정의 결과가 또다시 전쟁을 가져왔다는 데 있다. 인조반정은 외교정책의 급선회를 의미하였다. 반정으로 집권한 서인정권은 반정의 명분인 명과의 의리를 중시하는 명분론적인 외교정책 즉 존명배청정책(尊明排淸政策)을 구사했다. 실제로 서인정권은 후금에 쫓겨 평안도 가도(椵島)로 도망 온 명나라 장수 모문룡(毛文龍)에게는 병력과 군량을 원조하는 한편, 후금에 대해서는 조선에 온 사신마저 죽이려 하였다. 자연 후금은 더욱 조선에 대해 의구심을 갖게 되었고 침공의 기회를 엿보고 있었다. 바로 이때 이괄(李适)의 난이 일어났다.

반정 1년 만인 1624년에 반정공신 중의 한 명인 이괄이 논공행상

석송동천 공주 피난 당시 인조가 쓴 것으로 정안면 석송리에 있다.

(論功行賞)에 불만을 품고 난을 일으키자 인조가 서울을 버리고 공주로 도망하는 등 한동안 나라가 시끄럽더니 겨우 진압되었다. 서인 정권 내의 자중지란인 이괄의 난은 엉뚱하게도 후금에 침공 구실을 주었다. 서울을 점령했다가 진압된 이괄의 잔당이 후금으로 도망가 인조 즉위의 부당성을 호소하자 조선 내부의 분열을 눈치 챈 후금군은 '전왕 광해군의 원수를 갚는다.'며 인조 5년(1627) 1월 압록강을 넘어 침략해왔다. 이것이 바로 정묘호란이다. 인조는 이괄군을 피해 서울을 버리고 공주로 도망간 지 3년 만에 다시 강화도로 피난할 수밖에 없었다. 다행히 이때는 후금군도 조선과 장기전을 벌일 형편이 아니어서 후금을 형으로 모시며 조공을 바친다는 정묘조약을 맺는 것으로 물러갔다.

인조반정 후 서인정권이 취한 대외정책의 명분은 숭명배금이었지만 실제 정묘호란 당시 그들이 취한 대외정책은 사실상 광해군의 기조를 그대로 답습했다. 심지어 반정의 핵심인물인 이귀(李貴)나 최명길(崔鳴吉) 등이 주창한 주화론(主和論)은 광해군의 화친정책보다도 오히려 더 굴욕적인 것이었다. 반정이라는 비상수단을 통해 어렵사리 정권을 잡은 서인 일파로서는 정국이 불안정한 반정 초기에 후금에 적대정책을 취하는 것 자체가 모험일 수밖에 없었기 때문이다. 이는 그들이 내세운 반정의 명분을 스스로 폐기한 것으로 자신들의 정변이 오직 권력을 잡기 위한 쿠데타에 불과했음을 고백한 것이나 다름없었다.

정묘호란을 겪으며 후금군의 위력을 본 인조와 서인정권으로서는 이후 국방력을 강화해 후금과의 일전에 대비하든지, 아니면 후금과 화친정책을 취하든지 둘 중 하나를 선택해야 했다. 하지만 서인정권은 국방력 강화는 뒷전인 채, 화친정책마저도 거부하며 허울뿐인 친명배청만을 드높게 외쳤다.

중원을 정복하기 전에 배후의 조선 문제를 해결해야 했던 후금은 국호를 청으로 바꾼 후, 인조 10년(1632) 조선에게 형제관계를 군신(君臣)관계로 바꾸고 더 많은 조공을 바칠 것, 아울러 주전론(主戰論)을 주장하는 대신들과 왕자들을 볼모로 보낼 것을 요구했다.

광해군의 실용주의 외교정책을 부정하고 들어선 인조와 서인정권으로서는 오랑캐에게 인질을 보낸다는 것은 스스로를 부정하는 셈이 되기 때문에 받아들일 수 없었다. 마침내 인조는 재위 14년(1636) 3월 향명대의(向明大義)를 위해 청과 화(和)를 끊는다는 내용의 선전교서(宣戰敎書)를 8도에 내려 보냈다. 명나라를 향한 대의를 밝히기 위해 청과의 국교관계를 단절한다는 내용이었다. 문제는 당시 조선이 선전교서를 현실적으로 뒷받침할 만한 국력을 갖추지 못했다는 데 있었다.

끝내 그해 12월 청 태종은 여진족 7만, 몽고족 3만 등 총 12만 명으로 구성된 군사를 이끌고 압록강을 건넜다. 임경업(林慶業) 장군이 지키는 의주의 백마산성을 우회해 남하한 청군은 보름이 채 안돼 개성을 점령해버렸다. 자연 조선으로선 국왕이 강화도로 피신해 장기전을 택할 수밖에 없었는데, 길이 끊기는 바람에 인조는 한 겨울에 남한산성으로 들어가 항전을 꾀하였다.

그러나 청군의 포위 공격을 받은 낙한산성에서는 식량이 떨어지고, 기대했던 전국의 구원병도 오지 않았으며, 더구나 강화도마저 함락되어 왕자와 비빈(妃嬪)들이 포로로 잡혀버렸다. 그런데도 조정은 주화파와 주전파로 나뉘어 논쟁만 일삼았다. 결국 농성 40여 일 만에 주화파 최명길은 인조의 명을 받아 "조선 국왕은 삼가 대청국 관온인성(寬溫人聖) 형제께 말씀을 올리나이다. 소방(小邦)이 대국을 거역하여 스스로 병화(兵禍)를 재촉했고 고성(孤城)에 몸을 두게 되어 위난이 조석(朝夕)에 닥쳤습니다."로 시작하는 굴욕적인 항

삼전도비 서울 송파구 석촌동에 있다.

복문서를 작성했고, 인조는 삼전도에 나아가 세 번 절하고 아홉 번 머리를 조아리는 삼배구고두(三拜九叩頭)의 황제를 알현하는 예를 행하며 용서를 빌었다. 삼전도의 굴욕은 왕권의 실추에 그치지 않고 당시 사족(土族)들의 자존심마저 여지없이 짓밟아버렸다. 실제 많은 관료들이 관직을 떠나고 일반 사족 역시 관직 진출을 꺼리면서 숭명거사(崇明居士)를 자처하며 향촌에 은둔하기에 이르렀다.

서인정권의 위선

병자호란에 패전한 조선은 청의 요구대로 신하의 예를 행하고 조공을 약속하는 동시에, 명과 단교하고 명 정벌시에는 원병을 파견하기로 약속하였다. 그리고 소현세자, 봉림대군 등의 왕족과 삼학사(三學士)를 비롯한 수많은 대신들, 그리고 그 수행인원들이 볼모로 심양(瀋陽)에 끌려가 온갖 고초를 치렀다.

집권 서인세력을 비롯한 사족들이야 자신들의 잘못으로 초래된 일이니 그렇다고 치자. 하지만 서인정권이 집권한 후 두 차례에 걸친 병화로, 임진왜란의 상처를 입었던 조선은 또 한번 결정타를 맞았으며, 국가 재건에 쏟아야 할 힘을 엉뚱한 데에 낭비하게 되었다. 그 과정에서 백성들이 입은 고통과 피해는 이루 말할 수조차 없었다. 이는 서인세력 스스로 반정 명분으로 내세운 민생안정을 파괴하고 만 것이나 다름없었다. 결과적으로 서인정권은 자신들의 최대 존재기반인 숭명사대마저 청과의 전쟁 패배 후 명과의 외교관계를 단절함으로써 파기해버렸다. 게다가 그들은 인조의 장자 소현세자의 독살과 그의 처 강빈(姜嬪)의 옥사를 일으켜 광해군의 패륜행위라는 반정의 명분마저 스스로 부정하기에 이르렀다.

결국 인조와 서인 일파가 이른바 인조반정이라는 쿠데타를 일으킨 목적은 오직 권력찬탈에 있었음을 알 수 있다. 이런 사정은 『인조실록』에 실려 있는 반정공신들의 행태를 풍자한 「상시가(傷時歌)」라는 노래가 상징적으로 보여준다.

> 아, 너희 훈신(반정공신)들아 스스로 뽐내지 말아라
> 그(대북파)의 집에 살면서 그의 전토를 점유하고
> 그의 말을 타며 그의 일을 행한다면
> 너희들과 그 사람이 다를 게 뭐가 있나
>
> 『인조실록』 인조 3년 6월 을미조

이 노래는 반정 초기부터 백성들 사이에 크게 유행하였다. 이처럼 반정 초부터 시중 여론 또한 반정세력이 일신의 부귀영달을 위해 쿠데타를 일으켜 권력을 장악했음을 폭로하고 있다.

요컨대 인조와 서인세력은 자신들이 내세운 반정의 3대 명분을 부정하여 인조반정이 오직 권력찬탈을 위한 쿠데타였음을 스스로 인정하게 되었다. 문제는 인조반정의 폐해가 여기서 그치지 않았다는 데 있다. 인조반정은 이후 조선사회와 외부세계와의 고립을 고착화시킨 북벌론(北伐論)이 대두하는 결정적인 계기가 되었다. 인조의 충실한 후계자 효종이 주창한 북벌론은 임진왜란 때 원군을 보내 나라를 다시 세워준 은혜, 즉 재조지은을 입은 조선이 멸망한 명나라를 대신해서 명의 원수를 갚기 위해 청나라를 정벌해야 한다는

논리였다. 이후 북벌론은 가장 강력하게 조선사회를 지배하는 이념이 되어, 조선 후기 외부세계와의 유일한 교류 통로인 청나라와의 관계마저 차단해버렸다. 그 결과 조선사회는 자발적인 개방이 아닌 제국주의의 무력 침략에 굴복하여 개방의 길에 들어서게 되었다.

9 북벌론의 허구

소현세자는 누구보다도 대청관계를 유화적으로 이끌어나갈 수 있는 인물이었다. 그는 1636년 12월 처 강빈과 동생 봉림대군을 비롯한 300여 명과 함께 청나라 심양에 인질로 끌려갔다. 그는 인질로 보낸 8년간 날로 부강해지는 청의 모습을 직접 목도했을 뿐만 아니라 오랑캐로만 여겼던 청의 문물도 조선에 결코 뒤지지 않는다고 인식하고 있었다. 이 때문에 그는 현실적으로 청의 존재를 인정하고 청의 선진문물을 적극 도입하여 국력 신장을 꾀하려는 계획을 마련해두고 있었다.

개방론자 소현세자의 의문사

더욱이 소현세자는 1644년 9월 명·청 왕조 교체 때 심양에서 북경으로 거처를 옮겼는데, 이때부터 아담 샬(Adam Schall)과 교제하면서 서양문물에도 깊은 관심을 가졌다. 아담 샬은 독일 태생으로 예수회 선교사이자 서양과학에 조예가 깊은 뛰어난 과학자이기도 했다. 그는 명 말기 서양천문학과 수학의 집대성인 『숭정역서(崇禎曆書)』 편찬을 주도한 인물이었다. 1645년 청나라가 채용했고, 1653년에는 조선에서도 사용하기로 한 시헌력(時憲曆)도 그가 작성한 역서(曆書)다. 시헌력은 황도를 15도씩 24개로 구분해 각 구분점을 통과할 때를 절기로 정한다. 조선에서는 그때까지 원대의 수시력(授時曆)을 거의 그대로 모방한 명의 대통력(大統曆)을 사용하고 있었는데, 실제의 천체 운행과 수시력 사이에는 여러 가지 오차가 생겨났다.* 동아시아 유교문화권에서는 요순시대부터 '백성들에게 정확한 때를 알려주는〔敬授民時〕' 것이 제왕 된 자가 가장 먼저 해야 할 임무였다. 그만큼 역서를 매우 중요시했다. 장차 조선의 국왕이 될 소현세자가 이렇게 역서를 편찬한 아담 샬과 교류하고 서양인과의 인적 통로를 만들었다는 것은 그 의미가 매우 크다.

소현세자가 귀국할 때 아담 샬은 천주상을 비롯하여 천문·수학·천주교와 관련된 책들을 한문으로 번역한 서양 서적〔漢譯西學

---

*『고려사』 역지(曆志) 첫머리에는 고려가 역법을 발전시키지 못하여 당나라의 역법인 '선명력(宣明曆)'을 썼다고 적고 있다. 이를 보아 고려 때까지는 대체로 중국의 역법을 도입하여 약간 수정해서 이용한 것으로 보인다.

조선에 와서 세종 24년(1442) 저 유명한 『칠정산(七政算)』 내편과 외편이 완성되었다. 이 역서(曆書)는 원나라의 '수시력(授時曆)'을 수용하여 서울 기준으로 맞춰 고친 것이다. 고려 후기에 이를 도입하려 했으나 새 왕조 세종 때에 와서 나라가 안정된 후에야 그 성과를 보게 되었다. 『칠정산』의 완성으로 한국 역사상 처음으로 한국의 실정에 맞는 완전한 역법체계를 갖추게 되었던 것이다.

그러나 이 역법도 몇 백 년이 지나자 조금씩 틀려지기 시작했다. 그때쯤 중국에서는 아담 샬 등 서양 선교사들이 한참 발달하기 시작한 서양의 천문방식으로 전통적인 중국 방법보다 더 정확한 결과를 얻고 있었다. 그 성과물이 바로 '시헌력(時憲曆)'이다. 조선도 효종 4년(1653) '시헌력'을 수용하여 서양식으로 음력을 만들어냈다. 이후 조선왕조는 양력 1896년 1월 1일자로 양력을 역법으로 채택하였다.

書]과 천구의(天球儀) 등을 선물
하였고, 소현세자는 이를 대부
분 가지고 돌아왔다. 이에 대해
아담 샬에게 감사의 뜻을 표한
소현세자의 편지에 따르면, 귀
국 후 천구의와 서양 서적류를
왕실에서 사용하고 출판도 해서
지식인들에게 반포하고 싶다는
뜻을 피력하고 있다. 그리고 천
주상만큼은 조선에서 이단사교
(異端邪敎)로 여겨 자신이 해를
당할 수 있다면서 정중히 돌려
주었다. 이런 그가 의문의 죽임
을 당했다. 그리하여 소현세자

아담 샬 묘 북경 시내에 위치해 있다.

의 아들인 세손(世孫)이 국법상 마땅히 세자의 직위를 계승해야 했
음에도, 인조는 '국유장군론(國有長君論)'을 내세워 봉림대군을 세자
로 책봉한다. 그가 바로 효종(1649~1659)이다.

　인조가 봉림대군을 자신의 후계자로 택한 것은 그가 인조의 배청
숭명정책(排淸崇明政策)을 실현하는 데 가장 적합한 인물이었기 때문
이다. 효종 역시 심양에서 오랫동안 인질로 지냈지만, 소현세자와
달리 개인적으로 청에 대한 적개심과 복수심이 대단했다. 인조의
판단대로 효종은 즉위하자마자 대청 무력정벌을 시도하는 북벌론
을 결의하고, 그 계획과 준비에 전력투구했다.

　조선 건국 초 동아시아는 종주국 명나라를 중심으로 중국과 그

주변 국가들 간의 관계를 차등적으로 규정하는 중화주의적 국제질 서를 유지하고 있었다. 건국과 함께 조선왕조도 이런 국제질서 하 에 존명사대(尊明事大)의 입장을 취하면서 안정적인 국제관계를 유 지하는 동시에 가장 선진적인 명의 문물을 적극 수용하였다. 하지 만 당시 조선의 대명관계는 실질적인 내정 간섭을 받은 것이 아니 라 의례적인 것에 지나지 않았다. 더구나 이는 국내외적으로 조선 왕실의 권위와 안정을 이룩하는 방편이기도 하였다.

효종의 즉위와 북벌론 대두

그런데 명나라가 임진왜란 때 구원병을 파견하여 조선을 도움으 로써 조선의 대명관계는 명분만이 아니라 실질적인 호혜관계임이 확인되었다. 이로써 왕실과 사족의 존명사대적 태도는 명분의 차원 을 넘어 실질적으로 더욱 확고한 정당성을 확보하게 되었다. 이제 조선의 지배층에게는 종주국 명나라에 '나라를 다시 세워준 은혜, 즉 재조지은'을 입었다는 인식이 확고하게 자리 잡게 되었고, 그만 큼 그들의 존명사대의식이 맹위를 떨쳤다.

앞서 말한 것처럼 이들의 존명사대의식은 명의 원수를 갚기 위해 청나라를 정벌해야 한다는 북벌론의 대두를 야기하였다. 물론 '삼 전도의 치욕'을 치유하는 차원에서라도 청을 정벌해야 한다는 여론 도 개재되어 있었다.

효종은 북벌을 추진하기 위한 사전 정지작업으로 주화파인 영의 정 김자점(金自點) 일파를 조정에서 축출하였다. 그런데 김자점이 청나라에 이르기를, 새 임금이 훈신(勳臣)들을 몰아내고 신진사류(士類)를 중용하여 장차 군사를 일으켜 북쪽으로 쳐들어가려 한다고 밀고하였다. 효종 1년(1650) 청은 이 문제를 조사하기 위해 사신까지 파견하였으나, 다행히 영의정 이경석(李景奭) 등이 의주로 귀양가는 선에서 일단락되었다.

그 후 북벌계획은 한때 주춤하였다. 하지만 효종은 재위 3년부터 북벌군 10만 양성을 목표로 북벌준비를 본격화하였다. 이때 효종은 박서(朴遾)를 병조판서에 임명하여 그로 하여금 북벌준비를 관장하게 하는 등 본격적인 북벌을 추진하였다. 그러나 박서가 1년 만에 사망하자 효종은 다시 신임 병조판서 원두표(元斗杓)에게 그 역할을 맡겼다. 그리고 친위대인 어영군(御營軍)을 증원한 데 이어 하나의 독립된 군영인 어영청(御營廳)으로 확대 개편하고, 그 대장에는 이완(李浣)을 임명하였다. 또한 효종은 특별히 선발한 무사들을 수령 등 지방관으로 임명하여 지방 차원에서도 북벌준비 사업을 추진하게 하였다. 그 결과 재위 6년 9월 효종은 세자 · 원두표 · 이완 등과 함께 어영군 · 지방군 등 1만 3천여 명의 장병을 거느리고 노량진 백사장에서 군사 퍼레이드를 벌임으로써 북벌 진영의 위용을 과시하기도 하였다.

북벌계획의 허구성

당시 국내외적 상황을 고려하면 효종의 북벌계획은 결코 순조롭게 진행될 수 없었다. 북벌군 양성에 필요한 재정 마련에서부터 난

관에 부딪혔다. 임진왜란과 병자호란으로 국가 재건에 필요한 재정도 부족한 상황에서 전쟁비용 확보는 거의 불가능했다. 효종의 북벌군 10만 양성론에 따르면 병농분리를 전제로 30세 이상 양반자제·충의품관·교생·서얼 등에게 매년 1인당 정포(正布) 2필씩 거두면 10만 군병을 양성할 수 있다고 했다. 하지만 이는 국가 재정의 고갈 등을 내세운 신료들의 반대로 실행되지 못했다. 그 대안으로 효종 7년에 노비 추쇄사업이 시도되었지만 이 또한 신하들의 반대로 좌절되었다.

대외적 여건도 북벌추진에 불리하게 작용하였다. 1644년 청나라는 북경의 관문인 산해관(山海關)을 넘어 화북지방을 점령해나갔다. 청나라는 산해관을 넘은 지 불과 1~2년 만에 청에 투항한 명나라 장수들의 도움을 받아 강남지방마저 대부분 평정하였다. 결국 효종이 북벌을 준비할 즈음 청나라는 명실상부한 중원왕조가 되어 있었던 것이다. 물론 명 황실의 후손들이 남경, 복주(福州) 등지에서 저항했지만 청에 그다지 위협이 되지는 못했다. 그것도 대만으로 건너간 정성공(鄭成功) 일족의 명나라 부흥운동을 제외하고는 1661년에 이르러 청에 대한 저항은 일단락되었다.

이렇게 조선으로서는 이미 중원을 통일한 청나라와 대적한다는 것이 객관적인 전략상 거의 불가능했다. 임진왜란과 병자호란을 겪은 직후 국가 재정이 고갈되어, 엄청난 비용이 필요한 전쟁을 치를 만한 능력도 되지 못했다. 그리하여 백성들은 물론 신료들조차도 북벌계획의 실질적 추진에는 매우 부정적이었다. 이런 사정은 『송서습유(宋書拾遺)』에 실려 있는 효종의 회고담이 확인해주고 있다.

"내가 일찍이 나와 이 일을 함께 맡을 자는 오랑캐에게 죽은 집안 자제이지, 그 나머지는 어렵다고 생각했다.…… 여러 신하는 오직 목전의 부귀만을 도모하고 이런 일을 하다가 나라가 망하고 집안이 엎어질 것만 두려워하기 때문에 말이 이 일에 이르면 마음을 떨지 않는 자가 없다. 나 혼자 개탄할 뿐이다. 그들 모두는 단지 자신이나 위하는 생각뿐 나를 도우려 하지 아니한다."

효종의 고백처럼 북벌계획은 여건상 불가능했고 실행되지도 못했다. 사실 효종과 달리, 송시열 등 집권세력인 서인 일파는 실제로 북벌을 추진할 의사가 전혀 없었다. 이들의 태도는 효종의 스승이기도 한 송시열의 북벌론을 통해 확인할 수 있다. 그의 주장은 「기축봉사(己丑封事)」에 잘 나타나 있다. 「기축봉사」는 효종 즉위년(1649) 11월에 올린 2만 자 이상의 장문 상소로서 모두 13항목에 걸쳐 국왕의 수기(修己)에서부터 치인(治人)까지 정치의 대강을 전거한 글이다. 이 상소문은 이후 북벌론의 텍스트가 되었다. 이 가운데 특히 말단의 제13항목에서 북벌론의 핵심적인 내용을 의도적으로 전개하고 있다. 그 13항목에서 역설한 그의 북벌론의 대전제는 춘추대의(春秋大義)다. 춘추대의란 존중화양이적(尊中華攘夷狄)의 사상인데, 명·청 교체기의 중국관에 그것을 구체화한 것이 바로 숭명배청론이다. 송시열은 명의 황제와 조선 국왕과의 관계를 부자관계, 의리적 관점에서 보면 군신(君臣)관계로 규정했다.

북벌론자 송시열의 이중성

특히 그는 임진왜란 때 구원군을 파견해준 신종에 대해 "우리나라는 실로 신종 황제의 은혜에 힘입어 임진의 변란 때 폐허가 된 종묘와 사직이 다시 보존되고, 거의 죽음으로 내몰렸던 백성들이 다시 소생했습니다. 우리나라의 나무 한 그루, 풀 한 포기와 백성의 머리털 하나하나에도 황제의 은혜가 미치지 않은 것이 없습니다."라고 강조하였다. 이어 그는 청의 실체를 인정하자는 주화파의 주장에 대해 '공자 이래의 대경대법(大經大法)을 몽땅 땅에 쓸어버리고 군자(君子)·부자(父子)를 모르는 금수(禽獸)의 무리가 되자는 것'이라고 반박하면서, 10년 아니 20년이 걸리더라도 명나라 신종 황제의 망극한 은혜를 갚아야 한다고 주장하였다.

송시열

사실 송시열의 문집 『송자대전(宋子大全)』 어디에도 '북벌'에 대한 기록은 거의 찾아볼 수 없다. 이는 송시열이 입만 열면 존명(尊明)명분론을 외쳤음에도 효종의 유훈인 청나라 정벌에 대한 준비 행적이 전혀 없다는 점에서도 확인된다. 다만 송시열 등 서인 일파는 효종의 북벌 의지에 기대어 존명배청을 국시로 삼아 그들의 정치적 이상을 실현하고자 했다. 송시열은 집안의 부녀자에게 명나라 복장을 입게 하는 등 일체의 풍속을 중국화하는 것을 이상으로 여겼던 인물이다.

송시열의 이런 행동과 주장은 명나라의 회복, 즉 북벌을 실천하기 위한 것이라기보다는 조선사회의 지배 유지를 위한 이념적 필요에 따른 것에 불과했다. 즉 그가 주창한 북벌은 구체적인 프로그램이 없는, 그야말로 존화양이(尊華攘夷)란 주자학의 보편적 명분론의 제창에 지나지 않았다. 이런 사정은 주자의 말을 빌려 이적(夷狄)을 제어하는 도리의 "그 근본이 위강(威强)에 있지 않고 덕업(德業)에 있으며, 그 임무가 변경에 있지 않고 조정에 있으며, 그 준비가 병식(兵食)에 있지 않고 기강(紀綱)에 있다."는 그의 글이 뒷받침한다.

결국 송시열은 단지 북벌의 대의를 밝히면서 주로 수기치인(修己治人)의 도(道)만 강조했을 뿐이었다. 즉 북벌도 정심(正心), 즉 마음을 바로잡는 아주 기초적인 일에서부터 출발하는 것이지 이를 간과한 채 군비확충과 같은 사업을 추진한다면 이는 단지 천박한 일에 불과하다는 것이다. 실제 "북벌론자들이 사실은 북벌을 실행할 생각이 없었다."는 효종의 부마 정재륜(鄭載崙)의 비판처럼, 북벌을 내세운 이들에게는 북벌을 추진할 의사가 전혀 없었다.

그럼에도 서인 일파가 북벌론을 주창한 것은 그들 스스로 야기한 병자호란에 대한 책임에서 벗어나고자 하는 의도에서였다. 멀리는 인조반정 때 그들이 내세운 명분 가운데 하나인 존명명분론에서 비롯되었다. 만약 서인 일파가 국내외적 정세상 청과의 화친정책으로 선회한다면, 그들 스스로 반정 명분을 저버린 꼴이 되는 것은 물론이요, 인조반정이 아무런 명분도 없는 불법적인 쿠데타임을 스스로 인정하는 것이 되기 때문이었다.

여기에 서인 일파가 자신들의 집권을 연장하는 데 북벌론을 이용한 측면도 강하다. 인조반정 이후 서인이 정국을 주도했지만 남인 세력도 만만치 않아 효종 재위 기간만 해도 남인인 이경석(李景奭)·허적(許積) 등이 중용되고 있었다. 이들 남인은 대체로 주화론자였다. 결국 서인 일파는 남인들과의 권력투쟁에서 승리하여 정국을 주도하기 위해서 "척화론자(斥和論子)들도 속마음으로는 화의를 바랐다."는 주화론자이자 소현세자의 스승이기도 한 장유(張維)의 지적처럼, 허울뿐인 북벌론을 계속해서 주창했던 것이다.

당시 일반 사림의 여론은 현실적인 주화론보다는 명분론적인 북벌론에 기울어 있었다. 본래 사대주의자였던 사림파의 의식세계에는 임란 때 재조지은을 입었다 해서 존명의식이 더욱 깊게 뿌리를 내렸기 때문이다. 인조반정이라는 태생적인 한계를 지닌 서인 일파로서는 일반 사림의 지지를 받아야만 집권을 연장할 수 있었기 때문에 북벌론을 확대 재생산했던 것이다.

북벌론은 1659년 효종이 사망하자 사실상 일단락되었다. 효종 이후에도 북벌론이 간혹 제기되었지만, 그것은 효종 때와는 달리 일시적인 현상이었다. 하지만 이것이 끝은 아니었다. 이내 북벌론의 또 다른 형태인 대명의리론(對明義理論)이 맹위를 떨치었다. 비록 명나라가 오랑캐 청에 의해 망했지만 재조지은을 입은 조선은 당연히 명에 대한 의리를 지켜야 한다는 인식이 조선 후기 사족들의 일반적인 여론이었던 것이다. 그 결과 조선사회는 외부세계와 단절된 고립주의 노선을 택함으로써 국내적으로 정체되었음은 물론이고 외세에 대한 정보 입수마저 차단되어 19세기 이후 제국주의 침략에

효종의 무덤(여주 영릉) 효종의 북벌론으로 조선사회는 외부세계와 단절된 채 고립화의 길을 걷게 되었다.

적절하게 대응할 수 없었다. 조선 후기 청나라는 선진문물뿐 아니라 외부세계에 대한 정보를 입수할 수 있는 유일한 창구였다. 북벌론이란 유령이 이런 통로를 차단함으로써 조선사회는 이후 세계에서 고립되었음은 물론이고 더욱 낙후될 수밖에 없었다.

요컨대 북벌론은 다분히 서인 일파가 자초한 전쟁 책임에 대한 회피, 그리고 자신들의 집권 연장이라는 정략적 차원에서 제기되었다. 더욱이 외부세계와의 고립을 초래하여 조선사회의 낙후를 가속화하고 19세기 이후 제국주의의 침략에 무력한 대응을 야기한 배경이 되었다.

대외개방에 한계를 드러낸 북학론

앞서 말한 것처럼 1659년 효종의 사망과 함께 사실상 모습을 감춘 북벌론은 이후에도 간헐적으로나마 제기되었지만 이는 일시적인 현상에 불과했다. 예컨대 숙종 즉위년(1675)에 멸만흥한(滅滿興漢)의 기치하에 오삼계(吳三桂) 등 청나라에 항복한 명 장수들이 일으킨 반란을 계기로 윤휴(尹鑴)가 북벌론을 제기하였지만, 허적(許積)의 신중론과 대립하다가 구체화되지 못했다. 명나라는 남천한 후 황족 후예들을 중심으로 청나라에 저항하였지만 1662년에 그 명맥마저 완전히 끊어졌다.

북벌론의 아류, 대명의리론의 강화

그러자 조선에서는 북벌론의 또 다른 형태인 대명의리론(對明義理論)의 강화로 선회하는 움직임을 보인다. 대명의리론은 조선 후기 사족들의 일반적인 여론이었다.

이런 분위기 속에서 숙종 30년(1704), 명나라가 망한 지 1주갑(週

만동묘터 임진왜란 때 원군을 보내준 명나라 신종과 마지막 황제 의종을 제사지내기 위해 설치하였다. 충북 괴산군 청천면 화양리 소재.

甲, 60년)이 되는 해를 맞았다. 이에 '명망일주갑(明亡一週甲)'이 강조되면서 국가 차원에서 임란 때에 자조지은을 베푼 명나라 신종과 마지막 황제 의종을 제사지내는 시설물을 건립하자는 여론이 비등했다. 이는 이전에 송시열이 괴산 화양동(華陽洞) 계곡에 환장암(煥章庵)을 지어 두 황제에 제사를 지낸 것이 단초가 되었다.

송시열은 숙종 15년(1689) 권력투쟁에서 패배하여 죽임을 당했으나 제자들은 그의 죽음을 순교로 받아들여 송시열의 사상과 정치 노선인 대명의리론을 적극 실천하였다. 수제자 권상하(權尙夏)가 그의 유지를 받들어 화양동에 두 황제를 모실 만동묘(萬東廟)를 설치하기도 하였다.

송시열은 평생 주자를 공맹(孔孟)의 뒤를 잇는 성인으로 여기고 모범으로 삼아 살았는데, 주자가 주창한 북벌대의(北伐大義)정신을 계승하여 조선에서도 북벌대의를 고취했다. 이 때문에 그의 사상과 정치노선 가운데 가장 중요한 것이 바로 북벌론의 또 다른 형태인 대명의리론인데, 이것이 바로 명 황제묘 건립으로 나타났던 것이다. 물론 대명의리론은 당시 사림의 일반적인 여론이기도 했다.

대명의리론의 표상 만동묘와 대보단 설치

정부 차원에서도 사림들의 이런 여망을 수용하여 대명의리론의 표상인 대보단(大報壇)을 창덕궁 내에 설치하였다. 대보단은 1704년 1월 10일에 창설논의가 시작되어 계속적인 의견수렴을 거쳐 12월 21일에 공사가 완료되었다. 이 일은 조선이 바로 중화(中華)의 계승자임을 천명하기 위해 명나라 황제의 제사를 주장해온 송시열의 직계인 노론계가 주도했다. 대보단의 설치 목적은 중화인 명나라가 오랑캐 청에 의해 멸망함으로써 이제 중화를 계승할 자는 조선밖에 없음을 천명하는 동시에, 임진왜란 때 재조지은을 베푼 명에 대한 의리를 내세워 제사 의식을 통해 그 의지를 더욱 굳히려는 데 있었다.

사실 이는 노론이 주도한 북벌정책 실패에 대한 책임을 회피하는 것인 동시에 노론 집권층의 정치기반 구축과도 깊은 관련이 있는 것이었다. 서인의 또 다른 분파인 소론도 대보단 설치에 적극 반대하지는 않았다. 청과의 원만한 관계를 추구하는 등 현실론적 노선을 취했던 소론이 반대하지 않았던 것은 일반 사림의 여론 때문이었다. 당시에는 국가 혹은 지방 사족들의 주도로 왜란과 호란의 전적지나 충신·열사의 연고지 등 전국 곳곳에 사우(祠宇)를 설치하여 제향함으로써 충신·열사에 대한 추모사업이 맹위를 떨치고 있었다.

영조 때에 이르러서는 신종과 의종 두 황제에 명 태조가 추가되고, 정묘 및 병자호란 때의 충신·열사뿐 아니라 대명의리론을 제창하고 옹호한 인물들, 구원군으로 참전했던 명 장수들까지 대보단에 배향(配享)하는 조치로 이어졌다. 영조 33년(1757)은 병자호란 패전일로부터 2주갑, 즉 120년이 되는 해였다. 이 해에 대보단에 제사를 행하면서 호란의 충신·열사·의인(義人)들을 배향하는 조치를 시작했고 그 자손들을 제사에 참여시켰다. 이어 명나라가 망한 지 120년이 되는 해인 영조 40년(1764)에는 국가 차원에서 충량과(忠良科)라는 특별과거를 실시하여 그 자손들을 배려하는 조치까지 취했다. 호란 때의 충신·열사들을 대보단에 배향하여 국가적인 추앙의 대상으로 삼았음은 물론, 그 자손들에게는 충량과로 출세의 길을 마련해주었던 것이다.

이렇게 대명의리론의 표상인 대보단은 송시열 개인에서 시작하여 그 제자 권상하의 주도로 사족들의 여론으로 확대되고 숙종 때에 국가 차원에서 수용되어 창설되었으며, 이어 영조 때에 그 의식절차가 보강되고 정조대까지 계속 준수되었다. 대보단과 만동묘는 당시 최고의 권위를 지닐 수밖에 없었다. 대보단은 궁중에 설치된 관계로 특수계층만이 참여하는 상징적인 존재인 데 반해, 만동묘는 사족이면 누구나 참배하고 존경을 표하는 실재적인 존재였다. 즉 대보단이 일반 사족의 손에 미치지 못하는 고고한 존재였다면, 만

동묘는 대명의리론을 끊임없이 일깨워준 정신수양의 터전이자 주
자학 교육의 장(場)이기도 했다.

개방론자들의 등장

그런데 18세기 중반 노론 내에서 홍대용(洪大容), 박지원(朴趾源)
등을 중심으로 한 북학파가 형성되었다. 이들은 조선이 그간 대명의
리론에 빠져 자손의식 속에 안주하여 고립주의 노선을 고수하면서
점차 낙후되고 있다고 인식하였다. 그리하여 선배들이 신봉해온 북
벌론의 또 다른 표현인 대명의리론을 비판하고 청의 문물 내지 학술
을 수용하자는 북학론(北學論)을 제기하였던 것이다. 물론 북학론은
쉽사리 받아들여지지 않았다. 당시 조선에서는 기존 화이론(華夷論)
에 입각한 반청사상인 대명의리
론이 너무나 강고했기 때문이다.

북학파는 최우선적으로 대명
의리론의 이론적 기반인 화이론
을 극복해야 했다. 그것은 박지
원이 늘 강조했듯이 적어도 기존
의 화이론적 사고에서는 청문물
을 누추한 것으로 보아 그 수용
가능성이 애당초 봉쇄되고 있었
기 때문이다. 이때의 화이론이란
중국이 오랑캐 청에 점령당하여

홍대용 '중화와 이적은 같다'는 주장으로
기존의 화이론을 뿌리째 흔들었다.

예의풍속(禮義風俗)이 흐려진 까닭에 이제 예의의 나라인 조선만이 유일한 중화란 논리다. 이처럼 조선을 중화로 보는 것은 17세기 이래 소중화(小中華)사상의 강화 과정에서 가능하였다. 중원에 명이 실재했을 때에는 조선은 소중화를 자처할 수밖에 없었다. 물론 소중화의식은 그 전에도 존재하였다. 고려 말 '우리나라가 소중화임을 자랑스럽게 노래하고 있는' 이승휴(李承休)의 『제왕운기(帝王韻紀)』「동국군왕개국연대(東國郡王開國年代)」 첫머리 기사가 그 단적인 기록일 것이다.

"요동에 별천지가 있사오니, 중국 왕조와 두연(斗然)히 구분되며…… 경전착정(耕田鑿井) 어진 고장 예의 집, 중국인들이 이름 지어 소중화라."

이전만 해도 지(地)로써, 즉 중원이냐 변방이냐로 화와 이〔華夷〕를 구분했지만 17세기 노론계를 대표하는 송시열은 순(舜)·문왕(文王)·주자(朱子)의 예를 들면서 성인(聖人)·현인(賢人)이 나온다면 지역에 관계없이 중화가 될 수 있다고 보았다.

기존의 이런 화이론을 뿌리째 흔든 이가 바로 홍대용이었다. 그는 "중화와 이적은 같다(華夷一也)."는 새로운 화이론을 제기하였다. 여기서 더 나아가 박지원은 저서 『열하일기(熱河日記)』나 『과농소초(課農小抄)』에서 확인되듯, 청의 학문이나 문물은 발전된 반면에 조선의 학문·문물은 낙후되었다는 사실을 인정하면서 기존의 화이론을 극복해나갔다. 이렇게 북학론은 기존 화이론을 과감히 비판하고 새로운 화이론을 모색하는 가운데 제시될 수 있었다. 청문물을

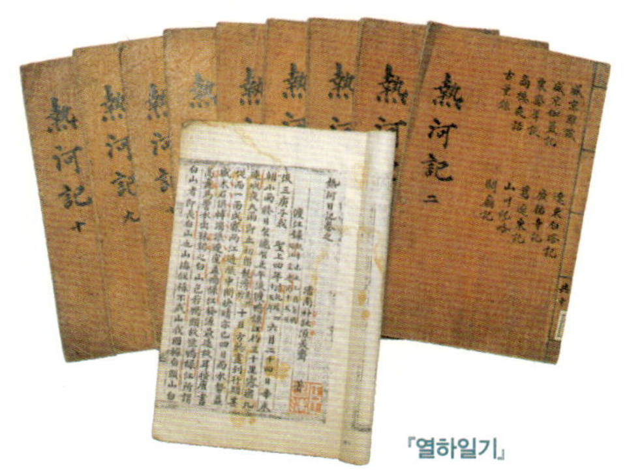

수용하자는 그들의 주장이 관철되기 위해서는 북벌론과 대명의리론의 이론적 기반인 화이론을 극복하는 것이 최우선과제였기 때문이다.

이처럼 북학파는 조선을 이(夷)로 설정하고 그 연장선 상에서 조선의 문물도 낙후된 것으로 본 반면, 청에 대해서는 중국의 유용한 문물을 자기 것으로 하고 있다는 점에서 청문물을 화(華)와 마찬가지로 선진적인 문물로 간주하였다. 따라서 그들로서는 청의 문물을 적극 수용하자는 북학론을 제기할 수밖에 없었다.

예컨대 박지원은 자신의 제자 박제가(朴齊家)의 『북학의(北學議)』에 부친 서문에서 "지금 중국의 주인은 오랑캐이므로 배우는 것이 부끄럽다."는 조선 사족들의 풍조를 비판하면서, 청문물을 적극 수용하자고 역설했다.

"그들은 머리를 깎고 옷깃을 왼쪽으로 여미지만 살고 있는 땅은 삼대(三代, 하·상·주) 이래 한·당·송·명의 중화이다. 이 땅에 살고 있는 자야말로 한·당·송·명의 자손이다. 만일 법이 좋고 제도가 아름다우면 당연히 이적의 앞에 나가 그것을 배워야 할 것이다. 하물며 그 규모의 광대함, 심법(心法)의 정밀함, 제작의 광원함, 문장의 찬연함은 오히려 삼대 이래 한·당·송·명의 본래 모습을 간직하고 있음에랴."

심지어 박지원은 그의 글 「북학론」에서 이렇게 주장했을 정도였다.

"지금 사람이 참으로 양이(攘夷)를 하자고 하면, 중국의 유법(遺法, 청문물)을 모두 배워 우리 풍속의 우둔하고 융통성 없음을 변하게 하는 일만 한 것이 없으며, 경(耕)·잠(蠶)·도(陶)·야(冶)로부터 통공(通工)·혜상(惠商)에 이르기까지 배우지 않을 수 없는 것이다."

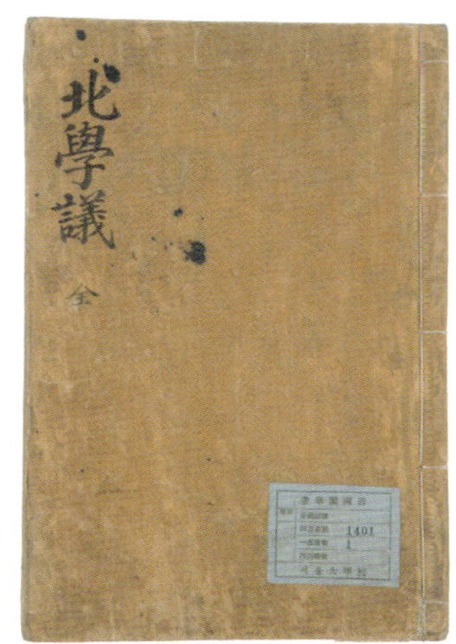

『북학의』

이런 논리는 박제가에게서도 발견되는데, "만약 명을 위해 복수설치(復讐雪恥)하려고 한다면 힘써 중국(청)을 배운 지 20년 후에 함께 논의해도 늦지 않을 것이다."라는 『북학의』 기사가 이를 뒷받침한다. 이처럼 북학파는 당시 사족들이 입만 열면 외치던 양이를 하기 위해서라도 청의 문물을 적극 배우고 수용해야 한다고 강조하였다.

북학론의 한계

물론 북학론은 당시 사상계의 부분적인 움직임에 불과했고, 대다수의 사대부는 여전히 기존의 화이론과 그에 입각한 대명의리론을 고수하고 있었다. 하지만 국가 차원에서는 양란 후 200년간 정신적 지주였던 대명의리론에 대한 비판이 제기되자 이를 제어하기 위한 조치를 취해야 했다. 그것이 곧 『존주휘편(尊周彙編)』의 편찬이었다. 『존주휘편』은 정조의 명령으로 양란 이후 대명·대청관계에 관련된 자료들을 총괄적으로 수집 정리한 책이다. 이 책은 북벌론에 대한 국가적 총괄사업이라 할 수 있는데, 그에 대한 역사적 사실을 정리하여 그 의의를 부각시키고자 한 것이다. 즉 국왕인 정조 주도의 『존주휘편』 편찬은 국가적 차원에서 대명의리론을 다시 확인하는 조치였다.

그 결과 대명의리론은 조선의 실질적인 마지막 왕 고종 때까지도 사대부들의 정신적 지주가 되었다. 고종 2년(1865) 대원군은 만동묘를 철폐하는 명령을 내렸다. 제후가 천자를 제사 지내지 않는 것처럼, 명 황실에 대한 제사는 사대부가 아니라 왕가인 이씨만이 지낼 수 있다는 것이 그 이유였다. 국왕의 명령보다 대명의리론을 더 중시해왔던 사족들의 저항은 격렬했다. 결국 고종은 국왕의 영원한 책무로서 명 황제에 대한 제사를 지내는 것으로 이들의 항의를 무마하려 했다. 고종은 1871년 재위 기간 중 처음으로 대보단에 친히 제사를 올릴 수밖에 없었다.

요컨대 북벌론과 그의 또 다른 표현인 대명의리론은 양란 이후 사족들의 정신적 지주였다. 그 결과 조선사회는 외부세계와 단절된 고립주의 노선을 택함으로써 내적으로 정체되었음은 물론이고 외세에 대한 정보마저 부족하여 제국주의 침략에 적절하게 대응할 수 없었던 것이다.

11 강화도조약은 근대화를 목적으로 체결되었는가

이른바 서세동점(西勢東漸)이란 말로 표현되는 서구 제국주의의 침략 위협 앞에서 동아시아 각국은 대책 마련에 부심했다. 당시 이들 나라는 각기 다른 길을 선택했는데, 일본은 서구 제국주의에 무릎을 꿇고 문호를 완전 개방하는 길을 택했으며, 중국은 아편전쟁에서 패한 후 양무운동(洋務運動)을 전개했던 것처럼 고유의 사상을 기반으로 하되 부분적으로 서양 문물을 받아들이는 길을 선택하였다. 한국은 대원군이 그랬던 것처럼 전쟁을 불사하더라도 문호를 폐쇄하는 길을 택하였다.

결과적으로 이 세 가지 길 가운데 일본이 선택한 완전

박규수 강화도조약을 체결하는 데 주도적 역할을 하였다.

개방만이 근대화에 성공하면서 그것만이 유일한 성공노선인 것처럼 평가되어왔다. 그런데 이런 평가가 한국사에도 무비판적으로 적용되면서 개화파만이 올바른 것처럼 말하는 사람들이 있다. 이들은 북학(北學)과 서학(西學)의 영향을 받은 개화파가 대원군이 쇄국정책을 강력히 추진하던 시기에도 대외 개방의식을 가지고 개화를 위해 나름대로 준비해왔다고 주장한 개화파의 리더인 박규수(朴珪壽), 오경석(吳慶錫) 등이 고종 13년(1876) 일본과 강화도조약을 주도한 것은 개화, 즉 근대화를 위해서였다는 것이다.

과연 강화도조약은 개화를 위해서 체결했던 것일까?

일촉즉발의 주변 정세

미국의 페리제독이 이끄는 네 척의 흑선(黑船)에 놀란 일본이 문호를 개방한 것은 조선보다 22년 앞선 1854년이었다. 그로부터 약 10년 후인 1865년에 일본은 메이지유신[明治維新]을 단행해 천황친정체제를 수립하면서 근대국가로 발돋움하고 있었다. 체제를 정비한 일본은 조선과 새로운 외교관계를 맺고자 하였다. 그러나 체제 변화는 일본의 사정일 뿐이라고 생각한 대원군은 일본이 외교문서에 중국만이 쓸 수 있는 황제라는 표현을 쓰는 등 이전과 다르다고 하여, 문서 접수마저 거부해버렸다.

외교문서 양식 문제에 얽혀 국교교섭이 난항에 빠져 있는 동안 고종과 주자학 근본주의자들의 공세에 밀린 대원군이 고종 10년(1873) 하야함에 따라 상황은 새로운 전기를 맞게 되었다. 바로 그 다음해인 고종 11년(1874), 조선에 충격적인 소식이 전해지기 시작하였다. 청나라에 갔던 사신들이 돌아와 말하기를, 베트남이 프랑스의 침략으로 위기에 처했다고 했다. 또한 청나라 예부(禮部)에서도 같은 해 8월 일본이 대만을 정복했다는 사실을 조선에 전해주었다. 나아가 일본이 한국 원정을 위해 대만에 주둔한 5천의 군대를 출동시킬지도 모른다는 소문까지 덧붙였다. 그리고 일본의 침략을 막으려면 미국 및 프랑스와 조약을 맺으라는 충고까지 하였다.

고종을 비롯한 조정 대신들은 큰 충격에 빠졌다. 하지만 이들은 청의 권고를 거부하였다. 서양과 천주교의 진출을 전통적인 주자학 질서 체제에 대한 주된 위협으로 판단했기 때문이다. 당시 조정은 청의 권고를 거부하였지만, 어떤 형터로든 일본과 친선을 도모함으로써 일본의 침략 가능성을 줄이려고 하였다. 물론 개화파의 리더인 박규수를 비롯한 일부 인사는 일본과 친선관계를 맺을 것을 역설하였다. 이어 영의정 이유원(李裕元)도 1874년 8월 의정부회의에서 일본의 국서를 수령하자고 주장하였다.

조선 조정의 변화된 분위기를 감지한 일본은 1875년 2월에 모리야마(森山茂)를 통해 국서를 보내왔다. 하지만 이때에도 조선정부는 혼잡한 한자와 일본어 문체 사용을 이유로 거부하였다. 당시 조선은 변화된 국제정세에 따라 일본과 새로운 외교관계를 맺기 위한 어떠한 준비도 되어 있지 않았다. 이는 외부세계에 대한 정보 부족에 다른 필연적인 결과였다.

모리야마는 조대비의 사촌인 조영하(趙寧夏)의 개인적인 편지를 통해 조선이 일본과 우호관계를 회복하려 하고 있다는 정보를 입수하였다. 그는 고종의 대일 유화정책을 파악하고, 대원군이 다시 집권하기 전에 한국에 압력을 가할 구실을 찾으라고 일본정부에 충고하였다. 이에 일본은 조선을 강제 개항(開港)하려는 계획하에 1875년 9월 운양호(雲揚號) 사건을 일으킨다.

군함 운양호가 강화도에 접근해 오자 조선의 강화도 초지진(草芝鎭) 수비대가 위협 포격을 가하였는데, 이것이 바로 일본이 의도한 바였다. 일본은 이를 빌미로 이듬해 구로다(黑田淸隆)를 특명전권대신(特命全權大臣)으로 삼아, 군함 6척과 400여 명의 군인을 강화도에 보내 위협 시위를 하면서 조선정부에 사과와 조약체결 및 통상협상을 요구하였다.

고립정책이 초래한 불평등조약

이때까지도 조선정부는 여전히 일본과 평화를 유지하고 화해정책을 계속 유지한다는 것 외에 구체적인 대일 협상전략이 없었다. 고종 13년(1876) 2월 14일, 협상에 대비하기 위한 조정회의가 열렸으나 어느 누구도 구체적인 제안을 내놓지 않았다. 단지 협상대표로 임명받은 신헌(申櫶)에게 일본 대표 구로다에 맞서 최선의 대책을 세우라며 모든 책임을 일임하였을 뿐이다. 구체적인 전략 없이 역사상 초유의 협상에 나선 조선이 자국의 이익을 지켜낼 리 만무했다.

이때 체결한 여러 조항들 중에는 일본 입장에서는 기대하지 않았던 뜻밖의 소득도 있었을 것이다. 거의 10여 년간 이어진 일본의 수교요구를 둘러싼 조정 내의 논쟁은 일본이 강화도에 병력을 상륙시킨 지 며칠 만에 아무 쓸모없는 논쟁이 되어버렸다.

이른바 강화도조약의 핵심내용인 부산과 인천 및 원산의 개방, 연해측량(沿海測量)의 자유, 치외법권(治外法權) 등은 일방적으로 조선에 불리한 내용들로서 추후 일본이 정치·경제·사회적으로 조선을 침략하는 발판이 되었다. 제1조에 조선을 '자주국'이라고 규정한 것은 조선과 청의 전통적인 사대관계를 부정함으로써 조선에 대한 청의 간섭을 배제하려는 목적이었다.

조선이 일본의 굴욕적인 요구를 그대로 받아들인 대가는 일본의 침략과 전쟁을 일시적으로 연기한 것뿐이었다. 사실 일본과의 전쟁을 막는 것은 고종을 비롯한 정부 내 강화론자들의 본질적인 희망이기도 하였다. 물론 조선도 일본과의 협상에서 사소한 요구조건 몇 개를 관철하였다. 서양인이 일본인을 가장하여 조선에 들어오는 것이나 아편이나 천주교 서적 반입을 금지하는 것 등이 그러했다.

곧바로 일본과의 강화를 반대하는 여론이 비등한 것은 당연했다. 이를 주도한 집단은 역설적이게도 쇄국론자 대원군을 하야시킨 보수적인 주자학 근본주의자들이었다. 『일성록(日省錄)』* 고종 13년 2월 17일조에는 대표적인 강화반대론자 최익현(崔益鉉)의 상소문이 실려 있다. 이 글은 그들의 논리를 대변하고 있는데 요지는 이렇다.

아무런 전쟁 준비 없이 단지 두려움 때문에 평화를 모색하는 것은

---

* 조선 영조 36년(1760)에서 순종 4년(1910)까지 주로 역대 임금의 동정과 국정을 하루 단위로 기록한 책이름으로서 총 2,329책이다.

일본의 침략을 일시적으로만 저지할 뿐이다. 또한 조선은 한정적인 생활필수품만 생산해왔는데, 무역을 허락하면 백성들이 희한한 노리개에 불과한 무한한 사치품과 교환하는 데에 빠져들 것이니 무역개방을 하지 말아야 한다. 그리고 일본인은 서양인과 똑같기 때문에 이들과 조약을 체결하면 조선인은 이단, 즉 천주교의 가르침에 빠져들어 오랑캐 금수(禽獸)로 변하게 될 것이다.

전쟁방지를 위한 개화주장

강화도조약을 계기로 각 정치세력이 분열되었다. 조선 지배층의 대다수를 차지한 주자학 근본주의자들은 고종의 외교정책과 영도력 부족에 실망하여 국왕의 반대편에 서게 되었다. 심지어 고종의 강화정책을 지지한 박규수조차 고종의 영도력을 거의 신뢰하지 않았기 때문에, 대원군에게 편지를 보내 정국을 주도해주기를 간청했을 정도였다.

상황이 이렇게 되자 고종은 명성황후의 척족(戚族) 및 온건주의자들과 결탁하여 정국을 이끌어갔다. 개화정권을 표방하면서도 김옥균과 같은 급진적 개화론자들에게까지 공격을 받은 이유는 개항 이후 고종 정권의 이런 속성 때문이었다. 한국역사상 가장 어려운 시기였음에도 국론(國論)을 조정·통일해야 할 책무가 있는 고종은 단지 한 당파의 우두머리일 뿐이었다. 이는 대일정책을 둘러싼 각 당파 간의 논쟁을 적절하게 조정·통합하지 못한 결과였다.

그럼 강화도조약은 개화를 위해서 체결했던 것일까?

　실질적으로 강화도조약 체결을 주도한 박규수의 주장을 살펴보면 명확히 알 수 있을 것이다. 그의 저작집인 『헌재집(瓛齋集)』에 실려 있는 대원군에게 보낸 편지의 내용을 보자.

　"혹자는 예로부터 국가를 위태롭게 해온 것은 평화, 즉 유화정책이라고 말한 바 있습니다. 저는 어떠한 사례에서 이런 결론을 추출해냈는지 모르겠습니다. 과거를 통틀어 평화가 국가의 황폐를 초래한 유일한 사례는 진회(秦檜)가 송나라의 파멸을 초래했던 때뿐입니다…… 송나라가 자신들의 적이 누구인지를 망각한 채 원나라와 화해했던 것은 지나간 모든 시대를 통틀어도 결코 일어난 적이 없는 일입니다. 그런데 이것을 이웃(일본)과 화해하는 문제와 유사하다고 쉽게 간주할 수 있겠습니까."

　박규수는 전쟁을 방지하기 위해서는 일본의 국서를 받아들여 우호적인 외교관계를 맺어야 한다고 주장한다. 즉 일부 대외 개방론자들이 주도한 강화도조약의 체결 독적은 한국인이라면 누구나 알고 있듯이 개화를 위해서가 아니라 전쟁을 사전에 방지하기 위해서였다.

　물론 이는 인조반정 이후 고립화한 조선사회의 외부세계에 대한 정보 부재력이 초래한 필연적인 결과였다. 박규수를 비롯한 대외 개방론자들 역시 그 책임에서 결코 자유롭지 못하다. 이 때문에 이들에 대한 학계의 일방적인 긍정론은 역사적 사실과는 너무나 동떨어진 것이라 하겠다.

참고문헌

『고려사(高麗史)』, 『북학의(北學議)』, 『세종실록(世宗實錄)』, 『송서습유(宋書拾遺)』, 『송자대전(宋子大典)』, 『열하일기(熱河日記)』, 『인조실록(仁祖實錄)』, 『헌재집(瓛齋集)』

1) 손승철, 「조선후기 탈중화적 교린체제의 독립성과 허구성」, 『국사관논총』 57, 1994.

2) 이장희, 「조선전기 사대교린관계와 국방정책」, 『군사』 34, 1997.

3) 오수창, 「인조대 정치세력의 동향」, 『한국사론』 13, 1985.

4) 우인수, 「조선 인조대 정국의 동향과 산림의 역할」, 『대구사학』 41, 1991.

5) 한명기, 「17, 8세기 한중관계와 인조반정」, 『한국사학보』 13, 2002.

6) 오항녕, 「조선 효종대 정국의 변동과 그 성격」, 『태동고전연구』 9, 1993.

7) 우인수, 「조선 효종대 북벌정책과 산림」, 『역사교육논집』 15, 1990.

8) 차문섭, 「조선조 효종의 군비확충(상·하)」, 『논문집』 1·2, 단국대학교, 1967·1968.

9) 노대환, 「19세기 전반 지식인의 대청 위기인식과 북학론」, 『한국학보』 76, 1994.

10) 박성순, 「조선후기의 대청인식과 '북학론'의 의미」, 『사학지』 31(송병기교수 정년퇴임 기념호), 1998.

11) 유봉학, 『연암일파 북학사상 연구』, 일지사, 1995.

12) 유봉학, 「정조시대 북학론의 대두와 사상적 갈등」, 『정조사상연구』 3, 2000.

13) 김기혁, 「강화도 조약의 역사적 배경과 국제적 환경」, 『국사관논총』 25, 1991.

14) 송병기, 「박규수의 대미개국론」, 『이기백선생 고희기념 한국사학논총(하) 조선시대편, 근현대편』, 1994.

15) 이완재, 『한국근대 초기개화사상의 연구』, 한양대학교 출판부, 1998.

4

조선사회의 보수화

열녀 만들기 광풍이 몰아치다

|남성 위주 사회의 여성 수난사|

삼종지도는 미덕?

한국인이면 누구나 얼마 전까지만 해도 삼종지도(三從之道)를 여성의 미덕이라 배웠다. 삼종지도란 '무릇 여자는 시집가기 전에는 아버지에게 복종하고 시집가면 남편에게 복종하며 남편이 죽으면 아들에게 복종해야 한다'는 것으로, 여성이 '마땅히 가야 할 길'을 일컫는다. 이 때문에 전통사회의 여성은 남편이 죽어 혼인관계가 깨어져도 평생을 '수절 과부'로 지내야 했고, 심지어 식을 올리기 전에 남편이 죽은 경우에도 시댁에 가서 평생 시부모를 공양하며 일생을 바쳐야 했던 것으로 알고 있다. 문제는 이러한 여성차별적인 악습이 아주 오랜 전통으로 알려져 여성들이 마땅히 받아들여야 할 숙명으로까지 간주되었다는 점이다. 실제로 조선시대만 해도 평생 수절하거나 남편이 죽었을 때 따라 죽는 여인을 정절이 높다 하여 문을 내렸을 정도로 적극 장려하였다. 이 문을 흔히 열녀문(烈女門)이라고 한다.

그렇다면 이 같은 열녀 만들기 현상은 과거 어느 전통사회에나 존재한 일반적인 경향이었을까. 실제로 언제부터 여성에게 '열녀상'을 강조하게 되었을까?

김부식(金富軾)이 편찬한 『삼국사기(三國史記)』에 백제 개루왕의 위협을 물리치고 끝내 정절을 지킨 도미(都彌) 부인의 이야기가 실려 있는 것으로 보아 그 유래는 꽤 오래된 것으로 보인다. 하지만 도미는 남편이 살아 있는 상황에서 정절을 지킨 경우이므로 칭찬할 만한 가치가 있는 것이지 일방적인 열녀 만들기는 아니다. 또 『삼국유사(三國遺事)』에 실려 있는 설씨녀(薛氏女)의 이야기도 친정아버지를 대신해 변방에 수자리 간 정혼남을 기다리는 기사라는 점에서 일방적인 열녀 만들기의 사례는 아니다.

차별대우 받지 않은 조선 초의 여인들

조선 초에 편찬된 『고려사(高麗史)』에는 열녀조를 따로 두어 모두 14명을 기록하였으나 대다수의 경우 몽골군이나 왜구가 침입하였을 때 정절을 지키다 죽은 여인들을 기린 것으로 평상시의 열녀를 기렸던 조선과는 성격이 달랐다. 열녀조의 서문을 보자.

"출가 전에는 어진 딸이 되고 시집가서는 어진 아내가 되어 일단 변고를 당하면 열녀가 되었으나 후서에 부녀에 대한 교훈이 내실에 보급되지 못하였다.……난을 당하자 칼날을 무릅쓰고 목숨을 버리고 정조를 지키는 것은 참으로 어려운 일이라 하겠다."

이 서문은 고려시대만 해도 목숨을 버리고 정조를 지키는 열녀가 드물었음을 보여주고 있다. 또한 고려 때의 열녀란 전란 같은 외부적 상황에 맞서 정조를 지킨 여인을 뜻하는 것이었지, 남편의 자연스런 사망이라는 내부적 상황에 적응하기를 거부한 여인을 뜻하는 것은 아니었다. 이는 다시 말해 고려시대만 해도 재가(再嫁)가 죄악시되지 않았음을 뜻한다.

그런데 성리학을 지배이념으로 삼은 조선왕조가 건국되면서 고려시대까지 자유로웠던 여성의 생활은 급속히 위축되었다. 삼종지도가 여성들이 반드시 지켜야만 하는 최고의 도덕적 가치로 권장되고 수절이 강조되기 시작하였다. 즉 조선왕조는 건국 이래 꾸준히 모든 여성의 '열녀화'에 앞장서고 있었다. 음행을 한 여인을 자녀안(恣女案)*에 기록하여 신분을 격하시킨다거나 여성의 정절을 권유하는 삼강행실도(三綱行實圖)를 여러 차례 반포한 것 등은 이런 목적에서였다.

특히 조선 초기인 성종 16년(1485)에 반포된 '재가녀자손금고법(再嫁女子孫禁錮法)'은 양반가 여인들의 재가를 막는 결정적인 요소로 작용하였다. 재가녀자손금고법이란 재가한 여인의 자손에 과거 응시를 금한다는 것으로 자손들의 벼슬길을 봉쇄한다는 뜻이었다. 이는 자식의 출세라는 여성 특유의 모성 본능을 여성의 재가 금지에 이용한 것으로, 입신양명(立身揚名)을 최고의 덕목으로 삼는 양반

---

* 몸을 팔거나 음란한 행위를 하는 여자인 자녀(恣女)의 이름을 기록한 관아의 문서. 이 안에 오르면 그 가문의 명예를 떨어뜨림은 물론 그 자손의 과거 응시나 관직 임용에도 큰 영향을 끼쳤다.

가에서는 절대적이었다. 그리하여 조선의 지배층인 사족 집안의 부녀들은 수절을 강요당했으며 자녀의 출셋길을 막을 수 없었던 부녀들은 재가를 포기하였다. 당초 재가금지는 양반가에 국한된 것이었으나 점차 일반 양인 부녀에게까지 전파되었으며, 특히 사림파가 본격적으로 정계에 진출한 중종 때부터는 적어도 양반 부녀자에게 수절은 목숨을 걸고 지켜야 할 당연한 덕목이 되었다.

그러나 조선 초기만 해도 아직 고려의 유풍이 강하게 남아 있어 평민은 물론 양반가의 여성들도 삼종지도에 큰 의미를 두지 않았다. 당시 위정자들의 다음과 같은 개탄이 이를 뒷받침한다.

"부부는 인륜의 기본이기에 부인에겐 삼종지도가 있으므로 재가할 수 없는 이치다. 지금 사대부의 정처(正妻)로서 남편이 죽은 자나

열녀도

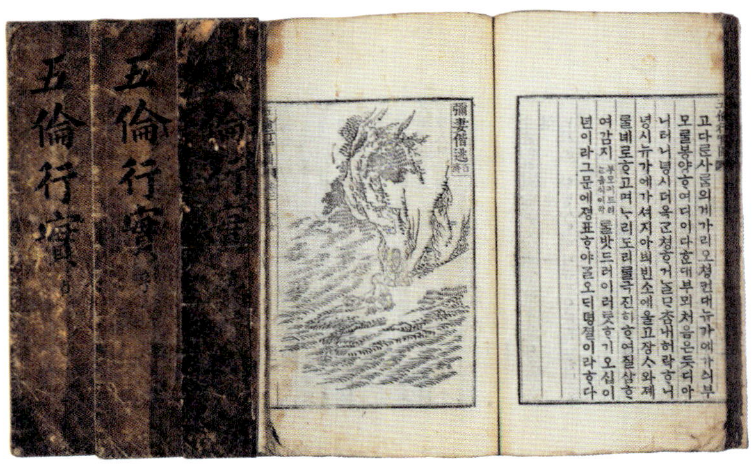

내쫓긴 자들이 부모가 억지로 재가하거나 혹은 스스로 재가·삼가(三嫁)하여 수절을 지키지 않고도 수치스러운 마음이 없는데 이것은 풍속을 더럽히고 있는 것이다."

이 인용문은 『태종실록』 6년 6일조에 실려 있는 대사헌 허응(許應) 등의 상소문 가운데 일부로, 이처럼 조선 초의 여성들은 재혼을 자유롭게 할 정도로 차별이 그리 심하지는 않았다. 실제 남녀평등과 차별 여부를 가늠할 수 있는 가장 현실적인 잣대는 재산상속의 차등여부인데, 현존하는 상속문서인 여러 분재문기(分財文記)는 적어도 임진왜란 전만 해도 재산상속에 있어 남녀에 차별이 없었음을 보여주고 있다. 또 조선왕조의 헌법격인 『경국대전』에도 철저한 남녀균분(男女均分)을 규정하고 있다.

17세기 이후 일기 시작한 열녀 만들기 광풍

이러한 남녀평등 경향은 임진왜란과 병자호란 이후 사회의 전반적인 보수화에 따라 변하게 된다. 즉 양란 이후 조선사회는 퇴행적인 명분론이 확산되면서 반동 보수화의 길로 접어들게 되었다. 실용적인 노선을 취하던 광해군의 대북정권을 전복시키고 집권에 성공한 서인정권은 정권을 유지하기 위한 수단으로, 대외적으로는 숭명배청(崇明排淸)의 대의명분과 함께 대내적으로는 강상(綱常) 우선의 위계적인 예법질서를 정치이념으로 삼았다. 그 결과 예제(禮制) 역시 종래의 부부·부모·자녀라는 수평관계에서 부(父)-부(夫)-자

(子)를 중심으로 한 가부장적 수직관계로 재편됨에 따라 부부·부자·군신·적서(嫡庶)·주노(主奴)·장유(長幼)의 철저한 상하·주종관계를 채택하였다. 이런 반동정책의 산물 가운데 하나가 바로 열녀 만들기였다.

조선왕조의 열녀문은 가문의 영광으로서 그 자손들은 벼슬길에서 혜택을 받았으나 당사자인 여인에게는 평생을 외로움과 인고 속에서 싸워야 하는 시련의 문이었다.

이렇게 해서 조선사회에는 점차 열녀 만들기란 광풍이 몰아치는데, 이는 17세기 이후의 현상이었다. 이런 사정은 통계수치로도 입증이 가능하다. 열녀의 표창 사례는 『조선왕조실록』을 비롯하여 『신증동국여지승람(新增東國輿地勝覽)』, 각종 읍지(邑誌)류 등의 자료에 광범위하게 실려 있는데, 여기선 통계수치의 객관적인 비교를 위해 『조선왕조실록』에 수록된 사례만을 살펴보기로 한다.

15~16세기(태조-선조)까지 대략 2백 년간 정부에서 공인한 열녀는 2백여 명 정도였는데 17세기(광해군-숙종)에 접어들면서 급증해 불과 1백여 년 만에 이전 세기의 3배인 3백여 명으로 늘어났다. 물론 임진왜란과 병자호란이라는, 열녀가 양산될 수 있었던 특수한 여건이 존재했음을 고려하더라도 조선 전기와는 비교가 되지 않을 정도로 열녀 만들기 광풍은 명백한 사실이었다. 조선 후기의 이런 급증 추세는 19세기(순조-철종) 1백여 년간 열녀가 350여 명이나 되었다는 통계수치가 잘 보여주고 있다.

열녀 만들기 광풍 현상이 조선의 지배층인 사족들이 적극 권장하고 장려한 결과였음은 두말할 나위도 없다. 심지어 가장 개혁적이란 인사들, 이른바 실학자들마저 열녀 만들기 광풍을 매우 자랑스러운 미덕으로 간주했을 정도였다. 예컨대 이익(李瀷)은 그의 저서 『성호사설(星湖僿說)』 「인사문(人事門)」에서 열녀를 우리나라의 미풍으로 자랑하였다. 박지원도 마찬가지였다. 그는 『열하일기』에서, 중국에 사신으로 갔을 때 중국인에게 우리나라의 네 가지 자랑거리 가운데 하나가 열녀라고 소개하고 있다.

조선사회에 열녀 만들기 광풍이 일면서 가짜 열녀도 생기게 되었다. 박지원의 단편소설 「호질(虎叱)」은 이런 상황을 잘 묘사하고 있다. 젊어서 과부가 된 '동리자'라는 여인은 20여 년 동안 수절한 덕에 열녀상까지 받았다. 그러나 실은 그녀의 몸에서 난 아이가 다섯으로 모두 성이 달랐다. 동리자는 몸종에게 막대한 돈을 주어 비밀을 지키게 하면서 이 아이들을 기르게 한다. 또 같은 고을에 살던 '북곽선생' 역시 학덕 높은 군자로서의 평판이 자자하지만 사실은 동리자와 내연의 관계를 맺고 있는 사이였다. 어느 날 이 두 사람이 밀회를 하다가 탄로나면서 그들의 이중적인 모습이 여지없이 드러나게 된다.

은장도는 열녀의 상징인가

한편 은장도는 흔히 열녀의 상징으로 여겨졌다. 몸 깊은 곳에 차고 있다가 남편 이외의 남성이 겁탈하려 들 때 이를 꺼내 저항하거나 자결하는 도구로 그려졌다. 부녀가 은장도를 차는 풍습은 고려가 원나라에 복속된 때부터 시작되었는데, 이는 시사하는 바가 적지 않다. 『고려사』에 기록된 열녀, 호수(胡壽)의 처 유(兪)씨가 몽고

병에 저항하다 목숨을 끊은 여인인 데서 알 수 있듯이 이 시기의 부녀들은 변란에 대비하기 위해 은장도를 지참했던 것이다.

그러나 은장도는 애초 여인만의 전유물이 아니라 남녀가 함께 차고 다니는 노리개의 일종이기도 했다. 여성의 절개를 점차 강조했던 조선 중기 연산군 4년(1498)에 양반이 아닌 서인(庶人)의 은장도 사용을 금했던 것이나, 양란 후인 현종 11년(1670)에 양반이 아닌 유생 잡직 및 서인 남녀 중에 은장도를 차고 다니는 자를 논죄(論罪)하라는 명령이 내려진 것은 은장도가 '열녀'의 대명사로 사용되지 않았음을 뜻한다.

은장도는 남성보다는 여성이 주로 패용(佩用)하였는데 부녀자들이 노리개로 옷고름에 차면 노리개 '패(佩)' 자를 써서 패도(佩刀)라고 불렀고, 주머니 속에 지니면 주머니 '낭(囊)' 자를 써서 낭도(囊刀)라고 불렀다. 조선 후기에 들어 은장도는 열녀의 상징으로 의미가 전화되는데, 칼의 몸통〔刀身〕에 '일편단심(一片丹心)' 등의 글자를 새긴 것도 이런 이유 때문이다.

13 재산 상속에서 배제된 조선의 여성

남녀고용평등법, 보육지원법 제정이나 호주법 개정 등 법률상으로 한국사회의 남녀는 평등한 듯하다. 하지만 현실적으로는 여전히 남녀차별이 극심한 것이 사실이다. 이런 현상은 어디에서 비롯되었을까? 흔히 극단적인 남녀차별 사회로 알려진 조선시대를 그 주범이라 하는데, 과연 그럴까?

남녀평등은 말이나 법률에 의해 이루어지는 것이 아니라 남녀평등을 가능하게 하는 구조가 선행되어야 한다. 여성이 평등한 대접을 받을 수 있는 가장 기본적인 요건이 바로 재산상의 독립이라는 점에는 이론의 여지가 없을 것이다. 얼마 전 남녀의 상속을 차별화했던 법률이 폐지되면서 적어도 법률적으로는 남녀의 재산상속이 평등해졌지만 현실적으로는 그렇지 못한 경우가 많다. 동시에 조선시대에도 재산상속시 당연히 남녀를 차별했으리라고 보는 것이 우리 사회의 통념이다. 그렇다면 이런 통념은 객관적 근거를 토대로 형성된 것일까.

조선 초 노비는 재산목록1호

조선시대의 상속은 가옥·토지·노비 내지는 가재도구 등을 포함하는 재산상속과 식구를 관리하는 가장권(家長權)을 상속받는 신분상속, 그리고 제사(祭祀)에 관한 권리·의무를 상속받는 제사상속이 있었다.

그중 가장 큰 비중을 차지한 것이 노비와 토지의 상속으로 조선시대의 재산분쟁은 주로 이 둘에서 비롯되었다. 16세기 전반까지는 노비의 비중이 높았고, 그 후반부터는 토지의 비중이 높아졌는데 이는 16세기에 사화(士禍)와 당쟁이 격화되어 집권세력이 빈번히 교체되면서 노비의 소유주가 바뀐 현상과 관련이 있다. 한 집안이 정권다툼에서 패해 역적으로 몰리면, 식구 중 남자는 사형을 당하고 여자는 종으로 전락하면서 노비와 토지까지 모두 승리자가 차지했기 때문이다.

그러나 임진왜란과 병자호란을 겪고 난 17세기부터는 노비 통제체제에 커다란 변화가 생긴다. 당시 벼슬아치들은 서울에 거주하면서 인맥·학맥으로 연결되고 혈연·지연으로 얽힌 지방수령을 통해서, 또는 각 읍(邑)에 존재했던 유향소와 연결된 경재소를 통해서 여러 지역에 흩어져 있던 노비를 관리했으나, 임진왜란 이후 경재소가 혁파되면서 노비 관리에 어려움이 있었다. 그리하여 양란 이후인 17세기부터는 토지의 비중이 노비보다 높아졌다.

재산상속은 물(物)에 대한 지배권 내지 관리권 상속이기 때문에 신분상속과는 다르지만, 물려주는 사람과 상속받는 사람이 물을 매개로 구속된다는 점에서는 신분상속과도 관계가 있으며, 이는 또한

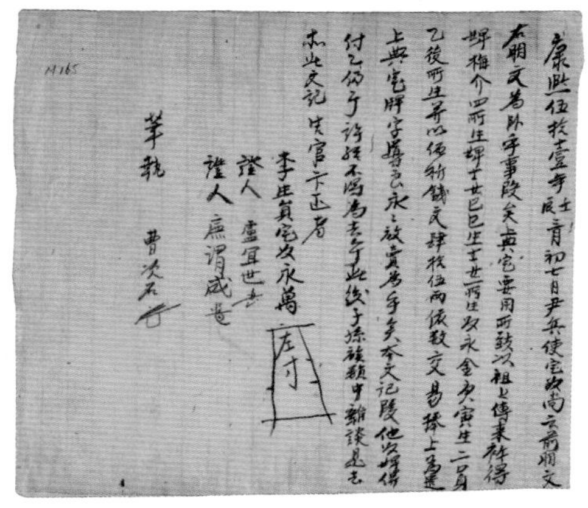

노비문서

제사상속과도 밀접한 관계를 맺게 된다. 즉 재산상속을 중심으로 신분·제사상속이 서로 얽히게 되는 것이다.

조선왕조의 헌법격인 『경국대전』의 상속 조항을 보면 일반적인 통념과 달리 남녀 사이에 차별이 없는 철저한 자녀균분제(子女均分制) 상속을 규정하고 있다. 『조선왕조실록』이나 각종 상속관련 고문서(古文書)를 살펴보면 법제적인 평등 규정과는 차이가 나는 경우도 있고, 가부장제를 유지하기 위해 제사를 받드는 적장자(嫡長子)를 우대한 경우도 있지만, 본질적으로는 자녀균분제를 관철하였다.

남녀차별 없던 『경국대전』의 상속 규정

조선시대에 상속차별은 남녀 사이가 아니라 적서(嫡庶), 즉 적자녀와 서자녀 사이에 있었다. 서얼(庶孽) 가운데서도 천첩(賤妾) 소생의 자녀는 양첩(良妾) 소생의 자녀에 비해 많은 차별을 받았다. 이는 조선이 신분제 사회였기 때문이며, 재산상속에 관한 한 조선은 남녀를 차별하는 사회가 아니었다. 맏아들인 적장자를 우대한 것도 남녀를 차별한 것이라기보다 빈번한 제사 비용을 보존해주기 위해서였다.

조선시대 상속관행을 보여주는 고문서가 바로 '분재문기(分財文記)'다. '재산을 나눈 기록'이란 뜻의 이 문서는 재산이 어떻게 자녀에게 분배 또는 상속되는지 상세히 알려주고 있다. 분재문기는 허여(許與)·화회(和會)·별급(別給)문기 등이 있는데 허여문기는 '재산을 허여하는 문기'라는 뜻이지만 포괄적인 의미로 사용되었다. 허여문기는 조상 전래의 유산이나 재주(財主) 부부의 재산을 한 묶음으로 하여 일시에 자녀 모두에게 일정한 수량으로 나누어준 것을 기록한 문서인데, 아들과 딸이 평등하게 나누어 받는 자녀균분제가 원칙으로 적용되었다.

화회문기는 부모가 재산을 나누어주지 못하고 세상을 떠났을 경우에, 보통 부모의 3년 상(喪)을 마친 후 자녀가 모두 한자리에 모여 회의를 통해 부모의 유산을 나눈 것을 기록한 문서다. 이 또한 자녀균분제가 원칙이었는데, 나이가 어리거나 이미 사망한 경우에는 적게 분배되거나 제외되는 일도 있었다.

별급문기는 조부모·부모·외조부모·처(妻)부모 등이 내외혈손(內外血孫)에게 재산을 일부 나누어준 것을 기록한 문서인데, 이 경우는 앞의 허여·화회문기와 달리 상속에 차등이 있었다. 단 아들이냐 딸이냐 하는 성(性) 차별이 아니라 자녀에 대한 부모의 애정이나 자녀의 효심에 따른 차별이었다.

어떤 경우에는 이 별급을 통해 『경국대전』에 규정된 적서 사이의

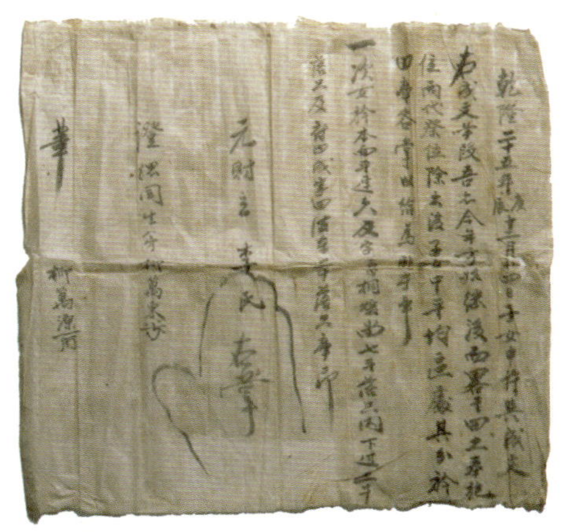

허여문기 상속문서 중 하나

차별이나, 양·천첩 자녀 사이의 차별을 뛰어넘어 서얼에게 더 많은 재산이 돌아갈 수 있었다. 즉 적서(嫡庶)를 떠나 평소 부모에게 효도한 자녀에게는 많이 물려주고 그렇지 않은 자녀에게는 조금 나누어 준 것이니, 효(孝)가 사라진 오늘날에 본받을 만한 제도라고 할 수 있겠다.

이들 문서는 적어도 조선 전기인 15~16세기까지는 『경국대전』과 같은 조선 초기의 법전 규정대로 일정한 원칙과 형식에 따라 가족단위로 작성·비치되었다.

한편 조선은 중국과 같은 유교문화권에 속해 있었으나 상속제도와 혼례, 주거문화 등에 있어서는 차이가 있었다. 적어도 조선 전기까지는 재산상속시 법제적으로나 실질적으로 중국보다 남녀평등의 원칙이 잘 지켜지고 있었다. 이는 고려시대의 전통을 이어받은 것이었다. 『고려사』나 현존하는 고려시대 고문서에는 상속관계 기록이 별로 남아 있지 않지만, 전해지는 단편적인 기록들을 검토해보면 고려시대의 재산상속은 남녀차별이 없는 균분(均分)상속제였다는 사실을 알 수 있다.

그렇다면 부부유별(夫婦有別)이 오륜(五倫)의 하나였던 유교국가 조선은 왜 고려의 유제(遺制)인 남녀균분상속제를 계속 유지했을까? 여기에는 조선의 지배층이었던 사족의 정치적 의도가 개입되어 있었다. 사대부 전체의 이익을 계속 유지하기 위해 조상 전래의 토지와 노비를 자녀에게 균등하게 상속하도록 국가 차원에서 조장했던 것이다. 부의 집중을 방지함으로써 지배층에서 탈락하는 사대부의 발생을 억제하려는 의도에서였다.

즉 사족 공동의 계급적 이해에 따른 선택으로서 지배층의 신분을 안정적으로 장기간 유지하기 위한 방안이 남녀균등상속이었고, 이런 이유 때문에 『경국대전』에도 자녀의 균분상속제가 명문화된 것이다. 그리하여 조상 전래의 재산을 파는 행위는 불효로 규정되었다. 또 부득이하게 판매할 경우에도 법전에 제한규정을 두었는데, 예를 들면 내외(內外)인척 사이에만 재산을 사고팔도록 권장하였다.

조선시대 재산상속의 또 다른 특징은 철저한 분할주의(分割主義)상속제도이다. 가령 영남의 토지는 아들 갑에게 주고 호남의 토지는 딸 을에게 주며 충청도의 토지는 또 다른 아들 병에게 주면 상속하는 부모나 받는 자식이 모두 편리했을 텐데, 그리 하지 않고 영남에 있는 토지를 갑·을·병에게 나누어주고, 또 호남에 있는 토지도 갑·을·병에게 나누어주는 식으로 쪼개어 상속하였다.

이는 어느 지방의 유산을 한 사람이 관리함으로써 발생할 수 있는 분리의 개념을 막고 재산이 전국 어느 곳에 있든지 나누어 소유함으로써 공동소유 개념을 유지하기 위한 것으로 보인다. 즉 재산을 매개로 가문이 결속할 수 있도록 하기 위해 분할상속을 한 것이다.

또한 국가차원에서도 재산의 남녀균분과 분할주의는 상호 견제하고 균형을 이룰 수 있는 효과가 있어서 부와 권력의 집중을 예방할 수 있었다.

사회 보수화에 따른 상속의 남녀차별화

그런데 양란 이후 17세기경부터는 개혁을 요구하는 사회 밑바닥의 흐름과 달리 사족들이 보수화되면서 재산상속에 있어서도 남녀차별이 일반화되었다. 조선 초기에도 사족들은 성리학적 사회질서를 유지하려 했지만 한 사회의 관습을 급격하게 바꿀 수는 없었다. 법적으로는 적장자가 제사를 승계하고 다른 성씨를 가진 사람이 제사를 받들지 못하게 금지했지만, 실제로는 부모의 애증(愛憎)에 따라 맏아들을 제치고 다른 아들이 가통(家統)을 잇거나 아들이 없는 경우 사위가 제사를 지내는 사례가 빈번했다.

그러나 사회 밑바닥에서부터 조세제도 개혁 등 전면적인 개혁을 요구하는 목소리가 커지자, 이에 위협을 느낀 양반 사족들은 기존의 위계적인 성리학적 사회질서를 강화하여 지배층의 지위를 계속 유지하려 하였다. 이 과정에서 남녀균분상속의 문제점이 지적되었고, 퇴행적인 예론(禮論)이 발전하면서 제사를 지내는 의무가 하나의 권력으로 변모하였다. 결국 종손(宗孫)과 지손(支孫)을 차별하면서 적장자 우위상속제가 나타나고, 남녀를 차별하기 시작하였다.

더욱이 자기 신분에 맞게 행동하는 것이 기본사상인 예론은 종법(宗法)제도를 발전시켰다. 종법이란 직계조상의 제사를 계승하는 적장자를 중심으로 하는 친족조직을 일컫는데 종법제가 보급되면서 제사는 장자만 상속하게 되었다.

물론 조선 초기에도 장자가 제사를 지내는 것이 원칙이었지만, 아들이 없고 딸만 있는 경우에는 양자(養子)를 들이지 않고 사위나 딸, 또는 외손(外孫)이나 어머니 동생의 아들을 양자로 삼아 제사를 지내게 했고 딸의 아들인 외손자도 제사를 지내게 하였다. 또한 아들과 딸이 돌아가면서 제사를 지내는 경우도 있었다. 그러나 17세기 이후에는 아들이 없는 경우에도 딸은 제사를 지낼 수 없었고, 양자를 들여 후사를 잇는 것이 일반화되어 딸은 제사에서 철저히 소외되었다. 조선 초기인 15세기에 편찬된 족보를 보아도 '부(父)→자(子)'의 친계(親系)로 이어지는 제사상속보다 '부→여(女)→자'의 외계(外系)로 이어지는 제사상속이 빈번했으나, 17세기 이후 사족들이 보수 반동화되면서 여성은 철저하게 이방인으로 전락하게 되었다.

이후 18세기에 이르러 이런 관행이 사족사회에 일반화되면서, 재산도 적장자에게 집중적으로 상속되고 여성은 배제되었다. 오늘날 전국 각지에 남아 있는 거대한 고가(古家)들, 이른바 종가(宗家)집들은 이런 시대적 분위기의 산물인 것이다.

14

한국인 대다수가 족보에 기록될 수 있었던 까닭은?

족보의 천국, 대한민국

오늘날 대한민국에서 길 가는 사람 아무나 잡고 물어보아도 자신의 조상은 양반이었다고 주장할 것이다. 그리고 그 증거로 내세우는 가장 결정적인 근거는 족보(族譜)일 것이다. 실로 한국은 족보의 천국이라 할 정도로 족보 간행이 성행하고 있다. 그럼 족보는 과연 거기에 실린 사람들이 양반임을 입증해주는 증거로 부족함이 없는 것일까.

족보란 특정 성씨의 시조부터 편찬 당대인에 이르기까지의 계보(系譜)를 기록한 것으로, 흔히 세보(世譜)라고도 한다. 족보는 어느 한 개인 또는 그의 가족을 중심으로 하는 계보가 아니라 그 개인이 속하는 씨족(氏族)집단 전체 또는 그 씨족 내의 파(派)의 합동계보이다. 현재 우리가 접하거나 알고 있는 족보는 수록된 개개인에 대하여 본손(本孫)인 경우 이름 외에도 자(字)·호(號), 시호(諡號), 출생과 사망 연월일, 과거급제와 그 후 관직을 중심으로 하는 이력, 묘지의 위치 및 배우자에 관한 제 사항 즉, 배우자의 출생 사망 연월일과 소속 씨족, 그의 부, 조부, 증조부의 이름과 직위, 외조부의 성명과 본관 및 직위 등을 밝히고 있으며 사위인 경우에는 성명과 본관을 적고 있다.

오늘날 하도 족보 간행이 성행하기에 누구나 자신의 가계기록(家系記錄)이라 하면 먼저 족보를 떠올린다. 하지만 과거에 가계기록의 보존에 관심을 가진 사람들이 그 기록 보존의 수단으로 처음부터 족보라는 합동계보의 방식을 취한 것은 아니었다. 조선 초기만 해도 개별적으로 각자의 가계를 기록 보존하는 것이 족보보다 더 일반적이었다.

이런 개별적인 가계기록에는 다양한 종류가 있었다. 우선 '가승(家乘)'은 자기 부계(父系)의 직계조상을 기록한 것으로 가장 단순한 계보기록이다. 다음으로 '내외보(內外譜)'라는 것이 있는데, 이것은 부계의 직계조상과 각 조상의 배우자의 부계 직계조상을 기록한 것이다. 또 '8고조도(八高祖圖)'라는 것이 있는데, 자기 부친의 조상을 4세대 앞인 8고조부모까지 기록한 것이다. 이는 부친뿐 아니라 모친도 해당되어 양친의 8고조부모까지 수록하면 자연히 '16고조도'가 된다. 이는 모계(母系)는 무시한 채 부계 중심으로만 편찬되어 있는 족보와는 그 성격이 다르다.

이들 개별적인 가계기록은 그 성격상 대부분 필사본(筆寫本)으로 전해졌다. 족보와 같은 합동계보의 성격을 띤 것이 아니라 개별적인 가계만 기록했기 때문에 굳이 인쇄할 필요도 없었다. 따라서 현재까지 전해지는 기록은 극히 드물기 때문에 오늘날은 족보를 계보기록의 유일한 것으로 받아들이는 것이다.

남녀 차별 없이 수록했던 조선 초의 가계기록들

유교적인 가치관의 신봉자를 자처하였던 조선의 유학자들이 남녀를 평등하게 수록한 가계기록을 만들었다는 사실은 조선을 '부계중심의 주자학적인 가치관이 지배한 사회'로 이해하고 있는 현재의 통념에 반대된다. 조선 초의 이런 가계기록은 족보에도 영향을 미쳐 17세기 중엽까지의 초기 족보들은 자녀를 남녀 구분 없이 출생 순으로 수록하거나, 외손(外孫)들까지도 세대나 범위의 제한 없이 수록하였다. 이 또한 조선 전기만 해도 남녀가 평등하게 재산을 상속받았음을 증명하는 상속문서인 '분재문기'처럼 남녀가 평등한 대우를 받았음을 증명한다. 이는 조선사회 여성의 지위에 대한 오늘날의 고정관념이 역사적 실체와는 다름을 보여준다.

가승·내외보·8고조도·16고조도 이 네 종류의 가계기록은 모두 자신을 중심으로 하여 그 조상들을 기록한 문서인 데 비해, 족보는 역으로 과거의 한 인물을 공통의 조상으로 하여 자손들을 기록한 문서이다. 또한 각자의 가계를 족보로 취합해 합동으로 기록을 보존하기 시작한 때를 보통 조선 초기인 15세기 중엽으로 알고 있지만 사실은 대개 17세기 후반부터 작성되었다. 즉 15세기 중엽부터 17세기 중엽에 이르는 약 2세기 동안에 나타나는 전기 족보들은 실상 오늘날의 족보와는 성격이 달랐다. 그것은 어느 한 개인이 자기의 가승을 주축으로 확대한 것에 지나지 않았던 것이다. 초기 족보에 편찬자의 직계조상들에 관해서는 상당한 분량의 기사가 실려 있지만 그 밖의 사람들에 대해서는 대부분 이름뿐인 것도 이 때문이다.

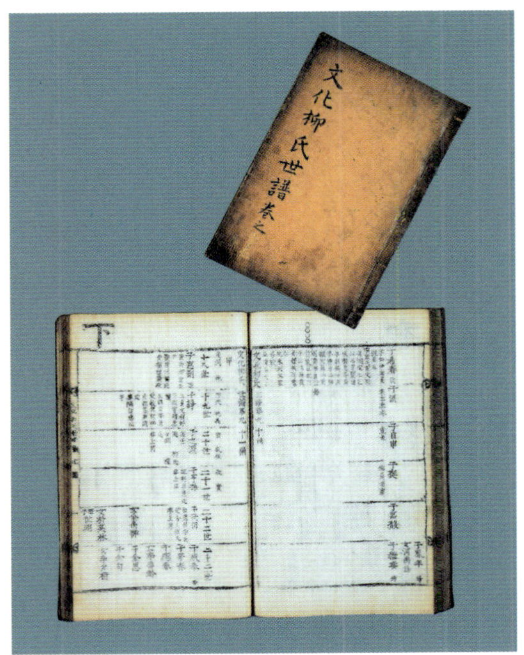

문화유씨 가정보 명종 20년 (1565)에 작성된 족보이다.

　이러한 전기 족보에는 대체로 딸의 자손들, 즉 외손(外孫)도 본손(本孫)과 마찬가지로 세대의 제한 없이 족보 편찬 당시의 인원까지 수록하고 있었다. 현존하는 가장 오래된 족보인 '안동권씨 성화보(安東權氏成化譜)〔성종 7년(1476) 명나라 성화 12년〕'에 등장하는 인물 약 8,000명 중에서 안동권씨의 남자는 380명에 지나지 않는다. 나머지는 대부분 여자 쪽의 자손이다. 이와 같은 편찬 방식은 '성화보' 다음으로 오래된 족보인 '문화유씨 가정보(文化柳氏嘉靖譜)〔명종 20년(1565), 명나라 가정 44년〕'에서도 볼 수 있다. 여기에 기재된 총 3,800명의 인물 가운데 문화유씨는 1,400명에 지나지 않는다.

그러면 족보 간행이 유행한 까닭은 무엇인가. 족보는 출현 당시부터 단순한 가계기록의 보존수단뿐 아니라 사회적 기능까지도 지니고 있었다. 사회적 기능은 처음에는 동일씨족원 사이의 각별한 유대관계를 강조하는 이념적인 것이었지만 문벌(門閥)숭상의 사회풍조가 맹위를 떨침에 따라 점차 현실적인 성격을 띠게 되었다.

문벌숭상 풍조는 기본적으로 사람을 독립된 한 개인으로서가 아니라 그 사람이 어느 씨족의 어느 파에 속하는 누구의 자손이며 또 누구의 외손인가로 이해하려는 사회관습의 소산이었다. 더 직접적으로는 사람들의 사회·정치생활에서의 활동과 성공이 개인적인 능력이나 인격보다는 그들의 가문이나 배경에 의해서 좌우되었던 시대 분위기를 반영한 것이었다.

이런 사회풍조가 역사상 어느 시기부터 나타나기 시작하였으며 또 어느 시기부터 맹위를 떨쳤는가는 정확히 알 수 없다. 다만 조선 후기 학자인 유형원(柳馨遠), 이익(李瀷), 정약용(丁若鏞) 등이 개탄하기를, 우리나라는 근세 이후로 문벌사상이 발달하여 그 폐단이 매우 심하다고 하였는데, 그들이 말하는 '근세'란 대체로 16~17세기 이후를 가리킨다는 점에서 그 시기를 추측할 수 있다.

그리하여 많은 사람들이 자신들을 위해서, 그리고 후손들을 위해서 자기 가계의 배경을 널리 알려 그것을 사회적으로도 인정받기를 희망했고 그렇게 해야 할 필요성을 느꼈다. 이를 충족시킬 수 있는 가장 효율적인 수단이 바로 족보였던 것이다. 특히 족보를 통해 가계를 확실하게 밝혀두지 않으면 현재의 사회적 신분을 유지하기 어려울 뿐 아니라 언젠가는 현 수준 이하로 전락할 수 있는 사람들, 말하자면 양반계층의 최하단 언저리에 처해 있는 사람들은 더욱더 큰 관심을 보였다.

더욱이 신분제도와 관련해 운영되었던 군역(軍役)문제는 경쟁적인 족보 편찬 열기에 불을 붙였다. 조선 중종 때 확립된 군적수포제(軍籍收布制)는 군역 수행을 포(布)나 돈으로 대신하게 한 제도였는데, 양반은 징수 대상에서 면제함으로써 군역 면제를 원하는 양반들이 족보를 경쟁적으로 편찬하였던 것이다. 족보가 군역 면제의 한 증거로 이용되면서 족보에 대한 일반 사족의 관심이 한층 더 커진 것은 당연한 일이었다.

이런 사정은 헌종 12년(1846)에 간행된 '한신이씨(韓山李氏) 제3수보(修譜)'의 머리말에서 확인할 수 있다. 이 수정족보의 편찬자 이희갑(李義甲)은 머리말에서 자신이 3수보의 편찬 주역을 맡게 된 경위를 한산에 사는 일가(一家) 이인적(李寅廸) 노인의 간곡한 부탁 때문이었다고 적고 있다.

처음에는 노인의 족보 중간(重刊) 부탁을 거부하였지만 5년간 계속해서 찾아와 부탁을 하였으며 다시 찾아올 때마다 그 말이 더욱 간곡하여졌고 심지어는 눈물까지 떨어뜨리면서 이렇게 말했다는 것이다.

"저 궁벽한 시골에 사는 우리 일가로서 과거나 벼슬길이 끊어진 채 여러 세대가 지나 이제 그 자손들의 이름이 군안(軍案, 군역대상자 명부)에 오를 형편에 처했으나 달리 손을 쓸 방도가 없게 되었습니다. 그러니 어찌 불쌍한 생각이 들지 않겠습니까."

이인적은 노인의 간청 때문에 영조 16년(1740)에 만들어진 족보를 107년이 지난 이 때에 다시 중간하게 되었다고 적고 있다. 이처럼 당시 족보의 개수(改修)를 추진한 사람들은 절박한 필요성의 하나로 으레 군역문제를 지적하였다.

실제 조선 후기에는 이른바 '탈역소지(頉役所志)'라고 하는 탄원서를 관(官)에 제출하여 군안(軍案)에서 이름을 삭제하여줄 것을 호소하는 사람들이 많았는데, 그때 탄원 정당성의 입증자료로 반드시 족보를 제시하였다.

탄원서를 접수한 관에서도 으레 족보에 나타난 가계에 근거하여 결정을 내렸다. 「유서필지(儒胥必知)」는 조선시대에 널리 사용된 일종의 서식대전(書式大典)인데, 이 책에 수록된 '외읍인유반맥자탈역단자(外邑人有班脈者頉役單子)'*에는 탄원서를 접수한 수령이 내릴 수 있는 결재문의 한 본보기를 이렇게 적고 있다.

"족보를 검토하고 가승을 참조하니 그의 가문은 양반임이 명명백백하다. 따라서 그에 대하여 특별히 군역면제의 조치를 취하도록 할 것이다."

이 결재문은 조선 후기 족보 간행이 왜 그렇게 성행했는지를 웅변한다. 18세기부터 전개되는 족보의 전성시대는 이렇게 도래한 것이다.

---

* 외읍, 즉 지방에 사는 사람으로서 양반의 후손임이 분명한 자가 제출하는 탈역소지(頉役所志)란 뜻으로, 탈역소지의 다른 이름이다. 탈역소지는 군역면제의 혜택을 신청하는 일종의 소장 또는 탄원서다.

조선 후기 족보는 대부분 위조되었는가

한편 흔히 알려진 대로 과연 조선 후기에 대다수의 족보가 위조되었는가. 당시 족보를 조작할 의사를 지닌 사람들은 두 집단으로 나눌 수 있다. 먼저 조상의 관직이나 과거에 관한 기사를 과장되게 표현하여 자기 가문의 위신을 높이려는 집단이 있었다. 또 특정한 목적, 예컨대 당시 심각한 문제로 대두된 군역을 면제받기 위하여 계파 자체를 전혀 엉뚱한 데에 연결시켜 이른바 아버지를 바꾸고 할아버지를 바꾸는 '역부환조(易父換祖)'를 하는 원래 양반신분이 아닌 부류들이 있었다. 그 밖의 사항들 즉, 이름이나 출생과 사망 연월일, 묘지의 소재지, 배우자의 소속 씨족과 그 아버지의 이름 등은 혹 몰라서 잘못 기술하는 경우는 있을 수 있어도 고의적으로 조작하지는 않았다고 생각된다. 이런 사항들은 가문의 위신과 관련이 없기 때문에 의도적으로 조작할 필요가 없었다.

문제가 된 경우는 '역부환조' 하는 두 번째 집단이었다. 물론 양반신분을 지닌 사람들이 자기 가문의 위상을 높이기 위하여 족보를 조작하였다면 이 역시 큰 사회적 문제가 되었겠지만 당시 문헌들은 이런 경우를 크게 다루지 않았다. 양반신분을 조작한 것은 아니기 때문일 것이다. 문제는 군역을 면제받기 위해 양반신분으로 족보를 위조하는 경우였다. 과연 조선 후기에 군역면제를 위한 족보 위조가 광범위하게 일어날 수 있었을까.

『조선왕조실록』을 보면 족보위조 사건은 18세기 후반부터 등장한다. 그 가운데 순조 7년(1807) 위조에 관련된 죄인만도 16명이나 되며 위조 족보를 사들인 사람도 166인에 이르는 사상 최대의 족보 위조 사건이 있었다. 이는 상당히 큰 규모의 사건이었지만 그 외에 18세기 후반 이후 발생한 크고 작은 족보 위조사건의 관련자들은 모두 합해야 채 500명도 되지 않는다. 족보를 위조하거나 위조 족보를 사들이는 사람들의 목적은 군역을 면제받기 위한 것이었다. 그러나 18세기 후반 이후 족보 위조와 관련된 사람의 총수가 채 500명이 되지 않는다는 사실은 이 시기 족보 위조가 광범위하게 이루어졌다는 주장에 거의 설득력이 없음을 뜻한다. 이처럼 18세기 후반부터 조선왕조가 무너질 때까지 소규모로 이루어진 족보 위조라는 불법적인 방법으로 거의 모든 조선인을 족보에 등재할 수는 없었을 것이다. 그 이전인 17세기까지는 양반의 권력과 특권의 상징이었던 족보를 위조하기란 거의 불가능에 가까웠기 때문에 더 말할 나위가 없다.

한국인 대다수가 족보에 기록될 수 있었던 이유

그렇다면 오늘날 대다수의 한국인은 어떻게 족보에 기재될 수 있었을까. 이는 18세기 후반부터 족보 편찬에 있어 아주 중요한 변화가 일어난 데서 비롯되었다. 가계의 연결 관계가 불분명한 사람들을 이른바 별보(別譜) 또는 별파(別派)라는 별도의 족보에 기재하기 시작했던 것이다.

『규장각한국본도서해제』 사부(史部) 4에 따르면 영조 36년(1760) 편찬된 풍양조씨의 족보 30권 가운데 계보를 기록한 부분은 모두 28권이었다. 그중 제28책에는 17개 파가 별보 형식으로 수록되어 있다. 이곳에 기재된 전체 인원의 4퍼센트는 풍양조씨와의 혈연관계가 명확하게 입증되지 않은 사람들이었다. 이들이 족보에 실리게 되었던 것은 당사자들이 풍양조씨에 속한다고 강력히 주장하면서 수록을 요구하였기 때문이다. 그리고 순조 26년(1826)에 간행된 풍양조씨 족보는 모두 35권으로 되어 있는데 그중 계보를 기록한 것은 33권이다. 32권, 33권은 별보로서 전체 분량의 6퍼센트에 해당된다. 그런데 1900년에 간행된 같은 가문의 족보는 80권인데, 그 가운데 계보를 수록한 것이 79권으로 그중 별보는 1권으로 줄었다. 이는 19세기까지 별보에 기재된 인물 다수가 본래의 여러 파에 흡수되어 기록되었기 때문이다.

여기서 주목해야 할 점은 1900년의 풍양조씨 족보는 그보다 74년 전에 간행된 족보에 비하여 분량이 두 배 이상 증가했다는 사실이다. 같은 기간 인구증가율을 20퍼센트로 추정했을 경우 이 기간 동안 풍양조씨의 구성원은 인구증가율보다 네 배 가량 증가했음을 의미한다. 즉 족보에 수록된 인원의 최대 80퍼센트 정도에 해당하는 인물들이 별보에 기록되는 형식으로 풍양조씨의 구성원이 되었다는 것이다.

이는 비단 풍양조씨만의 특이한 현상이 아니었다. 다른 가문에서도 이와 비슷한 과정을 거쳐 족보를 지닌 인구가 폭발적으로 증가하였던 것이다. 더구나 20세기에 이르러서는 그동안 족보에서 배제되었던 황해도 재령 이북 지역과 제주를 비롯한 섬 지방의 거주자들에게도 족보의 문호가 개방되었다. 이런 경로를 통해 20세기 후반에는 대다수의 한국인들이 해당 씨족의 족보 구성원이 되었던 것이다.

요컨대 오늘날 한국인이면 누구나 족보의 구성원으로 오르게 된 본격적인 시기는 조선 후기가 아니라 20세기 전반이었다. 그것도 족보를 위조하는 불법적인 방법을 통해서가 아니라 당사자들의 요구에 의한 합법적인 방법을 통해서였다. 이것이 가능했던 것은 조선왕조의 멸망과 함께 족보가 특권을 보장하는 공적인 성격을 상실하고 단순한 사적인 문서로 취급되었기 때문이다. 과거에는 양반이라는 소수의 특권층이 배타적인 권익을 누리기 위해 족보를 만들었다면, 그런 법적인 특권이 상실된 근대 이후에는 오히려 가문구성원이 다수인 것이 세력을 확장하는 데 유리했기 때문에 별 다른 거부감 없이 족보의 문호를 개방한 것이다.

15

믿을 것은 피밖에 없다,
전국의 동성촌화 열풍

얼마 전까지도 한국에는 어느 지역을 가든지 동성동본(同姓同本)끼리 모여 사는 '동족(同族)마을'이란 특이한 마을이 있었다. 도시화와 함께 농촌이 해체되면서 동성마을도 빠른 속도로 해체되어 한 마을의 구성원이 모두 같은 성을 가진 온전한 동족마을을 찾기는 어렵지만, 그 잔영은 전국 어디에서나 쉽게 찾아볼 수 있다.

과거 농촌에는 얼마나 많은 동족마을이 있었을까? 아직 농촌이 전면적으로 파괴되지 않았던 일제 강점기의 한 통계자료를 보면 그 수를 추정할 수 있다. 자료의 신빙성은 좀 더 검토해봐야 하겠지만 1930년 조선총독부 동족마을 실태조사에 따르면, 우리나라 마을 총수는 2만 8,336곳인데, 이 가운데 동성마을은 무려 절반을 넘는 1만 4,672곳이었다. 불과 70여 년 전인 1930년에 전국 마을의 반 수 이상이 동성마을이었던 것이다. 이런 동성마을은 언제, 왜 생겨난 것일까?

조선 후기 종법과 동성마을

그 기원은 후삼국 시대부터 고려 초기에 걸쳐 성립한 각 지방의 토성(土姓)에서 찾을 수 있지만, 현재 동성마을의 직접적인 뿌리는 17세기 이후부터라고 보아야 할 것이다. 동성끼리 모이게 되는 법적 · 이념적 기초가 된 것이 바로 앞서 언급한 종법(宗法)이다.

당내(堂內), 즉 집안이나 문중과 같은 친족조직 및 제사의 계승과 종족(宗族)의 결합을 위한 친족제도의 기본이 되는 법인 종법의 보급과 동성마을의 형성은 밀접한 관계가 있다. 종법에 따른 제사의 계승, 상속과 분가(分家)에 의한 본(本)-분가(分家) · 종(宗)-지가(支家)의 발생, 그 결과로 형성된 문중(門中)조직 자체가 동성촌의 발달 과정을 말해준다.

또한 종법은 앞 세대에서 다음 세대로 이어지면서 실현되는데, 문중 또는 종중(宗中)이 조직되면 각 구성원의 가정에서 발생할 수 있는 세대 단절의 위험을 동족마을 조직을 통해 대처해갈 수 있다.

외손이나 서자도 대를 이을 수 있었던 조선 전기와 달리 후기 들어 이런 식의 계승이 금지되고 동성의 양자(養子)가 제사를 받들게 된 것도 종법의 보급과 동성마을의 형성과 밀접한 관련이 있다. 조선사회에서 종법은 17세기에 본격적으로 보급되기 시작하여 18세기에 일반화되는데, 종법이 널리 보급됨에 따라 동성마을도 같이 형성된 것이다.

동성마을 형성의 사회적 기반은 상속제도의 변화였다. 자녀균분제가 원칙이었던 조선 전기와 달리 조선 후기에는 종법이 강화되었고 17세기 이후 여성은 점차 재산 분배에서 배제되면서 종법에 따

른 적장자 중심의 상속이 이루어졌다. 그리하여 장자는 부모의 재산을 온전하게 계승할 수 있게 되었고, 한 마을이 점차 적장자를 중심으로 모여 살게 된 것이다.

동성마을 형성의 단적인 예로 안동 하회마을을 들 수 있다. 풍산류씨 류종혜(柳從惠)가 그의 처인 흥해배씨 배상공(裵尙恭)과 함께 이 마을에 정착한 시기는 조선 초기인 15세기 초였다. 뒤이어 이들의 딸과 사위가 자식들을 데리고 이곳에 이주해오고, 반대로 아들들은 처나 외가(外家)의 고향으로 갔다.

이후 안동권씨인 권옹(權雍)과 경주안씨인 안종생(安從生)이 각각 손녀사위가 되어 이곳으로 옮겨왔는데, 이곳에 처음 정착한 류종혜의 손자 류소(柳沼)가 다시 권옹의 사위가 되어 이 마을로 이주해왔다. 이후에도 이런 자녀와 외손의 출입은 계속되었다.

그 결과 이 하회동안(洞案) 자료에 따르면, 17세기 중반까지는 류씨 이외에도 안씨·권씨 등이 상당수 거주하고 있었지만, 17세기 후반에 이르면 풍산류씨의 동성마을로 변하게 된다.

신분 유지를 위해 끼리끼리

조선시대에는 사족들이 지배계급이었지만, 소수의 집권층이나 퇴직한 고위관료들을 제외한 대다수의 사족들은 국가에 의한 신분 보장을 받을 수 없었다. 따라서 이들은 개인보다는 집단인 동족마을을 형성해 가문 또는 문중의 테두리 내에서 거주하는 것으로 지배계급의 신분을 계속 유지하려 하였다. 그리고 지배계급의 신분을 유지하기 위한 각종 제도적인 장치를 마련하였는데, 오늘날까지도 많이 남아 있는 족보·문집(文集)·묘비(墓碑)·사우(祠宇)·누정(樓亭) 등이 그런 것들이다.

특히 사우는 동족마을의 공통 직계 조상의 제사를 받드는 곳으로, 자연스럽게 동족결합의 사회적 기능을 담당하였다. 또한 족보와 조상의 문집 간행, 조상의 묘비 설치 등도 동족결합의 사회적인 기능이었다.

국가로부터 신분을 보장받을 수 없는 대다수의 사족들은 이런 장치들을 매개로 같은 성씨끼리의 결합을 통해 자신들의 신분을 유지할 수 있었다. 동성마을은 이런 사회적 필요성에 의해 형성된 특수 마을인 셈이었다.

그런데 전국 각지의 무수히 많은 동성마을은 이런 현상이 비단 사족들만의 현상이 아님을 보여주고 있다. 기껏해야 10퍼센트를 넘을 수 없었던 조선 전기의 양반 비율은 전국 반수 이상의 동족마을과 모순되기 때문이다. 즉 사족들뿐 아니라 일반 양인들도 동족마을을 형성하였는데 그 계기가 된 것이 임진왜란과 병자호란이었다.

동족결합은 한곳에 모여서 생활을 경위할 수 있는 경제적 토대가 선행되어야 하는데, 일부 양인들이 상당한 토지를 모을 수 있었던 것은 양란(兩亂) 이후부터였다. 임진왜란 이전에 170만 결에 달했던 전국 농토는 임란 이후에 54만 결로 줄어들게 되는데 이는 농지를 개간할 능력이 있는 양인들에게 농지를 확대할 수 있는 기회가 왔음을 뜻했다. 납세 부담이 있는 토지가 줄었다는 사실은 일부 양인들이 세금 부담에서 벗어나 상당한 토지재산을 소유할 기회를 얻었다는 뜻도 되었던 것이다.

또한 양란으로 인한 혼란은 일부 양인들에게 자신을 옭아매고 있던 토지에서 벗어나 자유롭게 같은 성씨끼리 결합할 수 있게 하였다. 더욱이 양인들도 전쟁에서 공을 세워 신분상승을 할 수 있도록 기회를 주기도 하였다.

이런 여러 가지 요인들로 양반이 아닌 양인들도 동족마을을 형성하기 시작하였다. 양인들의 동족마을은 지방관리들의 억압과 수탈로부터 어느 정도 자신들을 방어할 수 있는 장치이기도 하였다.

동족마을의 장학제도

조선 초기에는 관료가 되려면 과거에 합격하는 길뿐이었다. 하지만 중기 이후부터는 과거만이 아니라, 주자학지식 습득과 그 이념의 실천을 통해서도 가능하였다. 이들을 유반(儒班)이라 하는데 벼슬을 통한 환반(宦班)과 비교된다. 즉 일반 양인도 과거에 의해 환반이 되거나 유반, 즉 사림집단의 구성원이 됨으로써 지배층에 편입될 수 있었다. 이처럼 일반 양인들도 과거에 응시할 수 있었으나 상당한 경제력이 있어야 과거 준비를 할 수 있었다.

양인들은 이런 경제적 기반을 마련하기 위하여 동족마을의 도움을 받아야 했는데 동족마을의 공유재산 가운데 장학전(獎學田)이 바로 그 기능을 하는 토지였다.

그러나 양인은 사족들에 비해 재산이 적었기 때문에 동족마을의 구성원 모두에게 이런 기회가 보장되지는 않았다. 하지만 그 구성원 중 어느 누가 과거에 합격하면 구성원 전체가 신분상승을 바라볼 수 있었다. 신분은 문벌(門閥), 즉 문중에 의해 규정되고 세습되기 때문이었다.

동성마을은 1948년의 토지개혁으로 공유재산이 격감하며 쇠미해지다가 도시화·산업화가 본격적으로 진행되면서 빠르게 해체되어갔다.

이들 동족마을은 친족적인 연대를 강화한 반면 같은 성씨나 동족이 아닌 경우에 대해서는 매우 배타적이었다. 그 결과 조선 후기의 동족마을화 열풍은 열린 사회가 아닌 폐쇄적 사회를 고착시키는 폐단을 낳게 되었다. 그리고 그 최대의 폐해인 혈연 중시 풍토는 지금도 현재진행형이다. 오늘날까지도 개개인의 능력과 인격보다는 어느 가문이나 문중의 구성원인가를 우선시하는 혈연 중시 풍조가 바로 조선 후기에 나타난 동성마을화 열풍에서 비롯된 것이다.

참고문헌

『고려사(高麗史)』,『경국대전(經國大典)』,『성호사설(星湖僿說)』,『신증동국여지승람(新增東國輿地勝覽)』,『열하열기(熱河日記)』

1) 박주,『조선시대의 정표정책』, 일조각, 1990.

2) 이혜순,「열녀상의 전통과 변모- '삼강행실도'에서 조선후기 '열녀전' 까지-」,『진단학보』85, 1998.

3) 한국고전여성문학회,『조선시대 열녀담론』, 월인, 2002.

4) 김일미,「조선전기의 남녀균분상속제에 대하여」,『이대사원』8, 1962.

5) 안승준,「제사윤행과 여성의 재산상속에 관한 분재기」,『문헌과 해석』11, 2000.

6) 이수건,「조선전기의 사회변동과 상속제도」,『역사학보』129, 1991.

7) 이종일,「조선전기의 호구, 가족 재산상속제 연구」,『국사관논총』14, 1990.

8) 최재석,「조선시대의 상속제에 관한 연구-분재기의 분석에 의한 접근-」,『역사학보』53 · 54, 1972.

9) 최재석,「고려시대 부모전의 자녀균분상속재론」,『한국사연구』44, 1984.

10) 백승종,「위조 족보의 유행」,『한국사시민강좌』24, 일조각, 1999.

11) 심승구,「조선초기 족보의 간행형태에 관한 연구」,『국사관논총』89, 2000.

12) 이수건,『한국의 성씨와 족보』, 서울대출판부, 2003.

13) 권내현,「조선후기 호적과 족보를 통한 동성촌락의 복원」,『대동문화연구』47, 2004.

14) 김경옥,「조선후기 동성마을의 형성배경과 사족들의 향촌활동」,『지방사와 지방문화』6-2, 역사문화학회, 2003.

15) 정진영,「조선후기 동성촌락의 형성과 발달」,『역사비평』28, 1995.

5 반란, 민란 그리고 농민전쟁

조선 3대 의적의 진면목
_그들은 과연 의적인가, 흉적인가

조선시대의 3대 의적(義賊)이라 하면 홍길동(洪吉童), 임꺽정(林巨正), 장길산(張吉山)을 떠올릴 것이다. 이들은 드라마나 영화의 주요 소재이기도 하다. 그리고 공교롭게도 세 사람 모두 드라마나 영화를 통해 우리에게 의적으로 각인되었다. 물론 이들을 주인공으로 삼은 드라마나 영화가 각각 허균(許筠)의 『홍길동전』, 벽초 홍명희의 『임꺽정』 그리고 황석영의 『장길산』을 텍스트로 삼아 각색되었음은 두말할 나위도 없다. 이런 통념과는 달리, 조선 후기 실학자 이익은 이들 3인을 조선의 3대 흉적(凶賊)으로 지목하고 있다. 그렇다면 역사상에 실존했던 홍길동, 임꺽정, 장길산은 소설의 주인공처럼 의적이었을까?

기록에 보이는 홍길동의 실제 모습

『조선왕조실록』에 보이는 홍길동은 그리 바람직한 모습이 아니다. 역사상에 실재한 홍길동은 연산군 때의 대표적인 화적(火賊) 두목이었다. 『연산군일기』 연산군 6년 10월에는 "듣건대, 강도 홍길동을 잡았다 하니 기쁨을 견딜 수 없습니다. 백성을 위하여 해독을 제거하는 데 이보다 큰 것이 없습니다."라는 기사가 있다. 실록상의 기록은 홍길동을 '강도'로 묘사하고 있는 것이다.

그런데 홍길동은 단순한 강도는 아니었다. 의금부의 위관(委官) 한치형(韓致亨)은 홍길동에 대해 이렇게 보고한다.

"강도 홍길동이 옥정자(玉頂子, 관)와 홍대(紅帶, 허리띠) 차림으로 첨지(僉知)라 자칭하며 대낮에 떼를 지어 무기를 가지고 관부(官府)에 드나들면서 기탄없는 행동을 자행하였습니다."

밤에 몰래 담을 넘는 단순한 강도가 아니라 정3품 무관직 첨지 행세를 하던 간 큰 강도였던 것이다. 이런 사정은 홍길동을 심문했던 영사(領事) 장순손(張順孫)의 증언에서도 확인할 수 있다.

"홍길동(洪吉同)의 무리들은 신이 찰리사(察理使)로 가서 추국(推鞫) 했는데, 홍길동이란 자가 당상의 의장(儀章)을 했기 때문에 수령도 그를 존대하여 그의 세력이 치성하게 되었습니다. 그래서 길동이란 자를 조옥(詔獄)에서 추국하였던 것입니다."

홍길동이 당상관 행세를 하며 부하들을 거느리고 다녔기 때문에 지방 수령들조차도 그를 극진히 대접하였다는 것이다. 원래 강도사건은 포도청에서 다루게 되어 있으나, 홍길동은 역모 사건이나 반란 등 왕조체제를 흔든 국사범 취급을 받아 조옥인 의금부에서 조사하였다.

문제는 연산군 때 활약했던 도둑 홍길동과 허균의 소설 속 홍길동이 같은 인물인가 하는 점이다. 일차적으로 실존인물인 홍길동이 소설에서처럼 활빈당(活貧黨)의 두목이었다는 사실이 밝혀지면 의적의 반열에 오르는 것은 물론 현존하는 이미지가 사실이 되기 때문이다.

적어도 기록상으로는 실존 인물 홍길동이 활빈당의 두목이었다는 자료가 전혀 없다. 다만 그의 이름은 조선 후기에도 여러 형태로 나타나고 있는데 그중에는 이익의 평도 포함된다.

"예부터 서도(西道, 황해도)에는 큰 도둑이 많았다. 그중에 홍길동이란 자가 있었다. 그로부터 세월이 많이 흘러서 어찌되었는지는 잘 모르나, 지금에 이르러서도 그의 이름이 장사꾼들의 맹세하는 구호에까지 들어 있다."

연산군 때의 강도 홍길동은 250여 년이 흐른 영조 때에 이르러 장사꾼들의 맹세하는 구호로 그 이미지가 바뀐다. 즉 조선 전기의 실존 인물이었던 홍길동이 조선 후기에 와서 맹세의 대상으로 승격된 것이다. 그가 어떤 과정을 거쳐 장사꾼의 맹세의 대상이 되었는지는 불분명하나, 활빈당과 관련한 기록은 이때까지도 여전히 존재하지 않았다.

도둑 홍길동을 의적으로 각색한 사람들

그러나 그가 맹세의 대상으로 변화하는 과정은 주목할 만하다. 이는 조선 후기 들어 파탄지경에 이른 농민경제와 관련이 있다. 부패한 정치에 좌절한 백성들이 조선 전기의 유명한 강도 홍길동을 부패한 관료나 부호들을 처벌하고 그 재산을 빈민들에게 나누어주는 의적 홍길동으로 분하게 하여 대리 만족을 얻은 것이다. 즉 강도 홍길동이 메시아 홍길동으로 부활한 배경에는 조선 후기의 부패한 정치구조가 있었다. 농민들이 홍길동을 자신들의 한을 대신 풀어줄 영웅으로 인식하기 시작한 것이다. 이런 이미지의 전환 과정에 허균의 『홍길동전』이 중요한 역할을 한다.

소설 속의 홍길동은 조선 후기 백성들이 영웅으로 삼을 만한 요소를 고루 지니고 있는 존재다. 천출(賤出) 소생의 신분도 그렇거니와 손오공처럼 자신의 분신(分身)을 조작하여 탈출하거나 하늘을 나는 신통력을 지닌 점도 그렇다. 그리그 고통에 찌든 현실에서 벗어날 수 있는 이상사회 율도국도 농민들을 매료시킬 만한 소재였다.

허균이 활동하였던 시대에는 서얼 차별이 중요한 사회문제로 부각되었다. 선조 초기에 서얼 1,600명이 집단으로 자신들의 억울함을 국왕에게 호소한 사건은 당시 서얼문제가 얼마나 심각했는지를 보여준다.

이후 정부는 쌓인 서얼의 불만을 달래주기 위해 적자(嫡子)가 될 수 있는 길을 열어두기도 했지만, 그 길이 너무 좁아 많은 사람이 혜택을 받을 수는 없었다. 임진왜란 와중에 벌어진 서얼 출신 송유진(宋儒眞)과 이몽학(李夢鶴)의 봉기는 적서차별의 한이 얼마나 뼛속

『홍길동전』

깊은 것인지 잘 말해준다.

　광해군 5년(1613)에도 서양갑(徐羊甲) 등 7명의 서얼이 여주 강변에 모여 군신부자(君臣父子)의 의리를 끊는다는 의미로 자신들을 '무륜(無倫)'이라 부르고, 사람들을 모아 반란을 도모한 사건이 일어났는데 허균은 바로 이들과 어울린 인물이었다. 허균은 이 사건의 불똥이 자신에게 튈 듯하자 당시 집권당인 북인에게 아부해 목숨을 부지하기도 했었다.

　서양갑 같은 서자들이 『홍길동전』과 관련이 있다는 것은 허균과 동시대 인물인 이식(李植)의 문집 『택당집(澤堂集)』 기사에서도 알 수 있다.

　"세상에 전하는 말이 『수호전』의 작가는 3대(代) 동안 농아(聾啞,

벙어리)가 되어 그 응보를 받았다. 도적들이 그것을 존중했기 때문이다. 허균과 박엽(朴燁) 등이 『수호전』을 즐겨, 그 적장(賊將)들의 이름을 따서 서로 별명(別名)들을 지으며 농들을 했는데, 허균은 또한 『홍길동전』을 지어 『수호전』에 견주었다. 그의 무리 서양갑·심우영(沈友英) 등은 직접 그 행동을 실천하다가 한 마을이 재가 되었고, 허균역시 반역으로 죽었다."

허균은 자신의 추종자이기도 한 서얼들의 한을 풀어줄 상징적인 인물을 주인공으로 삼아 『홍길동전』을 쓴, 당시로선 혁명적 사상가였다. 이후 홍길동은 백성들의 영웅으로 변화하면서 민초들에 의해 개작되는 과정을 거친다. 허균의 『홍길동전』 이후에 지어진 다른 『홍길동전』에는 홍길동이 집을 떠나기 전 어머니에게 자신도 장길산(張吉山)처럼 "아름다운 이름을 후세에 남겨보겠다."라고 말하는 장면이 나온다. 광대 출신의 도적 우두머리 장길산이 활동한 시기는 조선 후기 숙종 때였다. 연산군 때의 실존인물인 홍길동의 활동 시기에서 무려 200여 년, 그리고 허균의 『홍길동전』이 씌어진 때에서 거의 100여 년 후에 활동했던 인물이다.

홍길동이 고국을 떠나면서 왕을 찾아가 식량을 빌리는 장면도 마찬가지다. 왕은 대동당상(大同堂上)을 불러 홍길동에게 대동미(大同米)를 내어 주는데, 대동법은 허균 당시에는 경기도 일부 지역에 시험적으로 실시했던 제도로서 100여 년 후인 숙종 때에 와서야 전국에 확대 실시되었다.

이처럼 『홍길동전』은 세월이 흐르면서 개작되는데 그 주체는 한 명이 아니라 조선 후기 백성들의 '민심' 자체였다. 결국 홍길동은 연산군 당시에 활약했던 간 큰 강도였는데, 오랜 기간 이미지 변화 과정을 거쳐 의적(義賊)으로 바뀌었다. 여기에 도탄에 빠진 조선 후기 백성들의 간절한 바람이 실린 것이다.

『숙종실록』에 극적(劇賊)으로 등장하는 장길산이 '후세에 아름다운 이름을 남긴 인물'로 변화하는 것은 조선 왕조가 망하기를 바라는 백성들의 바람이 낳은 극적 전환이다. 조선 후기 도적들의 활동이 민간전승을 통해 영웅적인 이야기로 꾸며지고 그것이 소설로 옮겨지는 경우가 있었는데, 장길산 역시 그런 과정을 거쳐 영웅으로 형상화되어 『홍길동전』에 삽입된 것이다.

그렇다면 역사상 실존했던 장길산은 소설 속 주인공처럼 과연 의적이었는가. 기록에 따르면 숙종 때 활동했던 장길산 역시 도적의 두목에 불과했다. 당시는 전국 각지에서 도적떼가 창궐한 시기였다. 임진왜란과 병자호란을 겪고 난 조선 후기에는 부패한 벼슬아치들과 양반들의 억압과 수탈, 횡포 등으로 많은 농민들이 농토를 빼앗기거나 스스로 농토를 버리고 유리(流離)하였다.

장길산은 과연 의적인가

특히 조선 후기의 극심한 자연재해는 이런 유리현상을 더욱 가속화하였다. 조선 후기에는 대규모 기근이 평균 3~6년에 1회 정도로 발생하였다. 이런 상황에서 이들 유민은 도적이 될 수밖에 없었다. 당시 기록들에서도 전국 각지에 도적이 들끓는 원인을 참혹한 흉년 때문이라고 적고 있다. 『숙종실록』 21년 9월 13일조에 따르면, 국왕 숙종도 이렇게 호소할 정도였다.

"오호라 일이 이 지경에 이르렀으니 어찌할 수 없다. 나는 지금 조정 대신들과 밤낮으로 생각하고 헤아려보아 어공(御供, 세금)을 줄이거나 없애고, 한편으로 낭비를 줄여 구제의 계략을 강구하려 한다. 간절히 원컨대, 그대들은 굶주림을 참고 추위를 참아서 각각 처자(妻子)를 보전하고 행여나 흩어지지 말며, 혹시라도 도적질하지 말라. 내가 어찌 식언(食言)하겠는가."

이 같은 국왕의 호소문만으로 효과를 기대하기란 애초부터 불가능하였다. 『숙종실록』 22년 2월 11일조의 "이때 도둑이 점점 늘어나 곳곳에서 마을을 치고 겁탈하였다. 조정에서는 경계하여 두려워하였고, 양민(良民)이 거의 편히 살지 못하였다. 각 고을에서 도둑이 겁탈한 일을 조정에 보고하는 문서가 날로 승정원에 쌓였다."는 기사처럼, 도적이 전국 곳곳에서 창궐하였다.

이들 도적은 유민들로 구성되었다. 한군데 모이면 도적이 되는 상황이니, 도적에 관한 보고서가 매일 승정원에 쌓일 수밖에 없었던 것이다. 그 대표적인 도적이 바로 장길산이었다.

현재까지 알려져 있는 장길산에 대한 기록을 담고 있는 자료로는 『숙종실록』, 『추안급국안(推案及鞫案)』, 『성호사설(星湖僿說)』 등이 있다. 물론 이들 자료에는 장길산의 실체를 밝힐 수 있을 만큼 충분한 정보가 담겨 있지 않다.

『숙종실록』에는 장길산에 대한 기록이 두 군데 나오는데, 18년 12월 13일조 기사가 그중 하나이다.

"이때 도둑의 괴수 장길산이 양덕(陽德) 땅에 숨어 있었다. 포도청에서 장교를 보내어 덮쳐서 체포하도록 하였으나 관군이 놓쳐버렸다. 대신이 그 고을 현감을 죄주어 다른 고을들을 경계하도록 청하니 임금이 허가하였다."

이 기사에서 확인할 수 있는 것은 왕이 참여한 조정회의에서 체포 문제를 논의할 정도로 장길산이 당시 창궐하던 도적 중 대표적인 인물이었다는 사실 정도이다.

『숙종실록』23년 1월 10일조에 실려 있는 장길산에 대한 기록에도 그가 의적으로 평가받을 만한 정보는 들어 있지 않다. 이 기사는 이영창(李榮昌)이라는 인물의 역모 행적에 대한 고변(告變)과 재판기록을 압축하여 정리한 것으로, 그 상세한 내용은 국청(鞫廳)의 재판기록인 『추안급국안』에 실려 있다. 내용은 대략 이러하다. 운부라는 승려의 주도하에 수십 명의 승려들이 전국의 승려세력을 모으고 장길산 집단과도 연결을 맺고 지방의 유력자들도 포섭하여 조선뿐 아니라 중국까지 전복하고 각각 '정씨왕조'와 '최씨왕조'를 건국하려 하였다는 것이다.

그러나 재판 결과 운부의 존재, 승려세력의 결집 등은 대부분 허구로 드러났고, 사건의 실체는 이영창이 서울의 몇몇 양반 서얼과 노비 출신 인물들을 모아 역모를 시도한 정도에 불과한 것으로 밝혀졌다. 결국 운부의 존재, 승려세력의 움직임 등이 허구로 판정된 만큼 그들이 역모 때에 장길산 집단을 동원하려 했다는 내용도 허구에 지나지 않았다. 실제 주모자 이영창은 장길산이 어디에 있는지조차 알지 못했음에도 단지 자신의 계획을 과장하기 위해서 이렇게 둘러댄 것으로 판명이 났다.

이렇게 국왕 숙종조차도 운부 등 승려세력이 역모를 도모하는 데 장길산 집단을 동원하였다는 이영창의 말을 믿지 않았다. 하지만 숙종을 비롯한 집권세력에게 그의 체포문제가 주요 현안 중 하나였을 정도로 당시 창궐하던 도적떼 가운데 대표적인 인물이 바로 장길산이었음은 분명하다.

현재 접할 수 있는 기록들에서는 역사상 실재했던 장길산이 소설의 주인공처럼 새 세상을 꿈꾸었던 의적이었음을 입증할 만한 어떠한 근거도 찾아볼 수 없다. 단지 이익의 지적처럼 '조선의 3대 도적 가운데 한 명'이었다는 정도를 알 수 있을 뿐이다.

임꺽정 역시 기록상 홍길동이나 장길산처럼 도적의 우두머리에 지나지 않았다.『명종실록』에 따르면, 임꺽정은 경기도 양주(楊州) 출신 백정으로서 명종 14년(1559)부터 체포되어 처형당한 명종 17년(1562)까지 3년 이상 황해도를 중심으로 평안·경기·강원 지역에서 활약했던 대표적인 도적 우두머리였다.

백성들이 임꺽정을 신고하지 않은 이유는?

그렇다면 임꺽정은 어떻게 군사들의 삼엄한 체포망에 맞서 무려 3년 동안이나 활약할 수 있었을까? 아무리 험난한 산악 지형을 이용한 유격전술을 구사하였다고 해도, 막대한 군사에 맞서 3년 이상 생존했다는 것은 무리일 수밖에 없다. 이는 일부 연구자들이 주장하는 것처럼, 백성들이 그들을 의적으로 여겨 정보와 은신처를 제공해주었기 때문인지도 모른다.

당시 백성들이 이들을 적극적으로 신고하지 않은 것은 사실이지만, 적어도 『명종실록』의 기사에 따르면 의적으로 여겼기 때문이라기보다는 이들의 보복을 두려워했기 때문이었다. 『명종실록』의 "황해도 각 지방의 이민(吏民)으로서 도적을 고하여 체포하게 한 자도 도적들의 복수로 죽임을 당하였으니 모두 지극히 참혹합니다."라는 기사는 임꺽정 무리가 자신들을 고발한 백성들에게 참혹한 보복을 했음을 보여주고 있다. 이런 보복에 대한 기사는 또 있다.

"또 듣건대, 한 백성이 적당(賊黨)을 고발한 일이 있었는데, 하루는 들에 나가 나무를 하다가 도적들에게 붙잡혔습니다. 적들이 살해하려 하자, 그의 아들이 산 위에 있다가 이를 보고는 달려와서 적들에게 말하기를 '너희들을 고발한 것은 아버지가 아니라 나이고, 아버지를 대신하여 죽기를 바란다.'고 하였습니다. 적들은 곧 그 아비를 놓아주고 아들을 결박하여 촌가(村家)에 도착하여 밥을 짓게 하고는 둥그렇게 둘러앉아 배를 갈라 죽이고 갔다고 합니다."

당시 백성들은 임꺽정 무리의 보복도 두려웠지만, 자신들의 재산만 약탈하지 않는다면 굳이 이들을 고발할 필요가 없었다. 당시의 집권층 자체가 대도(大盜)였으므로 자신들에게 피해만 입히지 않는다면 이들의 활동을 고소해하면서 즐길 수 있었던 것이다. 이 시기의 실권자인 윤원형(尹元衡) 등에 대해 사관(史官) 또한 다음과 같이 대도라고 비판하고 있는 실정이었으니 굳이 임꺽정을 고발할 당위성이 없었다.

임꺽정 동상과 고석정 강원도 철원의 고석정은 임꺽정의 본거지로 알려져 있다. 근처에 임꺽정 동상이 있다.

"윤원형과 심통원(沈通源)은 외척의 명문거족으로 물욕을 한없이 부려 백성의 이익을 빼앗는 데에 못하는 짓이 없었으니, 대도가 조정에 도사리고 있는 셈이라, 그 하류들도 휩쓸려 이익을 추구함에 있어 남에게 뒤질세라 야단임은 물론 자기만 알고 임금은 생각하지도 않게 되었다."

임꺽정 무리는 양반과 토호들의 집을 습격하거나, 대낮에 마을을 습격하여 약탈하는 등 그 대담함이 유례를 찾기 힘들었다. 이들은 고위관리를 사칭하여 수령들을 골려주거나, 관아의 옥문을 부수고 동료들을 구출하거나, 관리들을 살해하는 등 공권력에 공공연히 도전하는 행위도 서슴지 않았다. 관에 대한 이런 대담한 도전 행위는 그들을 단순한 도적으로 규정짓는 것이 무리임을 말해준다. 백정 출신 임꺽정의 국가기관에 대한 도전은 그가 의도했든 그렇지 않든 왕조 체제에 대한 도전이었기 때문이다.

그렇다고 해서 공권력에 대한 모든 도전행위가 의적화되는 것은 아니다. 그가 어떤 새로운 사상을 가지고 새로운 사회를 건설하는 과정에서 이런 일이 발생했다면 모르지만, 단순히 도둑질의 대상이 국가기관이었다는 이유만으로 이들의 행위가 의적화될 수는 없는 것이다.

임꺽정에 관한 기록들

조선시대 임꺽정에 관한 모든 기록은 그를 의적이 아니라 도둑으

로 기록하고 있다. 『명종실록』은 물론 박동량(朴東亮)의 『기제잡기
(寄齋雜記)』, 이익의 『성호사설』, 안정복(安鼎福)의 『열조통기(列朝通
記)』, 이덕무(李德懋)의 『청장관전서(靑莊館全書)』 등 임꺽정에 대해
언급한 모든 기록들에서 그는 분명 드둑이다. 물론 이런 기록들은
모두 양반 계급이 서술한 것으로서 백정 출신인 그의 행위를 지지
할 리는 만무하다는 점을 감안해야 할 것이다.

그러나 임꺽정 등 도적의 발호에 대해 '수령의 가렴주구 탓이며,
수령의 가렴주구는 재상이 청렴하지 못한 탓'이라고 개탄한 인물은
사건 당시의 사관뿐만이 아니었다. 저 유명한 의병장 조헌(趙憲)도
임진왜란 발생 3년 전인 선조 22년 4월 1일 상소문에서 임꺽정을
윤원형의 폭정의 산물로 규정했으나 그 역시 임꺽정을 평민을 해치
는 도적의 두목 이상으로 보지는 않았다.

그러면 홍명희는 왜 그의 소설에서 임꺽정을 의적으로 그렸을
까? 아마 비록 정부군에 체포되어 처형당했지만, 장길산처럼 백성
들의 마음속에는 부패한 권력에 대항한 의적으로 살아남아 백성들
의 입에서 입으로 전해졌을 것이고 홍명희는 이런 구전설화를 그의
소설 『임꺽정』에서 의적으로 형상화하였을 것이다. 더구나 사회주
의자였던 홍명희가 당시 식민지 체제에 대한 모순을 폭로하는 수단
의 하나로 임꺽정을 선택한 것으로 보인다. 결국 의적 임꺽정상(像)
은 그릇된 시대가 낳은 하나의 산물이라 할 수 있다.

홍경래 난은 농민전쟁인가,
지역차별 극복운동인가

흔히들 19세기를 '저항의 시대'로 부를 만큼 19세기에는 농민들을 비롯한 다양한 계층의 저항이 빈발하였다. 그 대표적인 사례로는 '홍경래(洪景來) 난' '임술민란' '1894년 농민전쟁' 등을 들 수 있다. 이 가운데 홍경래 난은 그 성격을 두고 '농민전쟁'인가, '지역차별 극복운동'인가를 둘러싼 학계의 논쟁이 계속되고 있다. 그러나 봉기 주도자들의 이념적 기반이 바로 정감록(鄭鑑錄)에서 비롯되었다는 점은 대체로 받아들여지고 있다.

반란과 정감록

잘 알려진 대로 정감록은 조선 후기에 일어난 각종 반란이나 역모사건의 이념으로 이용되었다. 정감록은 풍수지리설과 역성혁명(易姓革命)사상을 토대로 정감과 이심(李沁), 이연(李淵) 세 사람이 대화 형식으로 조선왕조의 운명, 즉 이씨왕조의 멸망과 정씨왕조의 흥기를 예언한 책이다. 이때 구체적으로 이씨왕조의 멸망 시기에는 전란(戰亂)에 의한 초토화, 흉년, 수해, 한해, 기근 및 전염병 만연, 신분질서 문란, 부정부패 등 엄청난 재난이 일어난다고 하였다. 나아가 역성혁명 프로그램도 담겨져 있는데, 정진인(鄭眞人, 정씨 성을 가진 메시아)이 해도(海島)에서 군사를 거느리고 나와 이씨왕조인 조선왕조를 정벌하고 남쪽 지방(계룡산)에 도읍을 정하고 새로운 왕조인 정씨왕조를 건설한다고 하였다.

현실적으로 임진왜란과 병자호란이란 대재앙을 겪은 농민들은 강도를 더하는 벼슬아치들과 사족들의 억압과 수탈, 횡포 등을 당해야만 했다. 게다가 계속되는 자연재해에 따른 흉작과 창궐하는 전염병으로 고통받아야 했다. 이처럼 전란과 배고픔, 그리고 질병에 시달리던 백성들 사이에는 고통 당하지 않을 수 있는 새로운 세상을 열망하는 분위기가 조성되고 있었다. 이 때문에 정감록사상도 그런 분위기 속에서 점점 더 유포되어갔다.

조선 후기의 이런 상황을 절호의 기회로 삼아 정감록사상으로 무장한 집단이 정감록을 이용하여 이씨왕조를 타도하고 새 왕조, 즉 정씨왕조를 건설하려는 반란을 기도하였던 것이다. 그 대표적인 사건이 바로 홍경래 난이다. 홍경래 난 이후의 반란 주도자들은 대개 정감록을, 그가 아직 죽지 않았으며 지금 섬에 살아 있다는 '홍경래 불사설(洪景來不死說)'의 형태로 이용했을 정도로 홍경래 난은 반란의 주된 모델로서 인식되었다.

홍경래 난은 순조 11년(1811) 12월 18일 홍경래 등 지도부가 10여 년 동안의 치밀한 준비 끝에 일으킨 사건이었다. 흔히 이 사건은 서북인에 대한 집권세력의 지역차별정책 때문에 일어난 것으로 알려져 있다. 한편 국사학계의 일부에서는 이 사건을 봉건체제의 해체를 지향한 농민전쟁의 성격을 지니고 있는 것으로 높이 평가하기도 한다.

홍경래는 김사용(金士用), 우군칙(禹君則), 이희저(李禧著), 김창시(金昌始) 등으로 지도부를 결성한 후, 가산군 다복동(多福洞)을 근거지로 삼아 군사를 모집하여 훈련시키는 등 봉기 준비에 착수하였다. 처음 동원된 병사들은 주로 광산노동자로 위장하여 모집한 사람들이었다. 이들은 대부분 지도부가 제시한 돈 몇 냥에 이끌려 다복동에 몰려든 집단이었기 때문에 용병의 성격을 지니고 있었다.

지도부는 이들을 남진군과 북진군 두 부대로 편성하여 평안도의 여러 지역에 대한 공략을 개시하였다. 봉기군은 향임(鄕任)층 등의 호응으로 초기에 별다른 저항 없이 청천강 이북 전 지역을 손쉽게 석권할 수 있었다. 하지만 농민들의 지지를 받지 못하였기 때문에, 전열을 가다듬은 관군이 반격을 해오자 점차 수세에 몰리게 되었다.

봉기군은 박천 송림리(松林里)전투에서 관군에 패배하여 정주성으로 쫓겨 들어가 장기 항전에 돌입하였다. 이 과정에서 관군은 봉기군을 계속 초토화 전술로 밀어붙였기 때문에, 주변 지역의 많은 농민들이 이를 피하기 위해 봉기군의 근거지인 정주성에 합류하였다.

지역차별이 원인이 되었는가?

정주성 항전은 순조 12년(1812) 1월 17일부터 4월 19일까지 계속되었다. 이때 봉기군의 주력은 초기의 광산노동자들이 아닌 관군의 초토화 전술로 인해 합류한 농민들이었다. 이들의 항전은 정주성에 들어가지 못한 주변 농민들로부터 지지와 성원을 받았기에 관군에

정주성 홍경래 난 봉기군은 관군에 패배한 후 이곳 정주성으로 들어가 장기항전에 돌입하였다.

게 완전히 포위된 상황에서도 장기간 지속될 수 있었다. 그러다가 마침내 관군이 4월 19일 정주성을 점령함으로써 홍경래 난은 막을 내렸다.

그렇다면 홍경래 난은 서북인에 대한 지역차별 때문에 일어났는 가? 이는 조선시대 이북 즉 황해도, 평안도, 함경도 출신이 과거에 서 차별대우를 받았다는 속설에서 비롯되었다. 이런 속설은 다음과 같은 봉기군의 격문 내용이 주된 근거가 되었다.

"……조정에서는 관서(關西)를 버림이 분토(糞土)와 다름없다. 심 지어 권세 있는 가문의 노비들도 서토(西土, 평안도)를 보면 반드시

평안도 놈이라고 일컫는다. 서토에 있는 자로서 어찌 억울하고 원통
하지 않은 자 있겠는가."

홍경래 등 지도부는 당시 서북인들이 지니고 있던 상대적 박탈감
을 봉기의 명분으로 이용하였다. 하지만 서북인이 차별받았다는 속
설은 적어도 과거 급제자에 한해 살펴보면 사실과 다르다는 것을
알 수 있다. 조선시대 과거급제자 출신지별 비율이 이를 입증한다.
송준호와 와그너 교수의 연구로 효종 1년(1650)부터 과거제가 폐
지되는 1894년의 갑오개혁(고종 31)까지 약 9천여 명에 달하는 과거
급제자 대다수의 출신 군현을 알 수 있게 되었다. 특히 1650년부터
1673년까지 급제자의 96퍼센트 이상, 1675년부터 1894년까지 급제
자 중 4, 5명을 제외한 나머지 전원의 거주지를 파악할 수 있게 되
었다.
이에 따르면 북방 3도를 뜻하는 이북 출신 급제자의 비율은 17세
기에는 7.5퍼센트였지만 18세기에는 거의 14퍼센트, 19세기에는 15.4
퍼센트에 이르렀다. 그리고 과거제가 시행된 최후 30년간인 고종 때
에는 22.8퍼센트에 달했으니, 전 급제자의 4분의 1이나 되었다. 이를
인구 비율과 비교하면 이북 출신이 과거에서 차별대우를 받았다는
속설은 허구에 불과하다는 사실을 알 수 있다.
17세기 두 차례의 인구조사(1640년 및 1684년)는 이북 지역의 인구
가 총 인구수의 20퍼센트를 차지하고 있음을 보여준다. 1717년 조사
에서는 그 비율이 거의 30퍼센트로 올랐는데 그 후 18세기에 실시된
세 번의 조사에서는 모두 3분의 1로 변동이 없었다. 그런데 19세기
에 들어와서 남부지역의 인구가 증가하였기 때문에 조선 말기 북방 3도

의 인구수는 전 인구의 4분의 1인 25퍼센트가 되었다.

이렇게 조선 말기에 이르러서 북방 3도의 주민으로서 과거에 합격한 사람의 비율이 인구비율과 거의 비슷해졌음을 확인할 수 있다. 여기에 수도인 서울과 경기도의 주민이 과거합격자의 반을 차지하였다는 점까지 고려한다면 이북 3도 주민은 다른 어떤 지역브다도 과거합격률이 높았다고 결론내릴 수 있다.

또한 홍경래 난의 주요 무대였던 평안도 주민의 합격률은 다른 북방 2도에 비해 압도적으로 높았다. 즉 황해도는 북방 3도 인구수의 22퍼센트를 차지하는데 합격자 비율은 11.5퍼센트밖에 안 된다(인구비율은 1789년의 인구조사에 따름). 함경도는 조금 나아 인구가 27.2퍼센트인데 합격률은 19.3퍼센트이다. 이에 비해 평안도는 북방 인구의 반을 약간 넘는데도 합격률은 거의 70퍼센트에 육박할 정도였다.

물론 조선시대에 이북 출신이 고위관직에 오르는 데 상당한 차별대우를 받았음은 사실이다. 이런 사정은 과거급제자 가운데 당상관의 일차적인 후보집단을 선정하는 도당록(都堂錄)에 오른 인물 가운데 북방 3도 출신자가 매우 드물었던 사실에서 분명히 확인할 수 있다. 남지대 교수의 조사에 따르면 정조-철종 연간(1776~1863)의 도당록에 오른 인물 중 북방 3도 출신자는 한 명도 없었다.

그러나 서북 출신만 차별대우를 받았다기보다는 서울·경기 이외의 지역 출신은 모두 고위관직에서 소외되었다. 도당록에 오른 인물 중 서울 거주자가 75.8퍼센트, 경기 거주자가 8.8퍼센트로 서울 인근 출신이 84.6퍼센트나 되었다는 것은 정도의 차이는 있을지언정 수도권을 제외한 지방 출신자는 모두 차별대우를 받고 있었음을 보여준다. 서북인들만 차별대우를 받았던 것은 결코 아니었다.

과연 농민전쟁인가?

그러면 홍경래 난은 과연 농민전쟁이었는가? 그 진위 여부는 봉기세력이 어떤 목적을 가지고 봉기군에 참여했는가를 밝힐 수 있다면 드러날 것이다. 홍경래 등 지도부는 운산 광산에서 일할 사람을 모은다는 구실을 내세워 1냥 내지 3냥의 선금을 주고 군사를 모집하였다. 이때 응모한 사람들은 걸인을 비롯하여 소상인, 마부 등 다양한 직업을 지니고 있었고 신분도 향리층에 이르기까지 다양하였다.

그중 대다수는 가산·박천 지역의 토지가 없는 농민이나 임노동층과 같은 빈민들이었다. 이는 『관서평란록(關西平亂錄)』 제10책, 제13책에서 홍경래 등 지도부가 이들을 가난하거나 굶주린 자들이라고 표현한 기사를 통해서도 확인할 수 있다. 『일성록(日省錄)』 순조 11년 12월 20일자 기사는 이들이 봉기 계획을 사전에 알고 자발적으로 참여한 사람들이 아니었다고 적고 있다. 또한 봉기 이후 모병에 응한 집단도 당시 기록에 '무뢰유개지류(無賴流丐之類)'로 표현된 거지와 같은 처지의 빈민들로서 이들의 참여 목적도 호구지책에 지나지 않았다. 결국 봉기군은 생계 해결을 위해 가담한 용병 성격을 지닌 집단에 불과했던 것이다.

박천 송림리전투 이후에는 농민들이 정주성 농성에 대거 참여하는데, 이들 역시 자발적으로 봉기에 참여한 것은 결코 아니었다. 이들은 바로 관군의 과잉진압 때문에 봉기군에 가담하였다. 관군은 봉기군을 뒤쫓아 가산·박천 지역을 되찾으면서 그 인근 지역의 민간인들을 약탈하고 방화와 살인을 계속 저질렀다. 조정에서도 불법행위를 금지하는 명령을 계속 내렸고, 심한 자는 사형에 처하기까지 했다. 하지만 관군의 횡포는 계속되어 심지어는 무고한 농민들의 목을 잘라 전과를 과장하는 일까지 있어 조정에서 이 문제를 논의할 정도였다.

농민들은 이와 같은 진압군의 초토화 작전을 피해 목숨을 부지하기 위해 정주성 농성에 가담한 것이지 결코 자발적으로 봉기에 참여한 것은 아니었다. 결국 홍경래 난은 농민들이 주체가 되어 일으킨 농민운동이나 농민전쟁의 성격을 지닌 봉기라고 보기에는 무리가 많다.

홍경래가 난을 일으킨 이유

그러면 홍경래 등 지도부는 왜 봉기를 일으켰는가? 홍경래는 다복동에서 12월 18일 밤 출진에 앞서 참여자들에게 봉기의 당위성을 천명한 격문을 발표하였는데, 그 격문 내용은 바로 이들의 봉기 목적이 무엇인지를 입증해주는 중요한 자료이다. 앞에서도 잠시 인용한 격문의 일부를 살펴보자.

"평서대원수(平西大元帥)는 급히 격문을 띄우노니 우리 관서의 부로(父老) 자제와 공사천민(公私賤民)들은 모두 이 격문을 들으시라…….

현재 나이 어린 임금이 위에 있어서 권세 있는 간신배가 날로 치성하여 김조순, 박종경의 무리가 국병(國柄)을 절롱(竊弄)하니, 어진 하늘이 재앙을 내려 겨울 번개와 지진이 일어나고 재앙별과 바람과 우박이 없는 해가 없었다. 이 때문에 큰 흉년이 거듭 이르고 굶어 부황든 무리가 길에 널려 늙은이와 어린이가 구렁에 빠져서 산 사람이 거의 죽어가는 것이 임박하였다.

그러나 다행히 제세(濟世)의 성인〔정제민(鄭濟民) 또는 정시수(鄭時守)〕이 청북 선천 검산 일월봉 아래 군왕포 위 가야동 홍의도(紅衣島)에서 탄생하였다. (성인께서는) 나면서 신령함이 있었고 다섯 살 때에 신승(神僧)을 따라 중국에 들어갔으며 장성하여서는 강계사군지여연(江界四郡地閭延)에 머무른 지 5년 만에 황명(皇明)의 세신유손(世臣遺孫)을 거느리게 되었으며, 철기(鐵騎) 10만으로 동국(東國, 조선)을 숙청할 뜻을 가지셨다.

그러나 이곳 관서 땅은 성인께서 나신 고향이므로 차마 밟아 무찌를 수가 없어서 먼저 관서의 호걸들로 기병(起兵)하여 백성들을 구하도록 하였으니 의로운 기치가 이르는 곳이 어찌 참임금을 기다리다 살아난 곳이 아니겠는가. 이제 격문을 띄워 먼저 군부후(郡府侯)에게 알리노니 절대로 요동치 말고 성문을 활짝 열어 우리 군대를 맞으라."

제세의 성인을 정제민 또는 정시수라고 했는데 이는 바로 정감록사상에 따른 것이었다. 이처럼 홍경래 난 지도부는 정감록사상을 수용하여 그 이론에 따라 조선왕조를 무너뜨리고 새 왕조인 정씨왕조를 건설하기 위하여 봉기하였던 것이다. 물론 정씨왕조 역시 새로운 사회를 지향한 것이 아니라 이씨왕조의 또 다른 형태, 즉 기존 왕조체제에 불과한 것이었다.

홍경래 난 주도자들이 이 같은 목적을 가지고 봉기했음은 그 주도세력의 사회적 지위를 살펴보아도 자연스럽게 드러난다. 홍경래,

우군칙, 김사용 등 핵심인물은 풍수 등으로 생계를 유지했으며 재산이란 거의 없는 빈곤한 지식인들이었다. 그 주도적인 역할을 한 인물들도 좌수(座首), 별감(別監) 등 향임층 및 하급장교들과 향리집단이었다.

이렇게 홍경래 난의 주도세력은 기껏해야 향촌사회의 유력자였고 중앙정계에서 철저히 소외된 집단이었다. 결국 이들은 정감록과 서북인들의 상대적 소외감을 이용하여 일거에 중앙권력을 쟁취하기 위해 봉기했던 것이다.

「순무영진도」 홍경래의 난을 진압하는 장면을 그린 것으로 추정된다. 서울대 규장각 소장.

그러나 봉기는 농민들의 지지를 얻는 데 실패했다. 홍경래 등 봉기 지도자들이 농민들을 봉기의 주체로 설정하기보다 객체로 설정해 적극적으로 끌어들이려는 노력을 기울이지 않았기 때문이다. 정감록사상이 당시 농민들에게 어느 정도 알려진 것은 사실이지만 그 영향이 그리 크지는 않았다. 정감록을 명분으로 삼은 이 봉기에 농민들이 자발적으로 참여하지 않은 사실이 이를 입증한다. 광산 노동자들이 봉기의 일선 행동군병으로 동원되었던 것도 반란 지도부의 적극적인 모병활동 때문이었다. 결국 이런 한계로 홍경래 난은 실패로 돌아가게 되었다.

최소한의 생존을 위한 몸부림, 임술민란
|민란은 반봉건적인가|

'민란의 시대'인 19세기에 접어들면서 농민봉기가 산발적으로 일어나다가 철종 13년(1862)에 와서 삼남지방을 중심으로 전국으로 확산되었다. 그간 국사학계에서는 이 해의 간지(干支)가 임술(壬戌)이기에 이때 일어난 일련의 사건을 '임술민란'이라 총칭해왔다.

저항의 다양성

당시 농민들의 저항 형태는 민란만이 아니었다. 그 형식은 도망, 납세 거부 등과 같은 소극적인 형태부터 민란 같은 적극적인 투쟁에 이르기까지 다양하게 나타났다. 민란 또한 일정한 단계를 거친 후 최후의 수단으로 이용되었다. 우선 농민들은 관청에 자신의 요구사항을 담은 소장(訴狀)을 작성하여 제출하였다. 군현과 감영에 대한 정소(呈訴), 중앙의 비변사에 대한 정소, 나아가 국왕에게 곧바로 하는 격쟁(擊錚)의 방법이 있었다. 이런 방법은 법전에도 있듯이 정부에서도 어느 정도 용인하는 방식이었다.

그러나 대부분 성과를 거둘 수 없었다. 예컨대 진주의 농민들은 철종 10년에 비변사에 소장을 올렸으며, 함평에서도 여러 차례 감영과 중앙에 정소하고, 심지어 격쟁까지 하였다. 하지만 이러한 시도는 대개 주동자 처벌로 귀결되었다.

이처럼 정소, 격쟁 등과 같은 합법적인 방법으로는 요구사항을 관철할 수 없게 되자 남은 것은 실력을 행사하는 길, 즉 봉기밖에 없었다. 이렇게 해서 이른바 임술민란이 발생했던 것이다.

임술민란은 철종 13년 2월 4일 경상도 지리산 기슭에 위치한 벽지인 단성에서 처음 일어났다. 그 뒤 열흘 만에 이웃 진주에서 봉기가 발생했는데, 그 규모가 이전의 사건과는 비교할 수 없을 정도로 컸다. 이 때문에 임술민란이라 하면 바로 진주민란을 떠올릴 정도로 대표적인 사건이 되었다.

경상도에서 시작된 농민봉기는 곧 전국으로 확산되었다. 전라도에선 3월 말 익산에서 처음 일어나 4월 말과 5월 초에, 충청도에서는 5월에 집중적으로 발생하였다. 그러다가 6월에 와서 전라·충청도에서의 열기가 차츰 가라앉는 듯했으나 경상도에는 여전히 열기가 남아 있었다. 9월부턴 제주에서 민란이 일어났고, 10월에 와선 경기도 광주, 함흥 등에서 발생하였다. 이 같은 농민봉기는 그해 말까지 지속되었다. 현재 학계에 보고된 민란의 발생 군현(郡縣)만 해도 71곳에 이른다.

대다수의 민란은 준비 단계로 통문(通文) 발송과 향회(鄕會)라는 집회의 과정을 밟아나갔는데, 대개 집회를 열기 위해선 통문을 발송하였다. 특히 통문은 한글로 작성되기도 했는데, 이는 일반 농민들을 모으기 위한 조치였다. 향회에서 제시된 해결책에는 크게 두

유계춘의 묘(진주민란 주모자) 유계춘은 임술민란을 대표하는 진주민란의 지도자이다. 경남 진주 소재.

가지 방식이 있었다.

그 첫 번째는 합법적인 방식으로 보통 수령이나 감사에게 호소하는 것이었다. 하지만 앞에서도 언급했듯이 이런 법 테두리 안의 방식으로는 요구사항이 제대로 관철된 적이 없었다. 이 때문에 이 시기의 농민들은 집단의 힘으로 관청에 몰려갈 것을 결의하였다. 이것이 바로 두 번째 방식인 농민봉기, 이른바 민란으로 나타났던 것이다. 집회 참가자들은 읍의 외곽지역에서 대중 참여를 확대하기 위한 캠페인을 전개하여 그 여세를 몰아 읍내에 있는 관청을 공격, 공권력을 무력화했다.

한마디로 농민봉기는 정소 등과 같은 합법적인 테두리 안에서 요구사항을 제시한 후, 자신들의 의사가 제대로 관철되지 않을 경우에 집회·봉기·관청 공격 등으로 나아갔던 것이다.

민란의 원인은 삼정문란

그러면 '임술민란'은 학계의 통설처럼 중세사회 해체기에 나타난 대표적인 반봉건투쟁이었는가. 이의 진위 여부는 민란의 원인을 살펴보면 바로 알 수 있다. 이른바 임술민란의 주요한 원인은 바로 삼정(三政)의 폐단에 있었다. 조선 초에는 국가가 농민들의 토지, 인신, 호구에서 각각 생산물, 노동력, 공물을 수취하는 조용조(租庸調) 제도가 중심이었다. 이런 조세제도는 16세기에 접어들면서 차츰 변질되다가 17, 18세기를 거치면서 무너져갔다. 이후 가장 중요한 재정 기반인 전세(田稅)는 토지 1결(結) 당 쌀 4두(斗) 정도로 낮게 고정되었다. 인두세 성격의 군역(軍役)도 균역법의 시행으로 1년에 1필로 줄어들었다. 호구세 성격의 공물 역시 토지 1결 당 12두를 징수하는 대동법(大同法)으로 대체되었는데, 이는 사실상 공물이 폐지되는 대신에 전세화한 것으로 토지 소유량이 적거나 없는 농민들의 부담이 크게 줄어든 것이었다. 문제는 양란(兩亂) 이후 전후 복구사업 등으로 정부의 재정 수요는 지속적으로 증가하는데 이 같은 조세제도 개혁으로 재정 수입은 오히려 줄어들었다는 점이다. 그 결과 환곡(還穀)이 새로운 세원(稅源)으로 등장하여 재정의 부족분을 충당하는 데 활용되었다.

이렇게 성립된 독특한 조세제도인 전정(田政), 군정(軍政), 환곡이 삼정의 폐단이 바로 농민봉기의 주요 원인이었지만, 핵심은 사실상 두 가지였다. 첫째는 환곡의 폐단이었는데, 그것도 부당한 징수가 핵심이었다. 둘째는 법으로 규정된 토지세보다 징수 액수가 많았기 때문이었다. 이렇게 토지에 많은 세금을 부과한 것은 바로 환곡, 군액(軍額) 등의 부족분을 보충하기 위해서였다. 결국 민란 원인의 중심은 환곡을 둘러싼 폐단에 있었던 것이다. 농민들의 핵심 요구사항이 바로 환곡의 폐단 시정에 있었던 사실이 이 같은 사정을 입증한다.

환곡은 본래 춘궁기에 곡식을 빌려주었다가 추수기에 1할의 이자를 덧붙여 돌려받는 영세한 농민을 위한 보호책이었다. 그러다 빈민의 구휼과 복지에 기여한다는 제도의 본래 취지는 사라지고 농민을 착취하는 수단으로 변질되었던 것이다. 실로 환곡의 폐단은 1862년 농민봉기의 주된 요인이었다. 실제 행동 양상에서도 이런 사정을 확인할 수 있는데, 다음 『임술록(壬戌錄)』 기록처럼 농민들의 주 공격대상은 바로 이향(吏鄕)인 이서(吏胥)와 향품(鄕品)이었다.

"맹호〔吏鄕〕를 잡기로 하고, 갑자기 불을 든 것(봉기)은 부모(수령)의 안전을 놀라게 한 것이다. 우리들의 죄는 만 번 죽어도 아깝지 않다. 그러나 이향(吏鄕)은 일을 만들고 획책한 자이자, 한 고을의 영웅이며, 읍내의 호강(豪强)이다."

봉기 때 농민들은 읍정(邑政)의 실무자인 이서와 향품을 구타했으며, 이들의 집을 부수거나 방화·약탈하였다. 심지어는 이서를 살해하여 시체를 끌어다 불에 넣어 태워버리기도 하였다.

생존권 보장을 위한 투쟁

이렇게 이향층이 심한 보복을 당한 것은 이들이 주로 조세를 수취하는 과정에서 조세의 부과 방식과 대상을 결정하면서 그 부담을 농민들에게 전가하거나 개인적 착복을 자행하는 일이 많았기 때문이었다. 물론 읍정의 실질적인 책임자인 수령도 모욕당하거나 심한 경우 겁을 주고 가마에 태워 경계 밖으로 추방하는 사례도 더러 있었지만, 위의 기사처럼 주 공격대상은 아니었다.

여기서 임술민란의 한계를 다시 한번 확인할 수 있다. 예컨대 '1894년 농민전쟁' 때 농민군이 "민폐(民弊)의 근본은 이포(吏逋, 이서의 포탈)에 그 이유가 있으며, 이포의 근본은 탐관(貪官)에 있으며, 탐관이 범법하게 된 것은 집권자의 탐욕에 있다."라고 하여 법성포 이서의 마을에 보낸 통문 내용에서 알 수 있듯이, 당시 농민군은 국정의 폐단을 중앙의 집권세력에서 비롯된 것으로 인식했다. 이 때문에 농민군은 이서를 공격하지 않았으며, 오히려 이들에게 동참을 요구했을 정도였다.

반면 임술민란 때 농민들은 수탈의 장본인을 집권세력은 물론 지방관마저 제외한 채 단지 이서층을 지목하여 이들을 주된 타도대상으로 삼았던 것이다. 이는 농민들 스스로 농민 수탈의 근본적인 원인은 차치하고라도 삼정의 제도화된 폐단마저도 개혁할 능력이 없었음을 반증한다. 다시 말해 농민봉기는 최소한의 생존권을 보장받기 위한 행동, 그 이상도 그 이하도 아니었다는 것이다.

임술민란의 한계는 생계유지조차 힘들었던 그들의 절박한 생활상에서 비롯되었다. 농민들의 절박함은 영세한 농민, 즉 소민(小民)들의 19세기 중엽 생활을 그린 홍순목(洪淳穆)의 글에 잘 나타나 있다.

"소민들의 생활을 보면 …… 부호들의 토지를 빌어 1년 내내 열심히 경작하여도 얻는 것은 조그만 항아리를 채우지 못한다. 그런데도 가을에는 포(布)를 거두고 겨울에는 환곡을 받아간다. …… 따라서 남에게 (곡식이나 돈을) 빌려서 이에 보태지만, 만일 흉년을 당하여 농사를 짓지 못하면 구렁텅이에 빠지게 된다."

이처럼 임술민란은 농민 수탈의 근본 원인은 물론이고 환곡 폐지와 같은 제도적 개혁마저도 요구하지 못한 저항에 불과했으며 최소한의 생존권을 보장받으려는 투쟁이었다.

한편 "진실로 지벌(地閥)이 있어서, 보통 사람과는 달리 평소에 마을에서 호령을 하던 자가 아니라면 어찌 창기격동(倡起激動)하고 많은 사람이 일제히 모여서 격분하겠는가."라는 안핵사(按覈使) 박규수(朴珪壽)의 지적처럼, 토호(土豪)가 주도한 봉기도 있었다. 진주와 단성 등이 대표적이다. 토호는 당시 농민들을 사적으로 침탈하였을 뿐 아니라 사사로이 형벌을 가하는 등 이른바 토호무단(土豪武斷)이라 불리던 행동을 일삼고 있었다.

그런데 1862년에 이르러 토호의 토지에도 세금이 부과되거나 이들에게도 환곡이 적용되면서 사정이 달라졌다. 박규수가 봉기의 주동자를 지목하면서 "도결(都結) 때문에 돈을 많이 거두어가는 고통을 당하고, 통환(通還) 때문에 환곡을 받지 않아도 되는 권한을 잃은 자들이다."라고 한 자들이 바로 이들이다. 이렇게 토호 역시 조세 부담에 관해서는 수령으로부터 평민과 다를 바 없는 대우를 받았다. 이런 상황에서 토호가 봉기의 주도자로 나서게 된 것이다. 이들이 주도한 봉기의 주요 요구사항도 조세운영 과정에서 나타난 폐단 시정에 있었음은 두말할 나위도 없다.

1894년 농민운동은 봉건체제 타도를 위한 계급전쟁이었나

학계에서는 역사적 사건의 명칭을 어떻게 할 것인가를 놓고 논쟁이 자주 일어난다. 고종 31년(1894)에 일어난 농민운동도 예외는 아니다. 현재 학계에서는 이 사건을 '동학혁명', '동학농민전쟁', '갑오 혹은 1894년 농민전쟁' 등으로 다양하게 부르고 있다.

조선왕조의 충성스런 신하를 표방하다

'동학혁명'이라 칭하는 학자들은 이 사건을 근대적인 운동으로 규정하려는 전제 위에서 출발한다. '농민전쟁'이라고 규정한 학자들 또한 이 사건을 반봉건적인 성격을 지닌 운동으로 평가하는 데서 출발한 것이다. 이들이 말하는 '전쟁'은 내전(內戰, Civil War) 개념으로 사용되는데, 이때의 내전이란 봉건세력과 반봉건세력 간의 계급전쟁을 뜻한다. 즉 1894년 농민운동은 봉건체제를 유지하려는 세력과 이를 타도하려는 세력 간의 계급전쟁이라는 것이다. 이 같은 주장은 그간 학계에서 주류를 이루어왔다.

1894년 농민운동의 사건 개요는 대략 이러하다. 1894년 1월 전봉준(全琫準)의 지휘 아래 농민들이 전라도 고부에서 군수 조병갑(趙秉甲)의 탐학에 맞서 봉기하자, 정부에선 안핵사(按覈使)를 파견하여 사태를 수습하게 했다. 이때 안핵사는 모든 책임을 농민들에게 돌려 이들을 체포, 처형해버렸다. 이에 전봉준은 동학교도들에게 통문을 보내 3월 20일경 무장에서 다시 봉기를 일으켰고 이는 삽시간에 고부, 태인, 부안, 정읍 등지로 확산되었다. 이것이 바로 이른바 제1차 봉기다. 정부는 중앙의 정예부대를 파견하였으나 농민군이 이를 장성에서 격파한 후 전주마저 점령하기에 이르렀다. 이에 정부는 하는 수 없이 농민군의 요구조건을 받아들여 전주에서 강화를 맺었다. 전주화약(全州和約)으로 각 지역으로 해산한 농민군은 관(官)과 협력하여 집강소(執綱所)를 설치, 폐정(弊政)개혁에 착수하였다. 이런 와중에 일본군이 사실상 서울을 점령한 상태로 내정을 간섭하자, 농민군이 제2차 봉기를 일으켰다. 하지만 공주 우금치 고개에서 격전을 치른 끝에 우수한 무기로 무장한 일본군과 정부군에게 패배하고 말았다. 그 뒤 전봉준 등 지도자들이 체포됨으로써 이른바 1894년 농민운동은 실패로 끝나고 말았다.

그러면 '1894년 농민운동'은 과연 반봉건 투쟁이었을까? 일반적으로 '반봉건 투쟁'이란 곧 조선왕조 자체를 타도하고 새로운 근대 체제를 수립하기 위한 운동을 말한다. 그런데 동학농민군의 봉기 목적이 반봉건 투쟁이 아니라 조선왕조 체제 내의 개혁에 있었다는 사실을 증명하는 것은 다름 아닌 녹두장군 전봉준의 주도하에 열린 무장집회(茂長集會)에서 채택한 선언문이다. 이에 따르면 현명하고 정직한 신하가 현군(賢君)인 고종을 잘 보좌하면 태평성대를 구가할

서울로 압송되는 전봉준

수 있는데도 중앙 고위관리로부터 지방관에 이르기까지 부당하게 국가권력을 사유화하여 부정부패를 일삼음으로써 나라가 위기에 처하고 백성이 도탄에 빠졌다는 것이다. 따라서 자신들은 이런 폐단을 개혁하기 위해 봉기했다고 하였다.

여기에서 이른바 봉건체제의 최고책임자인 고종을 '현군'이라 칭한 것은 이들의 목적이 봉건체제의 타도에 있지 않음을 반증한다. 그뿐 아니라 전봉준은 정부 책임자인 양호초토사(兩湖招討使) 홍계훈(洪啓薰)과 양호순변사(兩湖巡邊使) 이원회(李元會)에게 보낸 건의서에서도 자신들이 봉기한 목적은 조선왕조의 전복이 아니라, 폐단을 개혁하여 조선왕조의 위기를 극복하려는 것이라고 밝혔다.

전봉준과 같은 농민군 최고지도자들뿐 아니라 지역 단위의 농민군 지도자들도 마찬가지였다. 이는 강진(康津)지역의 농민군 지도자가 전라좌수사에게 보낸 글에서도 확인된다.

"일전에 병상(兵相, 전라좌수사)이 동학교도에게 포고문(布告文)을 지어 보냈다. (그에 대한 동학교도의) 답장이 왔는데, 그 대의(大義)인 즉 '우리들이 의기(義氣)를 발한 것(봉기를 일으킨 것)은 탐관오리를 징려(懲勵)하기 위한 것이었다.'라고 하였다."

『대판조일신문(大阪朝日新聞)』1894년 6월 3일자 기사에 따르면 농민군은 스스로를 조선왕조를 전복하려는 역적이 아니라 탐관오리를 제거하기 위하여 봉기한 집단으로 규정하였다. 가령 전봉준은 일본인 다케다 한시〔武田範之〕가 조선이 살아날 수 있는 방안은 역성혁명(易姓革命)뿐이라고 권고하자, 자신은 그런 말을 입에 담을 수조차 없는 조선왕조의 충실한 신하라고 하면서 그를 강하게 질책하였다. 자신들의 목적이 역성혁명, 즉 조선왕조 전복이 아님을 분명히 하였던 것이다.

더 온건했던 최시형(崔時亨)의 영향력하에 있던 북접(北接)[*] 지도자들은 1차 봉기 전후에 봉기에 동조했지만, 이들 역시 멸망 위기에 처한 조선왕조를 구하기 위해서는 탐관오리 제거를 주된 목적으로 하는

조선왕조 질서 내의 개혁이 필요하다고 주창하였다. 이런 사정은 최시형이 8월경에 발표한 글의 내용을 통해 확인할 수 있다. 그는 이 글에서 무덤을 파헤치는 것과 재산 강탈, 납세 거부와 같은 조선왕조의 국법에 어긋난 행위를 하지 않도록 교도들에게 엄중히 지시하였다.

당시 농민운동을 목격하였던 영국인 이사벨라 비숍(I. B. Bishop)은 자신의 책『한국과 그 이웃나라들』에서 이렇게 기술하고 있다.

"사람들은 동학군이 부패한 관료들과 배반한 밀고자에 대항해 우발적으로 봉기한 농민들이라고 말하고 있었다. 그렇지만 왕권에의 확고한 충성을 고백하는 그들의 선언으로 판단해볼 때, 한국 어딘가에 애국심의 맥박이 있다면 그것은 오로지 농민들의 가슴속뿐이라는 것은 확실해 보였다.…… 동학군에게는 너무나 확고하고 이성적인 목적이 있어서 나는 그들의 지도자들을 '반란자들'이라기보다 차라리 '무장한 개혁자들'이라고 부르고 싶다."

이처럼 비숍은 동학지도자들에 대해 반란자가 아니라 조선왕조를 개혁하려고 한, 국왕의 충성스러운 '무장한 개혁자들'이라는 의미심장한 표현을 사용했다. 이는 농민군의 지도자들이 반란자가 아니라 체제 내의 개혁주의자임을 말해주는 것이다.

그러면 농민군의 지도자들은 조선왕조 체제 내의 개혁을 위하여 어떤 구체적인 구상을 가지고 있었는가. 그것은 1894년 4월 18일경 나주(羅州)의 공형〔公兄, 조선시대에 각 고을의 호장(戶長)·이방(吏房)·수형리(首刑吏)의 3관속(官屬)을 이르는 말〕에게 보낸 통문에서 확인할 수 있다.

"우리의 오늘 의거는 위로 국가에 보답하고 아래로 백성을 도탄에서 구하기 위한 것이다. 우리가 지나는 모든 읍(邑)마다 탐관을 징계하고 청렴한 관리는 상을 주어, 아전의 폐단과 백성의 병통을 바로잡고 고칠 것이다.…… 전하께 아뢰어 국태공(國太公, 흥선대원군)을 모셔 국정을 돌보게끔 하여 난신적자(亂臣賊子, 나라를 어지럽히는 신하와 어버이를 해치는 자식을 일컫는 말)로 아첨이나 일삼는 자들을 모두 파면시켜 축출하고자 한다."

이 통문은 국정의 파탄 책임자를 국가, 즉 국왕이 아니라 민씨 척족으로 대변되는 집권세력으로 파악하고 있었음을 의미한다. 이들 일부 동학지도자들은 민씨 척족 대신에 한때 개혁정치를 수행했던 대원군을 추대하여 부패한 관리를 제거하는 등 국정을 쇄신하려는 구상을 가지고 있었던 것이다.

전봉준 등 지도자들이 대원군 추대를 통해서 조선왕조를 개혁하려는 구상을 하였다는 것은 4월 19일 함평에서 호남유생등(湖南儒生等)의 이름으로 초토사 홍계훈에게 보낸 글에서도 확인된다.

"저희들의 오늘 거사는 부득이한 정경(情境)에서 나온 것으로서, 손에 무기를 잡고 오직 살아날 방법을 강구하는 것입니다. 일이 이 지경에 이르렀으니, 억조(億兆)가 마음을 같이하고 온 나라가 상의하여 위로 국태공을 모시어 부자의 윤리와 군신의 의리를 온전하게 하고, 아래로 백성을 편안하게 하여 종묘사직을 보전하는 것이 지극한 소원입니다."

이 글은 동학농민군의 목적이 조선왕조의 타도가 아니라 '백성을 편안하게 하여 종묘사직을 보전하는 것'임을 보여준다. 동학농민군의 이런 구상은 5월 4일 전주 철수 조건을 협상하는 과정에서 홍계훈에게 보낸 건의문을 통해 다시 한번 확인된다. 그 밖에도 농민군 지도부가 장성(長城)에서 전라감사 김학진(金鶴鎭)에게 보낸 14개조 개혁안 가운데 "국태공이 국정에 간여해야 한다는 것은 백성들이 모두 바라는 일이다."라는 조항은 이들이 체제 내의 개혁세력임을 말해주고 있다.

하지만 농민군 지도자들의 궁극적인 목적이 대원군의 집권 그 자체에 있는 것은 아니었다. 이는 전봉준이 일본공사관에서 조사를 받는 중에 일본측 심문관이 '네가 서울에 쳐들어온 후에 누구를 추대하려 했는가?' 라고 묻자 전봉준이 한 대답에서 알 수 있다.

"일본병을 몰아내고 악하고 간사한 관리를 쫓아버려 군왕(君王)의 곁을 깨끗이 한 후에는 몇 사람의 주석(柱石, 주춧돌)의 선비를 옹립해서 정치를 하게 하고, 우리 자신들은 바로 시골로 돌아가 상직(常職)인 농업에 종사할 생각이었다. 그러나 국사를 들어 한 사람의 세력가(대원군)에게 맡기는 것은 커다란 폐해가 있음을 알고 있기 때문에 몇 사람의 명사(名士)가 협의하여 합의하는 합의법(合議法)에 따라 정치를 담당하게 할 생각이었다."

이처럼 전봉준을 포함한 농민군 지도자들은 조선왕조를 개혁하기 위한 정부의 권력구조로 '명망가'들의 합의정치를 구상하였다. 이들은 원래 한 가문이 권력을 전횡하는 세도정치에 극히 부정적이었기 때문에 심지어 자신들의 정치적 지주였던 대원군의 권력독점 내지 세도화에 대해서도 비판적이었다.

이렇게 일부 동학지도자들은 무장포고문에서 선언하였듯이 명망 있는 신하들이 현군인 고종을 잘 보필하면 자신들의 봉기 목적인 체제 개혁이 실현될 수 있다고 생각하였다. 다시 말해 전봉준 등 일부 지도자는, 군주와 공론(公論)을 담보하는 신하들이 협력하는 조선시대 사림정치의 이상인 군신공치(君臣共治)의 정치운영 구조를 구상하였던 것이다.

새 왕조 건설을 지향한 농민군들

물론 동학지도자들이 한결같이 똑같은 견해를 갖고 있었던 것은 아니다. 조선왕조를 전복하고 새 왕조를 건설해야 한다고 주장했던 집단도 있었다. 「파리외방전교회 연보(外邦傳敎會年報)」(파리외방전교회는 1653년 아시아 포교를 위하여 프랑스에 설립된 가톨릭의 해외 전도 단체)에 따르면 이 세력이 상당 부분 동학교단 내에 결집되어 있었음을 알 수 있다.

"오래전부터 전국에 돌아다니는 소위 예언이라는 것들은 현 왕조가 500년이라는 숙명적인 날짜를 넘기지 못할 것이라고 예고했습니다.…… 그들의 불만을 다시 일으키는 불평분자들과 새 왕조의 출현을 예측해서 미리 기대를 하는 관직 없는 양반들과 끝으로 혼란을 틈타 쉽게 이득을 취하려는 할 일 없는 사람들(이런 사람의 수가 조선에는 너무나 많습니다.)은 언제나 있습니다. 그러니까 이런 사람들이 모두 요술에 걸린 것처럼 모였고, 또 여기서는 반란자가 되거나 그런 사람으로 간주되는 것이 위험하므로 자기들의 정체를 더 쉽게 감추기 위해 어떤 교의적(敎義的) 간판을 내걸었습니다.”

이처럼 새 왕조를 건설하려는 사람들이 종교적 간판을 방패 삼아 동학교단에 들어왔다.

「동경조일신문(東京朝日新聞)」1894년 5월 23일자 기사는 동학교단 내에 이런 세력이 이미 5, 6만 명 정도 집결해 있다고 보도했다. 김구(金九)도 회고록 『백범일지』에서 접주 오응선 등에게 ‘동학의 종지(宗旨)는 새로운 나라를 세우는 것이다.’ 라는 말을 듣고 동학에 입도하였다고 회고하였듯이, 조선왕조를 전복하고 새 왕조를 세우려는 세력도 상당수 있었던 것이 사실이다.

동학지도자들 가운데 조선왕조를 전복하려 했던 집단의 대표적인 지도자로는 김개남(金開南)을 들 수 있다. 강진 유생 박기현(朴冀鉉)의 일기인 「일사(日史)」에 따르면 김개남 자신이 남원(南原)에 나라를 세울 것이라고 선언하였다고 한다. 실제 그는 스스로 ‘개남국왕(開南國王, 남조선을 개국할 왕)’ 이라고 칭하기도 하였다.

이런 사정은 전주 유생 정석모(鄭碩謨)의 목격담을 통해 확인된다. 정석모는 9월 이후 몇 개월 동안 김개남에 의해 억류되어 있었다. 이 기간 동안 그는 김개남 등 동학지도자들의 계획을 자세히 파악한 후, 이를 토대로 “전봉준과 같은 자는 동학교도를 토대로 역성혁명을 도모하였다.”고 규정하였다. 그는 전봉준과 같은 동학지도자들의 봉기목적이 새 왕조의 건설이었다고 나름대로 판단했던 것

동학농민군 지도자 김개남

이다. 하지만 이는 정석모가 김개남과 같은 성향을 지닌 지도자들의 봉기목적을 전봉준 등 모든 농민군 지도자의 것으로 확대하여 해석한 것이다. 이런 구상을 지닌 일부 지도자 휘하의 농민군은 심지어 '정씨왕조(鄭氏王朝)'를 상징하는 깃발을 사용한 사례도 있었다.

또한 조선왕조를 전복하고 새 왕조를 건설하려던 강경파 지도자들은 당시 기록인 「피난록(避亂錄)」에 기록되어 있듯이, 스스로 새 왕조의 관직까지 배정했을 정도였다.

"육조 장관(六曹長官)과 방백 수령을 미리 계산하여 우두머리들에게 분정(分定)하였다. (이들은) 스스로 모대장(某大將) 모판서(某判書)라 칭하였는데, 이는 난역(亂逆)이 아닌가."

이처럼 새 왕조를 건설하려는 정국구상을 지닌 일부 동학지도자는 봉기의 성공을 전제로 실제 관직을 배정하였다. 이에 관한 정보를 알려주는 당시 기록들은 다수 남아 있다. 그런데 여기에서 명확히 해야 할 점은 이들이 수립하려 했던 새 왕조의 명칭이 '정씨왕조'였든 '남조선왕조'였든 간에 근대적인 성격을 지닌 새로운 체제는 아니었다는 사실이다. 이들이 지향한 것은 근대적인 국가체제가 아니라 조선왕조와 같은 왕조체제였다. 물론 당시의 조선왕조보다는 봉기의 주체인 농민들의 이해가 잘 반영되겠지만, 이들이 지향한 것은 이씨왕조를 정씨왕조 또는 남조선왕조로 만드는 것이었지 근대적인 국가체제는 아니었던 것이다.

주한일본공사 정상형(井上馨)이 외무대신 육오종광(陸奧宗光)에게 보낸 편지 내용은 동학농민군 내부의 다양한 노선을 잘 보여준다.

"동학교도의 수령 이하 접주라고 칭하는 각 처의 우두머리들은…… 자신들의 세력을 키웠으며 김개남 같은 자에 이르러서는 스스로 개남국왕이라 칭하는 등 곧 그 내부에 (역성)혁명·척왜(斥倭, 일본을 배척함)·축관(逐官, 관리를 축출함) 등 각양각색의 목적을 갖고 있는 집합체로서 그들의 당교(黨敎)는 능히 인심을 단결시켜 죽을힘을 다하게 하는 데 충분할 것 같습니다."

즉 각종 정보를 취합한 결과 역성혁명을 지향하는 세력과 탐관오리 축출을 통해 조선왕조체제 내의 개혁을 지향하는 세력 등 동학교단 내에는 각기 성향이 다른 여러 집단들이 혼재해 있다고 분석한 것이다.

요컨대 전봉준으로 대변되는 지도자들은 민씨 척족세력을 축출하고 대원군을 추대하는 것을 핵심내용으로 하는 정치적 구상을 추진하였다. 하지만 이 집단은 대원군을 추대하여 집권한 후 조선왕조를 개혁하기 위한 이상적인 권력구조로서 몇 사람의 명망가에 의한 합의정치를 지향하였는데, 이런 구상은 조선시대 사림파가 사림

정치의 이상을 실현하기 위해 추구한 정치운영 구조인 군신공치와
같은 성격의 것이었다. 한편 김개남 등 일부 지도자는 조선왕조를
전복하고 새 왕조를 건설하려는 구상을 가지고 있었으나, 그 왕조
또한 근대적인 국가가 아니라 조선왕조와 같은 왕조체제 국가였다.
결국 동학농민군의 봉기목적은 체제 내의 개혁 또는 왕조교체, 그
이상도 이하도 아니었던 것이다.

참고문헌

『관서평란록(關西平亂錄)』, 『명종실록(明宗實錄)』, 『성호사설(星湖僿說)』, 『숙종실록(肅宗實錄)』, 『연산군일기(燕山君日記)』, 『임술록(壬戌錄)』, 『주한일본공사관기록(駐韓日本公使館記錄)』, 『택당집(澤堂集)』

1) 설성경, 『홍길동의 삶과 홍길동전』, 연세대 출판부, 2002.

2) 정석종, 「숙종년간 승려세력의 거변계획과 장길산」, 『동방학지』 31, 1982.

3) 한희숙, 「16세기 임꺽정과 난의 성격」, 『한국사연구』 89, 1995.

4) 백승종, 「18세기 전반 서북 지방에서 출현한 정감록」, 『역사학보』 164, 1999.

5) 오수창, 「'홍경래 난' 봉기군의 최고지휘부」, 『국사관논총』 46, 1993.

6) 우윤, 「19세기 민중운동과 민중사상」, 『역사비평』 2, 1988.

7) 정석종, 「홍경래란의 성격」, 『한국사연구』 7, 1972.

8) 한국역사연구회, 『모반의 역사 – 역사는 그들을 역모자라 불렀다』, 세종서적, 2001.

9) 고석규, 「19세기 농민항쟁의 전개와 변혁주체의 성장」, 『1894년 농민전쟁연구』 1, 1991.

10) 김용민, 「1860년대 농민항쟁의 조직기반과 민회」, 『사총』 43, 1994.

11) 망원한국사연구실 편, 『1862년 농민항쟁 – 중세말기 전국 농민들의 반봉건투쟁 –』, 동녘, 1988.

12) 이영호, 「1862년 진주농민항쟁의 연구」, 『한국사론』 19, 1988.

13) 이희근, 「1894년 동학지도자들의 시국인식과 정국구상」, 『한국근현대사연구』 8, 1998.

6 경계인의 존재와 삶

- 조선사회의 최대 피해자, 백정
- 사제이면서 마녀사냥의 대상이 되었던 무당
- 사대부의 희생양, 향리
- 사람한테 짓밟히고 텃세한테 괄시받은 보부상

20

조선사회의 최대 피해자, 백정

다양한 백정층

조선시대의 백정(白丁)은 크게 재인(才人), 화척(禾尺), 달단(韃靼) 등 세 부류로 이루어졌다. 이중 재인, 화척은 고려시대의 양수척(楊水尺)에서 분화되었다. 양수척은 고려에 와서 살던 거란족의 후예로 사냥, 도축, 기예 등의 직업에 종사하였다. 양수척 가운데 기예에 종사하던 일부〔창우(倡優), 광대〕가 먼저 재인으로 분화되어 나갔다. 그 뒤 양수척이 화척으로 개칭되었는데, 이들은 주로 사냥, 우마 도살 등을 생업으로 삼았다. 이 같은 재인과 화척이 세종 5년(1440) 10월에 '백정'으로 개칭되었다. 몽고족의 후예인 달단도 그 생업이 화척과 유사해서 백정화되었다.

물론 백정층 모두가 이들만으로 구성된 것은 결코 아니었다. 조선 초기만 해도 거골장(去骨匠)이라 불리던 전래의 도축업자들이 전국에 걸쳐 많이 존재하고 있었다. 거골장이란 명칭이 16세기 이후 기록에는 나타나지 않는 것으로 보아, 이들도 도축이라는 업종의 유사성으로 백정층에 흡수된 것으로 보인다. 그밖에 토지로부터 유리된 많은 유랑민들도 경제적 이유 등으로 백정층에 유입되기도 하였다.

　조선왕조는 건국 직후부터 강력한 중앙집권적 관료체제를 지향하였다. 그 결과 국가 재정기반의 확충을 위하여 과감한 양인(良人) 확대정책을 추진하였다. 양인인지 천인(賤人)인지를 판별하기 어려운 자는 양인으로 확정짓고, 양인 남자와 천인 여자가 결혼하여 낳은 자식도 양인으로 삼는 등 노비를 제외한 모든 구성원을 일률적으로 양인화하였다. 이는 조세를 부담하는 양인층을 가능한 한 많이 확보하려던 정책의 산물이었다. 이 와중에 백정도 법률상 양인 신분을 얻게 되었다.

　따라서 조선 초 양인에는 그 주축인 평민만이 아니라 위로는 문무 관료로부터 아래로는 신량역천(身良役賤)인에 이르는 다양한 계층이 포괄되어 있었다. 하지만 법적으로는 같은 양인이더라도 양반과 신량역천인 사이에는 엄청난 신분적 차별이 존재하였다.

　신량역천인은 법률상 양인 신분이지만 천한 역〔賤役〕을 지고 있어서 천인에 가까운 대우를 받았다. 이들의 역은 매우 다양했다. 그 대표적인 예는 의금부의 나장, 지방 관청의 일수, 관아의 조예, 조운창의 조졸, 역참의 역보, 수영에 소속된 수군, 봉화대의 봉군 등 이른바 칠반천역(七般賤役)이었다. 칠반천역은 고되었으나 국가의 신역체계 내에 포함되어 있었다. 이 때문에 양인의 주거지에서 함께 살았을 뿐만 아니라 신분상승의 기회도 주어졌다.

　이들과 달리 평민조차도 상종하지 않던 집단이 있었는데, 그들이 바로 백정이었다. 그간 천시를 받아온 재인, 화척들이 조선왕조의 양인화 정책만으로 갑자기 평민과 동등한 대우를 받을 수는 없었다. 실제 평민마저 이들과 같이 백정으로 불리기를 꺼렸다. 그리하

여 관리와 백성들은 재인과 화척이 백정으로 개명된 뒤에도 이들을
'신백정'이라 하여 평민과 구별하여 부르기도 하였다.

백정은 고려시대만 해도 농민층을 의미하였다. 고려 때에는
16~60세의 성인 남자(丁男)가 의무적으로 부담하는 일반 요역 이
외에 군인, 향리, 역정 등 특수한 신분계층의 세습적인 신역(身役)
혹은 직역(職役)이 있었다. 신역·직역의 부담자는 정호(丁戶)라고
불렀던 것에 대하여, 이들을 제외한 일반 농민은 백정이라 하였다.

정부 정책의 희생양, 백정

이처럼 고려시대의 백정은 가장 광범위하게 존재했던 농민층을
뜻했으나, 조선 초에 접어들면서 평민, 양민, 백성 등으로 불리게 되
었다. 그 대신에 백정은 주로 도축업에 종사하던 계층을 가리키는
명칭이 되었다. 이제 백정은 평민을 가리키는 용어가 아니라 재인,
화척만을 지칭하는 말로 변해버렸다.

이 같은 변화는 앞에서 기술했듯이 세종 5년에 재인, 화척을 평
민을 뜻하는 백정으로 고친 데서 비롯되었다. 이 조치는 백정의 오
랜 생활습속을 전혀 고려하지 않은 채, 재정기반의 확충이란 정부
의 이해관계만을 철저하게 반영한 것에 불과했다. 여기에서 백정의
비극이 시작되었다. 이런 사정은 『태조실록』 원년 9월 임인조의 기
사가 단적으로 보여주고 있다.

"재인·화척은 이곳저곳으로 떠돌아다니면서 농업을 일삼지 않으

므로 배고픔과 추위를 면치 못하여 늘 모여서 도적질하고 우마(牛馬)를 도살하게 되었다. 그러니 그들이 있는 주군(州郡)에서는 그 사람들을 호적에 올려 토지에 안착시켜 농사를 짓도록 하고, 이를 어기는 자는 죄주게 할 것이다."

이처럼 조선왕조는 개국과 동시에 법적으로 백정을 농민화하기 위해 그들의 오랜 생활습속을 전면 부정해버렸다. 전통적으로 백정은 유랑하면서 도살과 기예 등으로 생활을 영위해왔다. 그들의 이런 오랜 생활방식은 조선 초 학자인 양성지(梁誠之)의 상소문에 잘 나타나 있다.

"양수척은 (고려)왕조 초기에 있었고, (몽고의 침략으로) 강화도로 옮겨갔을 때에도 있었으며, 재인이나 화척은 충렬왕 때에도 있었고, 공민왕 때에도 있었습니다. 멀리는 500~600년 전에 있었고, 가까워도 몇 백 년 아래로는 떨어지지 않는데도 거문고를 타며 노래하는 풍습과 도살하는 일을 지금껏 고치지 못하고 있습니다."

이제 조선의 백정은 자신의 생활방식을 선택해야 하는 기로에 서게 되었다. 전래의 생활방식을 유지하기 위해 범법자가 되든지, 아니면 정부의 법적 조치대로 농민화하여 합법적인 생활을 유지하든지 양자 간에 선택을 해야 했다. 이는 자의가 아닌 국가권력에 의해 강요된 것이었다.

범죄의 온상

결국 백정은 유랑하면서 도살과 기예 등으로 생업을 유지해왔던 그들의 전통적인 생활방식을 버리지 못하고 범법자의 길로 나설 수밖에 없었다. 우마의 도살은 백정의 주된 직업이었으나 앞의 인용문에서 보았듯이 도살 행위는 조선왕조 개국과 함께 법으로 금지되었다. 그럼에도 "도살하는 것을 업으로 삼아 추악한 풍속이 여러 대가 되어도 변하지 않고 있다."는 『태종실록』 11년 10월 을사조의 기사가 입증하고 있듯이, 백정은 도살을 생업으로 삼았다. 아무리 국가에서 법적으로 금지했다 한들 대대로 이어져온 전래의 생활습속을 하루아침에 바꿀 수 있겠는가.

이후에도 정부에서는 지속적으로 도살행위를 금지하는 명령을 내렸다. 결국 백정은 정부의 연이은 도살 금지조치로 생업을 잃자 생계형 범죄행위에 뛰어들 수밖에 없었다. 이런 사정은 "도둑질과 강도질은 거의 대개가 재인과 백정이 하는 짓이다."라는 『성종실록』 2년 2월 신유조의 기사가 잘 보여준다. 또 같은 책 20년 9월 신사조의 "재인과 백정은 거의 모두가 도적이다."라는 기사도 그 단적인 사례가 된다. 심지어 백정들은 도적을 색출하는 일만 생기면 도적으로 지목되었기 때문에 쫓기는 신세가 될 정도였다. 이처럼 백정 계층은 아예 범죄의 온상으로 전락해버렸다.

사실 백정들이 이렇게 된 것은 그들의 오랜 습속인 유랑조차도 범죄행위로 간주하여 처벌한 데서 비롯된 측면이 강하다. 가령 세종 4년(1422) 11월에 백정이 그들의 거주지를 벗어날 때에는 반드시 일종의 여행허가증인 행장(行狀)을 발급받아야만 했다. 이는 물론 유랑성이 심한 그들의 이동을 제한하여 가능한 한 농지에 옭아 매기 위한 조치였다. 이를 어길 경우 아주 심한 처벌을 받았는데, 『성종실록』 4년 8월 경진조의 기사를 보면 잘 나타나 있다.

"재인과 백정 가운데 도망자로서 체포된 자를 사민(徙民) 중 도망자의 사례에 의거하여 참형(斬刑)에 처하며, 부득이 출입할 자는 날짜를 제한하여 행장을 발급하고, 행장 없이 횡행하는 자와 기한이 지났는데 돌아오지 않는 자는 모두 제서유위율(制書有違律, 명문화되어 내려진 임금의 명령을 위배한 자를 처벌하는 법률)로 논단하게 한다."

백정은 이처럼 정부의 금지 조치로 전래의 생업을 잃었을 뿐만 아니라 그들의 오랜 습속인 유랑만으로도 처벌을 받게 되면서 생계를 위해 범죄에 뛰어드는 일이 많아지게 되었다.

사회적 멸시의 대상

백정은 사회적으로 더욱 심한 멸시를 받았다. 『조선왕조실록』에서 백정을 '이류(異類)', '호종(胡種)' '별종(別種)', '이종(異種)' 등으로 기록하고 있듯이, 당시 이들은 이민족으로 취급되고 있었다. 『세종실록』 5년 10월 을묘조의 기사처럼, 실제 조선 초에는 평민마저도 백정을 멸시하고 차별하였다.

"재인과 화척은 본래 양인으로서 업이 천하고 칭호가 특수하여 백

사형 집행 장면 사형 집행은 본래 양인신분인 나장이 담당했지만 조선 중기 이후에는 백정이 이를 대신했다. 기산 김준근(조선 말기의 화가) 그림.

성들은 다른 종류의 사람으로 보아 그와 혼인하기를 부끄러워하니 진실로 불쌍하고 민망합니다.”

이처럼 조선시대 사람들은 사회적으로 백정을 야만족으로 취급하여 그들과의 혼인을 꺼리고 자신의 거주지에서 살지 못하게 하는 등 심하게 차별하였다. 심지어 백정은 어린아이 앞에서조차도 늘 머리를 숙이고 자신을 ‘소인’이라 낮추어야 했다. 이런 차별행위는 조선시대 내내 유지되었다. 그리하여 백정은 양인의 거주지인 촌락의 외진 곳에 집단을 이루어 살아야 했다.

백정은 복장에서도 차별을 받았다. 명주옷은 말할 것도 없고 양

인의 평상복인 넓은 소매의 겉옷도 입을 수 없었다. 물론 망건, 가죽
신도 착용할 수 없었다. 또한 평민이 쓰는 검은 옻의 갓 역시 쓸 수
없었다.

백정은 혼례와 상례, 제례에서도 심한 차별을 받았다. 결혼식 때
에도 말이나 가마를 탈 수 없었고 비녀를 꽂아 머리를 올리지도 못
했다. 상례 땐 상여도 이용할 수 없었고 묘지도 일반인과 따로 잡아
야 했다. 물론 사당도 만들 수 없었다.

따라서 백정이란 말은 모욕적인 표현으로 사용되거나 악독하고
천한 것을 비유하는 말로도 사용되었다. 가령 "역적 괴수 김자점(金
自點)의 악독함이 백정과 같다."는 『효종실록』 2년 12월 계해조의 기
사와, "육지의 백성이 어부를 보는 것이 거의 소 잡는 백정이나 다름
없다."는 『정조실록』 24년 4월 무술조의 기사가 그 단적인 사례다.

백정의 여러 직업

백정은 주로 도축업에 종사하였지만 모두가 그 일만 한 것은 아
니었다. 일부 백정들은 유기(柳器) 제조업에 종사하기도 하였다. 유
기는 버드나무로 엮은 바구니인데, 이것을 만들어 팔아 생활하던
집단을 고리백정이라 불렀다. 또 가죽신 등의 피혁 제조업에 종사
하던 집단이 있었는데, 이들을 갖바치라고 했다. '갖'은 가죽이란
뜻이고, '바치'는 장인의 옛말이다. 그 외에 악기 연주나 노래, 간단
한 재주로 연명하면서 유랑하던 집단도 있었다. 또한 형조(刑曹)나
감옥에 소속되어 사형 집행을 맡았던 회자수도 있었다. 이른바 망

나니〔亡亂〕 혹은 희광(犧狂)이라 불리던 회자수는 본래 무인(武人)이 담당했는데, 조선 중기 이후 백정을 선발하여 그 일을 대신하게 하였다. 사람으로서는 차마 하지 못할 사형을 백정으로 하여금 집행하게 했던 것이다. 극소수이긴 하지만 백정 가운데 일부는 농업에 종사하기도 하였다.

여러 업종 가운데 도축업에 종사하던 백정이 경제적으로 비교적 풍족하였다. 우마를 잡던 백정은 여러 사람이 한 팀을 이루어 우육점이나 민가의 행사에 불려가 도축을 하였다. 또한 이들은 일부 권세가와 결탁하거나 그들에게 고용되어 도축을 하기도 했다. 도축의 대가로는 보통 소의 피·내장·가죽 등을 받았고, 이를 시장에 내다 팔아 상당한 이익을 남기기도 했다. 도축 행위는 경제적으로 많은 이익이 생겼기에 밀도살이 성행했을 정도였다.

이렇게 백정층은 도축업뿐 아니라 다양한 직업을 가지고 있었다. 다만 일반인들은 이들이 종사한 일을 천하게 여겨 하지 않았다는 공통점이 있다. 백정이 사회적으로 차별과 멸시의 대상으로 전락한 원인은 바로 여기에서 비롯된 측면이 농후하였다.

21

사제이면서 마녀사냥의 대상이 되었던 무당

무당의 기능

잘 알려진 대로 무당은 성별에 따라 여자의 경우는 무(巫), 남자는 격(覡)이라 하였다. 조선시대의 각종 문헌에선 흔히 남녀 무당을 무라고 통칭하여 사용하고 있는데, 이들 무는 무당이 되는 과정에 따라 두 부류로 나뉜다. 대를 이어 무속인이 되는 세습무(世襲巫)와 자연적으로 신이 내리는 종교 체험의 과정을 거쳐 무당이 되는 강신무(降神巫)가 그것이다.

고대 사회는 대체로 제정일치(祭政一致) 사회였다. 이런 사회에서 무당은 제사를 주관하는 것은 물론 정치를 주재하는 군(君)의 기능도 담당하는 최고 지배자였다. 이후 점차 사회가 분화되면서 제(祭)와 정(政)이 분리됨에 따라 무당은 사제(司祭) 기능만을 담당하게 되었다. 그리하여 무당의 정치적 기능이 거세되면서 사제 기능이 무당의 가장 중요한 역할이 되었다.

그러나 조선시대에 와서는 무당의 사제 역할마저 더욱 위축되었다. 조선왕조는 성리학을 통치이념으로 삼았기 때문에 건국과 동시에 유교적 명분론에 합당하지 않은 전래의 무속 등 여러 민간신앙을 비롯한 불교·도교의 의례(儀禮)를 음사(陰祀)로 규정하여 이단시하였다. 이런 경향은 15세기에 새로운 정치·사회적 주도세력으로 성장한 사림파에게서 더욱 두드러지게 나타났다. 이들은 정치·사회적 현안의 해결책을 오로지 주자학에서만 찾았기 때문에 무속이나 불교의 의례를 음사로 간주하여 금단시키려 하였다. 이에 비해 이들에 앞서 집권한 이른바 훈구파(勳舊派)는 주자학적 사회질서를 실현하려는 과정에서 현실에 뿌리를 내리고 있던 무속이나 불교를 어느 정도 용인하였다. 이런 차이가 있었다 해도 양자 모두 성리학적 사회질서를 구축하려 했다는 점에선 기본적으로 동일하였다.

그리하여 무속신앙을 담당한 무당도 조선 건국 직후부터 배척의 대상이 되었던 것이다. 그 단적인 예는 무당을 교화의 중심지인 도성에서 축출하는 조치로 나타났다. 가령 "옛날 태종조에도 역시 화무(禾巫)가 있어서 외방(外方)으로 쫓아내어 경성에 거주하지 못하게 하였다."는 『세종실록』 18년 5월 정축조의 기사로 보아, 늦어도 태종 때부터는 무당의 도성 내 출입을 금지하는 조치를 취하고 있었음을 알 수 있다.

이런 조치는 조선 후기에도 여전하였다. 예컨대 숙종 46년(1720) 사헌부 지평 홍용조(洪龍祚)는 항간에 무풍(巫風)이 날로 성하므로 한성부에 명을 내려 성 안의 무녀를 색출하여 성 밖으로 쫓아내야 한다고 주장하였다. 같은 해 2월에도 우의정 이건명(李健命)이 동일한 내용을 건의하였다. 정조 때 편찬된 『대전통편(大典通編)』에는 아예 서울에 사는 무녀들을 한강 밖으로 축출한다는 규정까지 두었을 정도였다. 그만큼 조선시대, 그것도 시기가 내려올수록 무당의 역

무녀굿 기산 김준근(조선 말기의 화가) 그림.

무당의 굿

할은 축소될 수밖에 없었다.

물론 성 밖에서의 활동까지 금지한 것은 아니었다. 조선 후기에 와서도 백성들에게는 유교, 불교 등 고등종교가 강조하는 정신적 윤리성이나 내세적 구원의 의식이 자리 잡을 겨를이 없었다. 당시 백성들에게는 잦은 전란(戰亂)과 지배층의 억압과 수탈 때문에 어떻게 하면 굶지 않고 살아갈지에 대한 현실적 당면 문제가 무엇보다도 시급하였다. 이 때문에 그들은 생활 속에서 무속의 신통력에 의존하여 행운을 얻어 재난을 면하고 부자가 될 수 있다는 신앙을 갖게 되었다. 무속신앙은 백성 가운데 특히 사회적으로 열악한 환경에 처한 여성들에게 하나의 소극적인 도피처를 제공하였다. 무당이 주로 여성인 것은 양자 모두 사회의 주변부에 위치했기 때문이었다.

나아가 조선 후기에 와서 관(官) 주도의 군·현 단위의 종교행사가 민의 성장에 따라 민간이 주도하는 마을 단위의 종교행사로 분화되었는데, 무당의 활동 공간도 자연스럽게 마련되었다. 그 결과 무당은 간혹 마을 단위의 종교행사인 동제(洞祭) 또는 별신제(別神祭)에 관여했으며, 강릉의 단오제와 같은 군(郡) 행사의 일부를 담당하기도 하였다.

국가도 인정한 무당의 의료행위

무당의 질병 치료[治病] 기능도 사제 기능 못지않게 오랜 역사적 전통을 지니고 있었다. 현재 문헌기록에서 확인할 수 있는 무당의 치병에 관한 최초의 기록은 『삼국사기』 유리왕 19년(42)조이다. 물론 그 전에도 무당이 질병을 치료한 예는 많았을 것이다. 유리왕 19년의 기사에 따르면 왕이 병에 걸렸을 때에 무당의 말을 듣고 그대로 행하여 병이 나았다고 하였다. 이런 기록들을 모두 미신이나 우연으로 들릴 수만은 없다. 옛사람들이 오랜 세월 무당의 치병 기능을 인정한 것은 때로 그것이 효과를 나타냈기 때문이었다.

오늘까지도 질병은 인류의 골칫거리지만 의학이 발전하지 못했던 전통시대에는 그 정도가 훨씬 심했다. 조선의 국왕들 가운데도 종기가 원인이 되어 사망한 국왕이 상당수 있었다는 기록은 당시 사람들이 질병 때문에 겪었던 고민을 단적으로 말해준다. 아스피린, 페니실린 하나만 있었으면 간단히 고쳤을 질병 때문에 죽어간 옛사람의 수는 셀 수 없이 많았다. 이 때문에 옛사람들은 질병과 싸우기 위해 가능한 모든 수단을 동원하였다.

조선왕조는 먼저 각종 의료기관을 설립해 질병에 체계적으로 대비하였다. 조선의 태조는 즉위 원년(1392)에 중앙의료기관으로 전의감(典醫監), 혜민국(惠民局) 동서대비원(東西大悲院)을 설치한 데 이어 제생원(濟生院)을 신설하여 왕조 교체로 두려움을 느끼던 백성들의 마음을 달랬다. 그 뒤 이들 기관들은 세조 12년(1466) 관료제도 개편 때에 내의원(內醫院), 전의감, 혜민서, 활인서(活人署)로 정비되었고, 대체로 이 기관들이 조선 말기까지 국가의 의료를 담당하였다. 그 가운데 활인서는 동서대비원을 개칭한 것으로 동활인서와 서활인서로 나뉘어 있었는데, 한성 주민의 치료를 맡았다.

전국 관찰사와 병사(兵使)·수사(水使)의 관할지에는 중앙에서 파견한 심약(審藥, 종9품)이 관장하는 의원(醫院)이 설치되었다. 그 아래의 각 군현에는 독립된 의료기관이 설치된 것은 아니지만 지방민의 치료를 담당하는 의원이 있었다. 또한 민간에도 주로 중인들이 운영하는 약방이나 의원이 있어서 돈을 받고 병자를 진료하고 치료하였다.

국립 의료기관인 활인서에는 우리가 놀랄 만한 사람들이 소속되어 있었다. 활인서에는 대개 중인 출신인 의사와 약사가 있어 진맥을 보고 침을 놓고 뜸을 뜨며 약을 지어주었는데, 이들이 요즘으로 말하면 국립병원 의사나 약사들이다. 활인서에는 이들 말고 또 다른 의사들이 있었는데, 그들은 바로 무격(巫覡), 즉 무당들이었다. 『세종실록지리지』경도 한성부(京都漢城府)조 기사는 무당들이 활인서 소속의 정규의료진임을 말해주고 있다.

"동활인원(東活人院), 동소문 밖에 있다. 서활인원(西活人院), 서소문 밖에 있다. 옛 이름은 대비원(大悲院)이다. 제조(提調)와 별좌(別坐)를 두고 또 의원과 무당을 두어서, 서울 안에 병들고 의지할 곳이 없는 사람들을 모두 이곳에 모아 놓고, 죽·밥·국·약을 주며, 아울러 옷·이불·자리를 주어 편하도록 보호해주고, 만일 죽는 이가 있으면 잘 묻어준다."

무당이 국립의료기관인 활인서에 소속되어 있었다는 사실은 놀랄만한 일이다. 조선 초기만 해도 무당은 국가에서 필요한 전문직으로 인정받았다. 활인서 이외에 천문(天文)을 관장하는 성수청(星宿廳)에도 무당이 있었는데, 이런 국가 중앙기관에 출입하는 무당을 국무(國巫), 지방관아에 출입하는 무당을 아무(衙巫)라고 불렀다.

이렇게 무당의 치병 기능은 조선시대에도 여전히 중요하게 여겨지고 있었다. 조선시대 사람들은 『세종실록』13년 8월 2일조에, "무식한 무리들이 요사스러운 말에 현혹되어, 질병이나 초상이 있으면 즉시 야제(野祭)를 행하면서, 이것이 아니면 이 빌미를 풀어낼 수 없다고 하여, 남녀가 떼를 지어 무당을 불러 모으고 술과 고기를 성대하게 차린다."고 기록하고 있듯이, 무당을 질병을 치료하는 의사로 인식하였다. 성리학에 젖어든 조선의 유학자들은 때로 무당의 행위를 비과학적인 것으로 여겼지만 국가 차원에서는 무당의 치병 기능을 공인하고 있었다.

당시 사회에서는 전염병이 보통 커다란 문제가 아니었다. 한 마을이나 고을이 쑥대밭이 되곤 했기 때문이다. 이처럼 질병, 특히 전염병이 발생하면 정부가 항상 무당을 동원하여 병자를 치료하도록 조치한 것은 모든 수단을 다해 질병에 대응하기 위해서였다. 이런 사례는 『조선왕조실록』에 자주 나온다. 그 단적인 사례는 『세종실록』 11년 4월 18일조 기사에서 확인할 수 있다.

"예조에서 보고하기를, '지금 의정부와 여러 조(曹)에서 함께 의논하되, 각 고을 각 리(里)의 민호(民戶)를 가까이 사는 무격에게 나누어 맡겨, 만약 열병(熱病)을 앓고 있는 호(戶)가 있게 되면, 수령이 의생(醫生)과 무격으로 하여금 살피어 구료(救療)하게 하되, 혹시 마음을 써서 구제하고 치료하지 않으면 즉시 논죄(論罪)하고, 연말에 가서 사람을 많이 살린 사람은 무당의 세(稅)를 줄여주고, 혹은 부역(賦役)을 감하여주기도 하고, 만약 병가(病家)가 가난하여 구료할 재산이 없으면, 국고(國庫)의 미곡(米穀)으로써 서울 활인원의 예에 따라, 하루에 쌀 한 되를 주고, 연말에 병인(病人)의 수효를 감사에게 보고하여, 회계(會計)의 빙고(憑考)가 되게 하십시오.' 라고 하니, (왕이) 그대로 따랐다."

중종반정 이후 집권한 사림파는 철저한 성리학적 질서로 사회를 다스리려 하였고, 성리학적 질서에 위배되는 모든 사상이나 행위를 배척하였다. 정부는 무당의 행위를 미신으로 간주하여 더욱 심하게 통제하고 탄압하였다. 그리하여 중종 때에는 무당의 활인서 소속 자체를 부당하다고 하여 이를 중지시킨 일이 있었다.

무당이 의사 역할까지 한 까닭은

그런데 『광해군일기』 5년 8월조에 활인서에 무녀안(巫女案, 무당 명부)이 있다는 기사가 보여, 무당을 활인서에서 축출하려는 조치가 실패로 돌아갔음을 알 수 있다. 실제 민간은 물론이고 정부 차원에서도 여전히 무당의 의료 활동을 보장하였는데, 이는 『명종실록』 3년 1월 16일조의 "한성부(漢城府)가 오부(五部)에서 역질(疫疾)로 죽은 사람의 숫자를 문서로 보고하니 왕이 지시하기를, '각방(各坊)에 의원과 무당을 특별히 정해두고 환자를 구완하여 치료하도록 하라.'고 하였다."는 기사가 입증한다. 국왕이 직접 무당에게 환자를 치료하라고 지시하였던 것이다.

그러면 전근대사회에서는 왜 무당이 의사의 역할까지 담당하였을까. 과학이 발달하지 못했던 전근대사회에서는 인간에게 위해를 끼치는 여러 대상들에 대해 초자연적인 의미를 부여했으며, 모든 질병의 원인도 종교적으로 이해하였다. 즉 질병의 근원을 초월적인 신비력에 의한 것으로 알고 있었다. 질병에 대한 대책 역시 종교적일 수밖에 없었다.

보통 전염병 등 질병은 귀신이 붙어 발병한 것으로 생각하였다. 따라서 귀신을 겁주어서 쫓아내는 축귀(逐鬼), 굿을 통해 귀신을 달래서 풀어주는 신원(伸寃), 더 강한 힘을 지닌 신령의 도움을 받아 질병신으로부터 벗어나는 방법 등이 질병을 예방하고 치료하는 수단으로 사용되었다. 축귀에는 보통 복숭아 나뭇가지로 때리거나, 불을 이용하여 쫓는 경우가 있었다. 원혼을 달래서 풀어주는 방법으로는 각종 굿이나 여제(厲祭, 역질을 퍼뜨리는 귀신에게 지내는 제사) 등이 시행되었으며, 더 큰 정령의 힘을 이용하기 위해서 장승을 세우거나 산천이나 성황 등에 빌었다. 따라서 신의 매개자인 무당은 질병의 예방과 치료에서 중요한 역할을 하였던 것이다.

조선시대에는 전염병이 창궐하면 각 지방관에게 귀신이나 산천에 여제를 지내도록 하여 전염병의 확산을 막으려 하였다. 세종 때에 황해도 일대에 전염병이 크게 발생했을 때, 정부는 그 대책으로 각 지방관에게 여제를 지내도록 조치했는데, 『세종실록』 20년 3월 2일 조에는 그 제문(祭文)이 실려 있어서 당시 사람들이 질병을 어떻게 인식했는지 알 수 있다.

"아아, 사람과 귀신은 한 이치인데 오직 그윽하고 광명한 것이 다를 뿐이다. 진실로 항상 지내는 제사를 예대로 하면 무슨 화얼(禍蘖) 이 빌미로 되랴. 돌아보건대, 백성들이 불행하여 한 지역이 죄다 질병을 만났도다. 점점 서로 전염이 되어 퍼져나가는 형세를 막을 수 없으니, 슬프다. 생령들이 목숨을 잃으니 마을과 들이 모두 쓸쓸하도다. 이는 반드시 원혼(寃魂)들이 있어 기운이 흩어지지 않고 요얼(妖蘖)이 된 것이니, 내가 지금 이 지방 주인이 되어 마음이 답답하고 걱정이 되도다. 맑은 술을 드리고 밝게 고하나니, 너희 귀신들도 거의 감응하리. 귀신의 이치는 어둡지 않나니, 이 한 잔을 흠향한 다음 재려(災癘)를 없게 하고 화(禍)가 도리어 복(福)이 되게 하여 한 지방을 편케 하고 이 백성을 오래 살게 하라."

이처럼 국가나 지방관이 전염병의 창궐을 억울한 원혼의 탓으로 돌리는 것은 물론 비과학적이었지만, 이런 사상을 통해 권력의 남용을 막는 효과도 있었다. 억울하게 죽은 사람이 귀신이 되어 복수할까 두려워, 관리들이 백성들에게 형벌 행사를 신중히 하고 되도록 원한을 사지 않으려 했기 때문이다.

국가 차원에서도 여제를 통해 전염병 문제를 해결하려 한 것은 역신(疫神)의 마음을 달래는 것이 이승의 생령(生靈)들이 편안함을 얻는 첩경이라고 믿었기 때문이다. 또한 전염병을 예방하거나 치료할 수 있는 수단을 갖지 못한 옛사람들로서는 다른 방법이 없기도 하였다.

『태종실록』 4년 6월 9일조에 따르면, 각 군현 단위로 여제단이 설치되어 있어 전염병 예방차원에서 청명일, 7월 보름, 11월 초하루에 제사를 지냈으며, 전염병이 돌 때에는 발병지역에서 임시로 제사를 실행하도록 규정하였다. 상황이 매우 심각할 때에는 왕이 직접 제문을 짓기도 하였다. 이런 행위들을 단지 미신이나 비과학적이란 말로 매도해서는 안 된다. 이는 옛사람들이 나름대로의 세계관·과학관으로 질병이란 재앙에 대처하려 한 것이다. 그리고 무당이 의사의 역할을 한 것도 이런 사상의 한 발로였던 것이다.

22 사대부의 희생양, 향리
| 모든 부정부패의 원인은 향리에게 있는가 |

조선사회의 지배층인 사족 출신 지식인들은 조선 중기 이후 줄기차게 '이서망국론(吏胥亡國論)'을 제기하였다. '이서망국론'이란 '이서배'의 부정부패로 나라가 망한다는 뜻이다. 여기서의 '이서'란 중앙관청의 서리(胥吏)와 지방관부(官府)의 향리(鄕吏)를 합하여 지칭하는 말이다. 그 숫자에서 향리가 압도적으로 많았음은 물론이고, 이들 망국론 주창자가 실질적으로 문제 삼은 것도 향리의 부정부패였기에 '이서망국론'은 바로 '향리망국론'에 다름 아니었다.

이른바 향리망국론자들의 이런 인식은 "사람들은 일반적으로 아전(향리)이 마치 이리떼와 같아서 주민들을 착취하는 것으로 일과를 삼고 밤이 되면 잠도 자지 않고 새로운 수탈을 위한 계획을 짜내기에 골몰한다고 생각하고 있다."는 구한말 선교사인 헐버트(Homer B. Hulbert)의 저서 『대한제국사서설』 기록이 잘 보여주고 있다. 그 때문인지 오늘날의 한국인에게는 이방·호방 등 향리라 하면 상전인 사또에게는 비굴한 웃음으로 아부하면서도, 백성들에게는 수탈을 일삼는 이리떼와 같은 이미지로 각인되어 있다. 과연 조선 후기 향리의 모습은 그러했을까?

경계인화한 조선의 향리

고려시대만 해도 향리는 지방사회의 실질적인 지배자였고 고려 왕조의 중앙집권화를 저해하는 요소였다. 이 때문에 고려왕조는 지속적으로 향리세력을 억제하는 억압책과 함께 향리의 상층부를 과거 등을 통해 중앙관료로 흡수하여 관료로 삼는 회유책을 병행하였다. 그 결과 향리 상층부는 중앙의 관료로 만들고 하층부는 그 세력이 상당히 약화되었지만 여전히 지방의 유력자였다.

고려시대에는 지방관을 파견하지 못하는 속현(屬縣)이 다수 존재하였다. 고려왕조가 망할 때까지 전국 군현의 총수 580여 읍 가운데 불과 174개 읍에만 지방관이 파견되었으니, 대다수의 군현은 지방관이 없는 속현이었다. 이들 속현을 다스리는 실질적인 지배자 세력이 바로 향리였다. 모든 군현에 지방관이 파견된 것은 다음 왕조인 조선왕조에 들어와서였다.

조선은 개국과 함께 향리층 세력의 억압을 지방정책의 중요한 의제로 삼았다. 즉 조선왕조는 유교이념에 입각한 신질서를 확립하기 위하여 관료군을 다시 편성했는데, 이 과정에서 관료가 될 수 있는 계층을 양반층으로 한정하고 향리가 관료화하는 것을 대폭 제한하여 이들을 지방정부의 행정실무를 담당하는 사역인으로 정착시켰다. 이런 과정을 거쳐 조선의 향리는 고려시대의 군현 지배자의 지위에서 군현의 행정 사역인으로 전락했던 것이다.

이와 함께 조선왕조는 고려의 향리가 직역(職役)의 대가로 지급받았던 외역전(外役田)마저 폐지하여 그 경제적 기반을 열악하게 만들었다. 향리는 엄격한 의미에서 관료가 아니었기 때문에 녹봉조차

받지 못하였다. 문제는 직무의 대가인 녹봉은 없었으나 의무인 국역(國役)은 존재했다는 점이다. 이는 향리층이 제도적인 부패에 의해서 생활을 유지할 수밖에 없었던 처지를 말해준다.

그나마 조선 전기에는 고려사회의 유제가 남아 있었으므로 급격히 몰락하지는 않았으나 조선 후기에 와서 향리집단은 자신들의 존립 기반을 상실할 엄청난 변화에 직면하고 있었다. 성리학적 사회질서가 상층부뿐만 아니라 기층사회, 즉 농촌사회에까지 정착되어 가고 있었던 것이다.

이러한 변화는 향리집단의 존재 가치를 이념적으로 철저히 부정하는 결과를 초래하였다. 유교이념은 사회집단을 사농공상(士農工商)이라는 위계질서로 규정하였기 때문에 그러한 질서 내에서는 원래 향리들의 존재 근거가 부정될 수밖에 없었다.

이에 더하여 향리층이 직무를 수행하는 과정에서 발생하게 마련인 불법과 부정은 그들의 존재 근거를 뿌리째 뒤흔들었다. 얼마 전까지만 해도 대다수 하위 공무원의 얄팍한 월급봉투가 부정을 부추겼듯이, 녹봉이 없는 향리의 부정은 생존을 위해 불가피한 것이었는데도 사족과 농민 양쪽으로부터 비난을 받았다.

더 큰 문제는 향리들의 생존을 위한 부정이 아니라 국가의 구조적·조직적인 부정이었다. 향리들은 이런 일들에 단지 사역인으로 동원되었을 뿐이다. 임진왜란과 병자호란 이후 조선왕조는 복구 사업 비용을 충당하기 위해 재정 수요가 증가하였지만 전답의 황폐화로 세원 확보에 어려움이 있었음을 앞에서도 기술한 바 있다. 중앙정부는 부족한 세원을 메우기 위해 지방관을 독촉했고 지방관은 다시 향리들을 다그쳤다. 농민들에게 국가나 지방관은 까마득히 멀리 있으므로 결국 징수를 담당한 향리들만 백성들의 원성의 대상이 되게 마련이었다.

향리는 부정부패의 주역인가

이런 현상들은 조선 후기 향리들에 대한 사회적 인식을 매우 부정적으로 만들었다. 그 단적인 표현은 다음의 『관성록(管城錄)』[*] 기사에 잘 나타나 있다.

"사람들이 향리를 말할 때 반드시 간악하다는 것과 연관지어 '간악한 아전이다. 또는 아전은 간악하다.' 라고 말한다. 그리고 '간악하지 않으면 아전으로 여길 수 없고 아전이라면 간악하지 않을 수 없다. 따라서 수령은 아전을 사람의 도리로써 대해서는 안 되고, 오직 분명히 살펴 감독하고 엄한 법으로써 이들을 다스려야 할 따름이다.' 라고 말한다."

다산 정약용(丁若鏞) 또한 저서 『목민심서(牧民心書)』 이전(吏典)조에서 향리집단을 더욱 부정적으로 묘사하고 있다.

"백성은 토지로써 생업을 삼지만 아전은 백성으로써 생업을 삼는

---

[*] 1814년 옥천군과 관련된 공문서들을 모아 정리한 책으로, 관성은 현 옥천의 통일신라 때의 고을 이름이다.

다. (아전은) 백성의 껍질을 벗기고 골수를 긁어내는 것을 농사짓는 일로 여기고 머릿수를 모으고 마구 거두어들이는 것으로써 수확하는 일을 삼는다. 이런 습성이 이루어져서 당연한 짓으로 여기게 되었으니, 아전을 단속하지 않고서 백성을 다스릴 수 있는 자는 없을 것이다."

과연 조선 후기에 일상화된 모든 부정부패의 주체는 사대부들의 주장대로 향리였는가. 조선 후기에 있어 부정부패라 하면 누구나 곧장 삼정문란(三政紊亂)을 떠올릴 것이다. 5장에서 확인하였듯 삼정 즉 전정(田政), 군정(軍政), 환곡(還穀) 가운데 환곡의 폐단은 단연 압도적이었다. 농민의 구휼과 복지에 기여한다는 제도의 본래 취지는 사라지고 농민을 착취하는 수단으로 변질되었던 것이다.

18세기에 이르러 서울과 지방을 닥론하고 거의 대부분의 관아에서 이자를 붙여 비축곡을 대여하고 있었다. 일제 강점기의 한 보고서(『이조시대의 재정(李朝時代の財政)』)에 따르면 경기도에만 무려 2백 개에 달하는 환곡 창고가 있었다고 한다. 환곡 창고는 전국에 걸쳐 군현 또는 그 이하 면 단위까지 분포되어 있을 정도로 광범위하였다.

위 보고서에 따르면 1725년에 국가 전체의 비축 환곡이 41만 6천 9백 석이었는데, 약 50년 후인 1776년경에는 이것이 137만 7천 석으로 세 배가 된다. 다시 1807년경에는 국가 전체의 비축 환곡이 999만 5천599석이라는 천문학적인 수치에 이르게 되는데, 이 가운데 730만 8천319석을 백성들에게 대부하였다. 마생무귀(麻生武龜)의 연구결과에 따르면 같은 해 669만 9천499석의 환곡에 대한 이자는 72만 7천28석이다. 이중 11만 4천863석은 비상용으로 남겨놓고

61만 2천165석을 국가재정으로 지출하였다.

그런데 『만기요람(萬機要覽)』 재용편(財用篇)에 따르면 같은 해인 1807년 호조의 전세(田稅) 수입은 11만 7천 석에 불과했고, 선혜청에서 최대한 거두어들일 수 있었던 대동미는 2만 석이었다. 이는 1807년경에 달하면 정부가 환곡의 이자로 거두어들이는 세금이, 정부 재정수입의 대부분을 차지했던 토지세 수입의 4배 이상에 이르게 됨을 보여준다.

더 큰 문제는 당시의 비축 환곡이 천만 석에 달한다는 것은 장부상에 있는 허구에 불과했다는 점이다. 수세기 동안 거두어들인 이자를 환곡제도에 재투자하지 않고 일반 행정 경비로 전용하였기 때문에, 그같이 엄청난 양의 환곡이 모였을 리가 없었다. 실제 1800년 이후 나라에 기근이 들었을 때 그 구휼에 있어 천만 석에 달하는 환곡이 아닌 공명첩(空名帖, 기부한 곡식의 양에 따라 내주는 관직임명장)을 매매하거나 개인의 기부에 의존하여 해결하려 하였다. 문제는 빌려준 환곡이 장부상의 기록보다 부족할지라도 거두어들이는 환곡의 원곡(元穀)과 이자는 같아야 했다. 그러니 농민들은 빌린 양보다 훨씬 많은 양의 곡식을 갚아야 했다. 당연히 원성이 없을 수가 없었다.

정부마저 제도적 부패를 인정하다

실로 환곡의 폐단은 1862년 전국적인 농민봉기의 주요 요인이었고, 정부도 전국에서 민란이 빈발하자 환곡의 폐단이 단지 지방관과 향리들의 부패에 국한되는 문제가 아니라, 제도 자체가 지닌 모순이 더 근본적인 문제임을 인정하지 않을 수 없었다.

조정에서 농민봉기의 사후처리를 위하여 이런 폐단을 바로잡을 수 있는 이정청(釐整廳)이란 기관을 설치한 것이 이를 말해준다. 이정청에서는 환곡제도의 문제점을 해결할 수 있는 여러 개혁 정책을 마련하였다. 이 개혁안에는 재정 수입을 목적으로 환곡의 이자를 활용하는 것을 없애고, 환곡을 농민들의 현실적인 수준에 맞추어 반환하게 함으로써 장부상에 허위로 기재된 악성 부채를 탕감하자는 것, 그리고 없어진 세입을 새로운 세금으로 대체하자는 것 등이 포함되었다.

이들 개혁안은 정부 스스로 환곡제도의 모순을 인정하는 획기적인 내용이었지만 대다수의 정부 주도 개혁안들이 그렇듯 그대로 시행되지는 않았다. 다만 이자를 붙여 대부하는 것은 계속하기로 하되, 허위로 기재된 비축곡의 3분의 2는 손실로 처리하여 없애기로 하였다. 이는 정부 스스로 비축곡의 무려 3분의 2가 허위 수치이며, 그간 농민들이 빌리지도 않은 이 비축곡을 갚기 위해 뼛골이 빠졌음을 인정한 것이었다. 장부상의 허위 수치를 없앤 정도가 그나마 개혁안으로 농민들에게 돌아간 혜택이었다.

환곡제도는 이처럼 부패에 적나라하게 노출될 수 있는 문제투성이 제도임이 입증되었다. 그러나 이는 관료들의 도덕규범이 특별히 타락했기 때문에 빚어진 결과는 아니었다. 오히려 그와 반대로 지방관은 제도의 모순으로 말미암아 부패하지 않을 수 없었다. 특히 실무담당자인 향리들은 빚을 받아들이고 비축곡을 유지하는 데 법적 책임을 지고 있었으므로 처벌받지 않기 위해서는 농민들을 독촉하는 수밖에 없었다. 그러나 농민들은 이런 제도적 모순으로 언제나 너무 많은 빚을 지고 있었기에 기껏해야 자신들의 빚 일부만을 상환할 수 있었으며 흉년이 들었을 경우에는 아무것도 상환할 수 없었다.

농민이 빚을 갚지 못하면 지방관은 농민을 닦달하는 한편 비축 곡식 수량을 조작하고 장부를 허위로 작성하여 세입과 비축요구를 충족시켜야 했다. 지방관은 이런 제도적 허점을 이용하여 얼마든지 부유한 농민들의 재산을 빼앗을 수 있었고 가난한 백성들을 착취할 수 있었다. 부패는 환곡제도를 유지하기 위한 필요악이었다. 물론 아전들은 그들 자신을 위하여 할 수 있는 일이 착취 외에는 다른 선택의 여지가 없었다.

그리하여 농민의 구휼과 복지에 기여해야 하는 제도는 농민을 착취하기 위한 수단으로 변질되었다. 그런데도 이런 제도를 운용하는 중앙의 고위관리들은 제도적 문제점을 지적하기보다는 부패한 지방관이나 아전들이 부도덕하게 농민을 착취한다고 비판하였다. 더구나 조선사회의 지배층인 사족들은 제도의 모순에서 비롯된 부정부패의 모든 책임을 향리집단에 전가하였던 것이다.

향리망국론의 진실

요컨대 향리집단을 불법과 부정의 원천으로 기록한 조선 후기 지식인의 기록은 양반계급이 자신들의 부패와 부정을 엄폐하기 위하여 모든 악의 근원을 향리들에게 전가하는 태도를 반영한 것에 불과하다. 즉 수탈구조의 정점에 서 있는 사족들이 자신들의 지시로 농민을 착취할 수밖에 없었던 향리층에게 모든 수탈과 부패의 책임을 전가한 것이었다.

구한말 선교사 헐버트는 조선의 향리들이 이런 제도적 모순의 희생양임을 정확히 파악했던 인물이다. 그는 『대한제국사서설』에서 양반과 향리의 관계에 대해 이렇게 기술하였다.

"아전(衙前, 향리)은 모든 사람들(지배층)이 저지르는 과오에 대한 속죄양이며, 기관실의 폭발을 막아주는 안전판의 구실을 한다. (중략) 만약 그들이 일반적으로 묘사되는 것의 반 정도라도 악덕한 무리들이라면 그들은 오래전에 국민들에 의하여 축출되었을지도 모른다. 그들은 제각기 자기의 고장에 붙박이가 되어 만약 주민들의 인심을 잃게 되면 새로운 풀밭에 방목될 수가 없고 오랫동안 그 후환을 겪어야만 한다. 그들의 가족과 재산은 그 지역의 불모가 되는 것이다. 그들의 일상생활은 주민들을 억압하는 것이 아니라 주민과 수령 방백수령(方伯首領) 사이의 완충제 역할을 하는 것이다. 그들은 한편으로 방백수령의 탐욕을 억제해야 하고 다른 한편으로는 국민들의 분노를 어루만져야만 한다."

심지어 그는 조선이란 나라의 정치체제가 유지될 수 있었던 이유가 바로 이 향리들에게 있다고 간파하였다.

"한국민들이 그토록 심한 억압과 실의(失意) 속에 살면서도 정치제도만은 수세기 동안 꾸준히 결속해올 수 있었던 것은 오로지 아전제도 덕분이다. 외국인들도 처음에는 한국인들이 어떻게 그런 제도를 견디어낼 수 있었을까 하고 의심하지만 서울에 있는 관리들이나 방백수령들의 착취 행위에 대한 몸서리나는 이야기들을 들으면 대개 수긍하게 된다. 그러한 제도가 존속된 것은 오로지 아전제도에 그 이유가 있다. 국가를 커다란 선박에 비유하면 아전은 닻과 같아서 주기적으로 밀려왔다가 밀려나감으로써 배를 난파시키는 험한 조류로부터 국가라고 하는 대선박을 붙잡아 매어놓는 역할을 하는 것이다."

조선의 향리들은 이처럼 부패 구조의 중간에 위치해 있으면서 착취하는 사족과 착취당하는 농민이 직접 충돌하는 것을 막는 완충역할을 하였다. 물론 이 와중에 거두어들인 환곡의 일부를 개인적으로 빼돌려 농민을 착취하는 경우도 적지는 않았지만, 그 근본적 책임은 향리층이 아니라 모순된 제도에 있었으며 그 제도의 정점에 서 있는 양반층의 것이었다.

23

사람한테 짓밟히고
텃세한테 괄시받은 보부상

신분제 사회인 조선시대에는 왕족을 제외한 모든 구성원이 양반, 상민(常民), 노비로 나뉘어 있었다. 이중 상민은 하는 일에 따라 농(農)·공(工)·상(商)으로 분류되었는데, 그 가운데 상인을 가장 천하게 여겼다. 상인 중에서 최말단에 위치한 분류가 바로 보부상(褓負商)이었다.

보부상이란 한마디로 전통시대에 생산자와 소비자 사이를 연결하는 행상(行商)을 말하는데, 봇짐장수인 보상(褓商)과 등짐장수인 부상(負商)을 합쳐 일컫는 말이다. 보부상의 기원은 그들 자신의 문서에 따르면 기자조선 시대부터였다고 한다. 하지만 이는 전설적인 내용에 불과하다. 백제의 여인이 행상 간 남편의 안전을 비는 정읍사(井邑詞)란 노래가 남아 있는 것으로 보아, 삼국시대에는 행상이 분명 존재하였던 것으로 여겨진다.

조선왕조는 농업을 중시하고 상업을 억제하는 농본상말(農本商末) 정책을 썼기 때문에 상업은 그다지 활발히 이루어지지 못했다. 하지만 농민들이 자급자족할 수 없는 수공업 제품이나 소금, 생선 등 여러 가지 생활필수품은 상인들을 통해 구입할 수밖에 없었으므로 상행위는 여전히 지속되었다. 특히 조선 후기는 잉여생산물을 거래하는 장시(場市)라는 지방 정기시장이 정착될 정도로 상업이 어느 정도 발전하였다. 장시는 정부차원에서 서울이나 개성·나주·경주 등 주요 도시에 설치한 상설 점포인 시전(市廛)과 달리, 일정한 날에 열리던 임시 시장이었는데, 지금도 일부 지방에 남아 있는 5일장이 장시의 유제(遺制)다.

장시가 처음 등장한 시기는 15세기 말이었다. 이때 전라도 무안, 나주 등지의 사람들이 큰 흉년을 맞아 한 달에 두 번 읍내 거리에서 필요한 물건을 교역하였는데, 이를 장문(場門)이라 하였다. 『중종실록』 중종 13년(1518) 1월 임자조에 따르면, 당시 전국 방방곡곡에 장이 서지 않는 곳이 없다 할 정도였다. 물론 이 기사는 과장된 표현이지만 그만큼 장시가 활성화되었음을 나타낸 것이라 할 수 있다. 장시는 17세기 중엽 이후 삼남지방을 중심으로 전국적으로 확산되었는데, 애초 15일이나 10일 간격으로 열리다가 5일장으로 정착되어 갔다. 그 결과 18세기 중반에 이르러 5일장인 장시가 전국 1,000여 곳에 열릴 정도로 크게 늘어났다.

보부상은 바로 이 장시를 중심으로 활동하던 상인들이었다. 이들은 대개 하루에 왕복할 수 있는 거리를 범위로 형성되어 있는 시장들을 돌면서 상행위를 하였다. 이들에 비해 규모가 큰 대보상·대부상들은 수운(水運)을 이용하거나 우마차로 많은 상품을 운반 판매하기도 하였다. 이들 대보부상은 대개 개성의 송상(松商)이나 서울의 경상(京商)과 관계를 맺고 전국을 무대로 활동하였다. 송상은 주로 인삼을 재배 판매하고 대외 무역을 주도하며 부를 축적했으며 경상은 운송업에 종사하면서 거상으로 성장하였다.

보상은 봇짐장수와 황아장수라고 일컫고, 부상은 등짐장수와 돌짐장수로 불렀다. 그 밖에도 이들의 호칭으로 장돌뱅이, 장돌림, 장꾼 등이 있다. 보상은 주로 정교한 기술로 만든 세공품이나 값이 비싼 사치품 등의 잡화 즉 조바위, 남바위, 풍차(風遮), 염낭, 댕기, 가리마, 분통(粉桶), 면빗, 얼레빗, 족집게, 연지함, 비녀 등 각종 물건을 취급하였다. 부상이 취급하는 주요 물품은 다섯 종류로 생선, 소금, 흙으로 빚은 각종 그릇, 나무로 만든 각종 그릇, 쇠로 만든 생활용품 등이었다.

이렇게 보부상의 규모는 영세한 경우가 많았다. 특히 옷감, 가죽제품 등을 취급하는 대보부상에 비해 어물, 소금, 무쇠그릇 등 값싼 제품을 지고 팔러 돌아다니는 이들은 더욱 처지가 열악하였다. 형편이 넉넉한 보부상은 장사한 후 집으로 돌아갔지만 대다수의 상인들은 주막집과 같은 곳에 마련되어 있는 봉놋방을 전전하면서 장시를 순회하였다.

더구나 이들은 대부분 권세가, 관청 그리고 이들과 결탁하여 유통과정을 장악한 객주(客主), 여각(旅閣) 등에게 이익을 빼앗겼다. 객주 가운데 많은 자본을 가진 자를 여각이라 한다. 이들 객주나 여각은 선상(船商)의 물건을 중개하고 부수적으로 운송, 보관, 숙박, 금융 등의 영업도 하였다. 선상은 선박을 이용하여 각 지방의 물품을 전국에 유통시켰는데, 경상이 대표적이다.

보부상의 열악한 생활형편은 고령 지신밟기 노랫말이 단적으로 보여준다.

"무거운 등짐 지고 이곳저곳 떠돌면서

보상과 부상은 별개의 조직으로 존재하다가 고종 20년(1883) 중앙에 혜상공국(惠商公局)이 설치되면서 합해져 군국아문(軍國衙門)에 부속되었다. 2년 후 혜상공국이 상리국(商理局)으로 바뀌면서 보상은 우단(右團), 부상은 좌단으로 불리었는데, 고종 31년(1894)에는 다시 보상과 부상을 농무아문(農務衙門) 관할로 두었다. 그 뒤 보부상은 황국중앙총상회(皇國中央總商會)에 소속되었다가 1897년에 황국협회로 이속된 2년 후에 다시 상무사(商務社)로 이관되면서 부상은 좌사(左社), 보상은 우사로 불리게 되었다.

이 보부상조직은 일제 강점기를 거치면서 거의 소멸되었다. 현재 부여와 한산을 중심으로 저산팔구(苧産八區)의 상무좌우사(商務左右社)와, 예산·덕산을 중심으로 하는 예덕상무좌우사(禮德商務左右社)만이 형식적으로 부활되어 그 명맥을 유지하고 있다. 저산팔구란 한산, 부여, 서천, 은산, 홍산, 비인, 남포, 임천 등 충청남도의 모시 생산으로 유명한 8개 지역을 일컫는 말이다.

중앙으로 통합되기 전에는 개성의 발가산(發佳山)에 보부상의 총본부가 있었는데, 이를 착임방(着任房)이라고 불렀다. 경기도 용인군의 금량장이란 시장에 부본부인 차임방(次任房)이 있었고, 각 도와 군현에는 각각 도임방(道任房), 군임방(郡任房)이 있는 전국조직

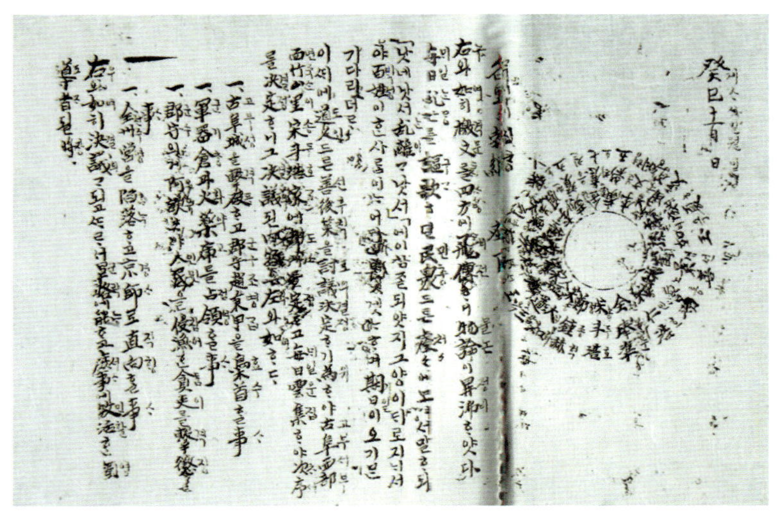

사발통문 사발입에 먹을 칠해 백지 가운데에 찍으면 동그란 원이 되는데, 그 둘레에 통보하는 사람들의 이름을 기록한 문서양식이다.

이었는데, 임방을 접소(接所)라고도 했다. 이 조직들은 도반수(都班首), 반수, 영수(領首), 접장(接長), 유사(有司), 공원(公員) 등의 임원으로 구성되어 있었다. 각 도에는 보상과 부상이 각기 따로 도방(道房)을 하나씩 가지고 있었는데, 도방이란 일종의 숙박시설로 감영(監營)이 있는 지역의 시장 주변에 위치하였다.

사발통문이란 독특한 연락체계는 이 같은 보부상 조직에서 유래한 것이었다. 사발통문은 전쟁이나 부역 등으로 나라에서 보부상을 동원할 때, 또는 보부상 사이나 보부상과 관리, 일반 백성 사이에 분쟁이 발생했을 경우 등에 발송하는 문서였다. 사발통문은 착임방에서 도방에 명령하면, 각 도방은 도임방에, 도임방은 군임방에, 군임방은 소속 보부상에게 띄우게 된다. 사발통문은 사발입에 먹을 칠해 백지 가운데에 찍으면 동그란 원이 되는데, 그 둘레에 통보하는 사람들의 이름을 차례로 쓰는 형식의 문서로서 그 주동자가 누구인지 모르게 하기 위한 것이었다. 사발통문의 연락방법은 걸어서 전달하는 보발(步撥)과 말을 타고 전달하는 마발(馬撥) 두 가지가 있었으며, 보발의 경우 한 사람이 연락처까지 직접 가는 방법과 30리 정도마다 사람을 바꿔가면서 전달하는 방법이 있었다.

보부상들은 조직운영과 구성원 간의 유대강화를 위해 각기 소속 임방에 봄, 가을에 회비를 냈다. 봄에 걷는 춘수전(春收錢)은 임방 구성원이 병이 났을 때 쓰는 비용이었고, 가을에 걷는 추보전(秋補錢)은 성원이 죽었을 경우 그 장례비로 쓰기 위한 비용이었다. 임방에서는 춘수전과 추보전을 낸 보부상들에게 임방의 도장을 찍은 자문〔尺文〕이라는 영수증을 주었다.

보부상 조직들은 구성원의 죄를 처벌하기 위한 자체 규정도 있었다. 구성원이 잘못을 저질렀을 경우 그가 속한 도방 단위로 죄의 경중에 따라 처벌하였는데, 부상의 경우 죄가 가벼우면 태형(笞刑)으로 다스렸고 죄가 무거우면 멍석으로 말아 부상들의 휴대품인 물미장(勿尾杖)으로 때렸는데 심하면 죽음에 이르는 경우도 있을 정도로 규율이 엄했다. 보상의 경우에는 죄가 가벼우면 보상의 휴대품인 유척(鍮尺)이라는 자로 때렸고 죄가 무거우면 역시 멍석말이로 다스렸다.

보부상은 상행위시 국가로부터 특권을 인정받는 대신에 유사시에 동원되어 나라에 봉사해야 했다. 실제로 임진왜란 때 행주산성 전투에서는 수천 명의 부상들이 동원되어 식량과 무기를 운반·보급하고 전투에도 직접 참여하였다. 병자호란 때에도 인조가 남한산성으로 피신할 때 부상들이 식량을 운반하고 성을 방어하였다. 전쟁이 끝난 후 조정은 그들의 공로를 인정하여 어염(魚鹽)·목기(木器)·수철(水鐵) 등 다섯 가지 물건의 전매권을 주기도 하였다.

그 뒤 정조가 수원성을 축조할 때에도 부상들은 석재와 목재를 운반하여 다듬고 철기를 제련하여 장안문(長安門)을 건축하였다. 고종 3년(1866) 병인양요 때에는 전국의 보부상이 동원되어 문수산과 정족산 전투에서 프랑스군을 물리치기도 하였다. 보부상은 동학농민운동 당시 황토현 전투 이래 관군의 편에 서서 동학군과 전투를 치르기도 하였는데, 이때의 주력은 저산팔구의 보부상이었다.

조선 후기 상업의 주역인 보부상 조직은 일제 강점기를 거치며 거의 소멸했고, 현재는 앞서 말한 것처럼 충청남도 저산팔구 상무좌우사와 예덕상무좌우사 등 극소수만이 그 명맥을 유지하고 있다. 이들이 몰락하는 사이 생산과 유통을 동시에 수행했던 신흥 자산가들이 현재 한국의 재벌로 성장했는데, 보부상의 후예들은 지금도 여전히 남아 있는 시골장들을 돌며 전통의 방식을 유지하고 있다.

『관성록(管城錄)』, 『광해군일기(光海君日記)』, 『만기요람(萬機要覽)』, 『목민심서(牧民心書)』, 『명종실록(明宗實錄)』, 『성종실록(成宗實錄)』, 『세종실록(世宗實錄)』, 『정조실록(正祖實錄)』, 『중종실록(中宗實錄)』, 『태조실록(太祖實錄)』, 『태종실록(太宗實錄)』, 『효종실록(孝宗實錄)』

1) 박종성, 『백정과 기생』, 서울대출판부, 2003.
2) 이준구, 「조선후기 백정의 존재양상」, 『대구사학』 53, 대구사학회, 1997.
3) 이준구, 「조선전기 백정의 범죄상과 제민화 시책」, 『대구사학』 56, 1998.
4) 한희숙, 「조선 태종, 세종대의 백정의 생활상과 도적 활동」, 『한국사학보』 6, 1999.
5) 강길성, 『한국의 무당』, 열화당, 1981.
6) 민정희, 「조선전기 무당의 호칭과 종류」, 『역사민속학』 10, 2000.
7) 최길성, 「촌락사회에서의 무당의 기능」, 『여산유병덕박사화갑기념 한국철학종교사상사』, 1990.
8) 권기중, 「조선후기 단성현 향리층의 분화 현상」, 『대동문화연구』 47, 2004.
9) 윤희면, 『조선후기의 향리』, 일조각, 1990.
10) 이성무, 「조선초기의 향리」, 『한국사연구』 5, 한국사연구회, 1970.
11) 이훈상, 『조선후기의 향리』, 일조각, 1990
12) 이헌창, 「조선후기 보부상과 보부상단」, 『국사관논총』 38, 1992.
13) 조재곤, 『근대격변기의 상인, 보부상』, 서울대출판부, 2003.

7

전통이냐, 근대냐

- 실학은 과연 근대 지향적인 학술 운동이었는가?
- 조선 후기, 늘기는커녕 오히려 줄어든 양반의 숫자
- 화폐 유통량 증가는 상업 발전의 산물?

24

실학은 과연
근대 지향적인 학술 운동이었는가?

실학(實學)이란 단어를 들으면 가장 먼저 무엇이 떠오를까. 아마도 실용성, 실증주의, 민족의식 등 서구의 근대사상과 관련된 용어들일 것이다. 이것은 물론 실학을 근대적 성격을 지닌 지적운동으로 규정한 학계의 지배적인 학설에서 비롯된 것이다. 현재 학계에서는 실학에 대해 당시 지배이념이던 주자학을 비판하면서 대두한 새로운 학풍이며 조선 후기의 사회적 모순을 해결하려는 사회개혁론이라는 주장이 통설로 자리 잡고 있다. 나아가 실학은 근대 지향적인 학문으로 높이 평가받고 있다. 물론 이러한 내용은 한국인의 통념이 되었다.

실학은 반주자학인가

과연 실학은 학계의 주장처럼 주자학을 비판했고 그 대안을 제시한 근대 지향적인 성격의 학술 운동이었을까. 놀랍게도 이른바 실학자들은 주자학을 비판하기는커녕 오히려 높이 치켜세웠다.

「성호사설」

이익은 저서 『성호사설』 정주성인조(程朱聖人條)에서 '정주(程朱)가 맹자 이전에 있었다면 반드시 성인으로 지목되었을 것'이라 하면서 정자(程子)와 주자(朱子)를 맹자에 버금가는 성인으로 추앙하고 있다. 정약용도 주자의 학문적 권위를 높이 평가했는데, 자신의 『여유당전서(與猶堂全書)』 시문집에서는 주자의 학문적 권위를 비판하기는커녕 오히려 절대화하고 있다.

"역대 선유(先儒)의 논의를 살피건대, 주자의 설만이 참으로 확실하고 평정하다. 『주자어류(朱子語類)』에 실린 천만 가지 말마다 모두가 요체에 들어맞으니 내가 무엇을 덧붙이겠는가."

그야말로 홍대용(洪大容)이 "주자학은 중정(中正)하여 편벽되지 않으니 공맹(孔孟)의 정맥(正脈)이다.”라고 평가한 것처럼, 실학자들은 주자나 주자학을 비판하지 않았다. 오히려 유학의 정통이 주자학임을 분명히 해 그 가치를 높이 평가하고 있다.

실학자들의 이런 인식은 그들의 사회개혁론에서도 명백하게 드러난다. 조선 후기 조정의 가장 큰 현안은 양반 지주들의 토지 독점에 따른 조정의 재정 수입 부족과 농민들의 빈곤이었다. 이 때문에 실학자들은 앞 다투어 토지개혁안을 제시했는데, 유형원(柳馨遠), 이익, 정약용 등은 개인의 토지 소유를 제한하거나, 모든 토지를 국유화하여 경작자에게 재분배하는 것만이 유일한 해결책이라고 믿고 있었다.

송대 성리학자들의 주장을 답습한 실학자들의 토지개혁론

유형원은 모든 토지를 국유화하여 평민들에게 동등하게 분급하자는 균전제(均田論)를 제의하였다. 물론 그는 신분이나 역할의 상위 서열에 위치한 관료나 사족에게는 더 큰 몫을 제공해야 한다고 덧붙였다. 구체적으로 농민 한 사람에게 1경(頃)을 지급할 때 사족이나 관리에게는 2~12경의 토지를 차등을 두어 지급하자고 하였다.

유형원의 제안은 한마디로 개인 소유를 없애고 평민 농민들에게 수입과 생산을 위한 확고한 기반을 보장하는 한편, 정치적 · 사회적 엘리트들에 대해서는 경제적 기초를 마련해주자는 것이었다. 즉 이는 조선왕조체제를 근본적으로 개혁하거나 부정한 것이 아니라 당시의 위계적 사회질서를 유지할 필요성에 따라 제기된 것이었다.

이익은 유형원의 제안과 같은 급진적인 방법의 균전론을 피해야 한다고 전제하고, 토지의 사적(私的) 사유라는 현실을 인정한 위에서 점진적인 방법을 통해 균전제를 실시해야 한다고 했다. 개인의 사적 소유를 없애고 사회 특권을 철폐하는 조치는 토지 소유자나 지배층의 반발로 좌초될 것이라고 보았던 것이다.

이익은 개혁이 성과를 거두려면 소유권에 대해 법적 제약을 가하자는 점진주의자들의 접근 방식밖에 없다고 믿었고 소수의 토지 독점현상은 빈민의 토지 방매(放賣)에서 비롯된 것이라고 생각하였다. 따라서 빈민의 토지 방매를 방지하기 위해 일정한 토지면적으로 가구당 영업전(永業田)을 설정하고 이 영업전 외의 토지매매는 허용하되, 영업전은 일체 매매를 금지하자고 주장하였다. 그렇게 되면 빈민의 경우에는 토지를 매입하여 그의 영업전 액수를 채울 수 있고, 부민(富民)의 경우에는 토지 방매나 자손에의 분할상속 등으로 점차 영업전의 규모에 가까워지도록 한다면 균전제는 저절로 이루어질 것으로 보았다.

박지원 역시 토지 소유의 상한선을 설정하고 그 이상의 토지 매입을 허용하지 않는다면, 수십 년이 지나지 않아서 매매나 상속 등을 통해 토지 소유가 균등해질 것이라고 하였다. 한전론(限田論)을 통해 균전의 취지를 실현하고자 했던 것이다. 서유거(徐有榘)와 서응순(徐應淳)이 주장한 한전론 역시 박지원의 주장과 유사한 내용이었다.

정약용은 토지 분배와 조세 문제에 대해 비현실적이긴 하지만 가장 급진적인 해결책으로 정전제(井田制)를 제시하였다. 그는 개인의 소유권을 위계적인 정치구조 아래 통합된 공동체의 공동소유로 대체함으로써 사유재산과 사회적 특권이 모두 사라지기를 희망하였

전북 부안의 유형원 유적지와 유형원의 초상화

다. 토지를 공동소유하면 평등한 토지분배는 안 되지만 재부를 평등하게 분배할 수는 있다는 것이다.

이상의 토지개혁론은 중국 성리학자들의 주장을 그대로 따른 것에 불과하다. 송나라 성리학자 정호(程顥), 정이(程頤), 소식(蘇軾), 주돈이(周敦頤) 등이 성리학적 사회질서를 실현하려는 차원에서 제기했던 정전론, 균전론, 한전론 등에 뿌리를 두고 있기 때문이다.

예컨대 이익의 주장은 소식의 한전론을 그대로 답습했고, 유형원의 견해는 남송 임훈(林勳)의 균전론과 같은 성격의 토지개혁론이다. 말하자면 이들이 균전론이나 한전론을 내세워 소수의 토지독점을 반대하고 균등분배를 주장한 것은 오히려 성리학이 추구하는 위계적인 사회질서를 창출하려 했던 조치에 불과한 것이었다.

더구나 균전제를 실시하자는 주장은 이미 중종 때 주자학 신봉자인 사림파에 의해 제기된 바 있다. 이런 사정은 사림파의 박수량(朴遂良)이 중종에게 건의한 내용 가운데서도 확인된다.

"우리나라는 백성의 빈부 차이가 너무도 심합니다. 부자는 그 땅이 한량없이 연이어 있고 가난한 자는 송곳을 세울 곳도 없습니다. 비록 정전법이 훌륭하다 하더라도 지금은 시행할 수 없으니, 균전법을 시행하면 백성이 실질적인 혜택을 입을 것입니다."

『중종실록』 13년 5월 27일조

가장 급진적인 정약용의 정전제는 어떠할까. 이 역시 근대 지향적 질서가 아닌 성리학적 사회질서를 구축하려는 개혁안에 불과하다. 무엇보다도 그의 아이디어가 정자(정호·정이)의 정전론에서 비

롯되었고 구한말 대표적인 위정척사파인 이항로(李恒老), 김평묵(金
平默) 등에 의해서도 제기되었다는 점에서 더욱 그러하다. 중국의
저명한 성리학자와 근대여명기에도 여전히 주자학적 사회질서를
완고하게 고수하려 했던 위정척사파가 제기한 정전론이 근대 지향
적인 성격을 지닐 수는 없는 노릇이다.

퇴행적인 조세구조

그렇다면 이들 실학자는 왜 조선 중기 이래 사림파가 추구하려
했던 것과 같은 방안을 제시한 것일까. 임진왜란과 병자호란 이후
전답이 황폐해지고 인구도 대폭 줄어 정부의 조세 기반은 오히려
줄어들었다.

법제상으로 20년에 한 번씩 토지조사사업을 시행하도록 규정하
고 있었지만, 제대로 시행된 적은 거의 없었다. 순조 20년(1820)에
시행된 조사사업은 무려 1백 년 만에 실시된 것이었다. 이토록 토지
조사사업이 제대로 시행되지 않은 까닭은 예산의 부족과 행정의 이
완, 그리고 대토지 소유자인 양반의 방해 때문이었다. 게다가 조사
사업을 하더라도 양반 지주들은 대부분 허위로 기재하기 일쑤였다.
그 결과 영조 43년(1769) 전체 131만 결의 토지 가운데 80만 결에
대해서만 과세할 수 있었다.

퇴행적인 조세구조 역시 조정의 세입기반을 침식하였다. 물론 그
부담은 대부분 농민들에게 전가되었다. 양반 지주가 대부분을 소유
한 토지는 비옥하고 생산성이 높았지만, 그 땅에는 세금을 적게 책

정했기 때문이었다.

　법제상 토지세는 결당 20두(토지세 4두, 대동미 12두, 각종 부가세 포함) 남짓이었지만 19세기에 편찬된 『만기요람(萬機要覽)』 재용편(財用篇)에 따르면 실제로는 결당 100두이다. 그리고 일제 때 정리한 책인 『이조시대의 재정』에 따르면 조선시대 1결당 산출량은 가장 척박한 토지가 150두, 가장 좋은 땅이 900두 등이었다. 두 자료가 작성된 시기는 다르지만 뒤의 책 역시 조선왕조의 자료를 토대로 작성된 것임을 고려한다면 그 통계차가 그다지 크지 않다. 결국 조선 후기 실제의 토지세율 역시 가장 비옥한 땅이 11퍼센트, 가장 좋지 않은 토지가 66퍼센트로 각기 달랐다. 어찌 보면 극단적인 사례일지 모르지만, 대다수의 학자들이 인정하고 있다.

　군정(軍政)의 폐단 역시 심각한 수준이었다. 임진왜란 이후 정부는 늘어난 재정수요를 충당하기 위해 기부한 곡식의 양에 따라 관직 임명장을 내주고 군역세 면세를 보장하는 이른바 공명첩(空名帖)을 광범위하게 판매하였다. 미래의 재정 수입을 저당 잡히는 셈이었다.

　또 양인들은 관둔전(官屯田), 공해전(公廨田), 궁방전(宮房田)과 같은 특정기관에 투탁(投託)하거나 향교의 교생(校生)이나 서원의 원생(院生)으로 적을 올려 군포세 부담에서 벗어나려 하였다. 『효종실록』 2년 7월조를 보면, "지금의 사족으로서 교적(敎籍)에 속한 것을 싫어하지 않는 자가 없으므로 전국의 교생은 모두 평민과 서얼의 자식들이다."라고 적혀 있다. 임진왜란 이후 교생들은 대부분 본래 군역을 부담해야 하는 계층인 양인들이 차지하고 있음을 말해준다.

　이처럼 군역 면제자들이 증가한 만큼 실제 군역을 담당할 양인의 숫자는 줄어들었다. 『영조실록』 영조 8년 1월 을해조에 실려 있는 문서 '균역사실책자(均役事實冊子)'를 보면, 전국의 호구 숫자는 134만 호이다. 이 가운데 72만 호 가량이 가족을 부양하는 남자가 한 사람이거나 빈곤한 호구로서, 군포세 납부를 면제받는 범주에 속하는 사람들이었다. 따라서 이들을 빼고 나면, 군역을 부담해야 할 호구는 대략 62만 호인데, 그중 5분의 4가 관리와 향품(鄕品), 관속, 역리(驛吏), 승려처럼 군역을 면제받는 범주에 속했다. 결국 전체의 8퍼센트인 10만 호, 50여만 명이 양정(良丁)의 군포를 부담해야만 했다.

사정이 이러할진대, 지방관이나 향리들로서는 군포 할당량을 채우기 위해 불법적인 방법을 동원할 수밖에 없었다. 잘 알려진 대로 촌락을 떠나거나 죽은 사람이 생기면 인척이나 이웃으로부터 군포를 징수했고, 군포가 합법적으로 면제되는 60세 이상의 노인과 어린아이까지 군포를 납부하는 대상이 되었다.

국가재정의 양대 축인 토지세와 군역세의 기반이 크게 위축된 상태에서 조정이 택한 방법은 다름 아닌 환곡이었다. 그 이후의 과정은 독자들도 이미 잘 알 것이다. 환곡은 제도적인 모순과 농민에게 책임을 전가한 사족들의 이해관계가 맞물려 농민을 수탈하는 도구로 변질되었다.

조선왕조체제 유지를 위한 개혁안

이처럼 조선 후기는 양반 지주들의 재부(財富) 독점과 퇴행적인 부세구조로 말미암아 조정의 재정은 극단적인 적자 상태였고, 그 결과 재정의 대부분을 영세농민 복지제도인 환곡 수입으로 충당하고 있었다. 말하자면 조선왕조는 해체 위기상황에 직면해 있었다.

실학자들이 토지제도 개혁에 관심을 둔 것도 바로 이러한 위기상황을 인식했기 때문이었다. 그들은 당장 토지제도를 개혁하지 않으면 만성적인 빈곤 상태에 처한 농민이 봉기를 일으켜 조선왕조가 곧 붕괴되리라고 생각하였다. 정약용이 "곰곰이 생각해보면, 하나하나의 털끝만 한 것까지도 병들지 않은 것이 없다. 지금 곧바로 개혁하지 않으면 반드시 나라를 망치고 말 것"이라고 단정 지을 정도였다.

이른바 실학자들은 해체 위기에 직면한 조선왕조를 유지하기 위한 방안으로 토지제도를 비롯한 각존 사회개혁론을 제시하였던 것이다. 그리고 그 개혁론이 바로 오늘날 실학으로 지칭되고 있는 것이다. 따라서 실학은 조선왕조체제라는 주자학적인 사회질서를 유지하기 위한 보수적인 개혁론일 뿐 근대 지향적 학문이나 사상은 결코 아니었다.

25

조선 후기, 늘기는커녕
오히려 줄어든 양반의 숫자

조선 초기만 해도 양반은 문 · 무반(文武班) 양자를 가리키는 것으로서 지배신분을 뜻했다. 이들은 조선 초기에는 소수의 특권층이었으나 임진왜란을 계기로 그 희소성이 무너지기 시작해 조선 후기인 18, 19세기경에는 신분제의 문란과 함께 신분이동이 활발하게 전개되어 그 숫자가 대거 늘어난 것으로 알려져 있다. 즉 신분이동은 천인신분에서 양인신분으로, 양인신분에서 양반신분으로 이루어졌다는 것이다. 그 결과 양반은 격증하고 양인 · 천인은 격감해 종전의 양반이니 평민이니 또는 천민이니 하는 차별이 거의 유명무실한 것으로 되어버렸다는 견해가 학계의 통설이자 일반인의 통념이기도 하다. 이는 곧 조선 후기의 사회를 신분제가 해체되는 근대사회로 발전해나가는, 즉 근대 지향적 사회로 규정한 것을 의미한다.

한 일본인의 대구호적 분석에 근거한 양반증가론

이런 주장을 맨 처음 한 사람은 일본인인 시카타 히로시(四方博)

다. 그의 학설은 조선 후기에 작성된 대구호적을 분석한 결과에 근거한 것으로서 요지는 대략 이렇다.

숙종 16년(1690)에 총 3,156호(戶)였던 대구지역 10개 면의 호구가 170년 후인 철종 9년(1858)에는 2,985호로 오히려 5.4퍼센트가 감소하여 전체 인구는 줄어들었다. 그런데 같은 기간 동안 양반호는 당초의 290호에서 2,099호로 무려 6.2배 이상이나 격증하였다. 이에 비해 상민호(常民戶)는 1,694호에서 842호로 반감하고 노비호는 1,172호에서 44호로 무려 96퍼센트나 감소하였다. 이 연구결과는 당초 전체 호수의 9.2퍼센트에 지나지 않았던 양반호가 전체의 70.3퍼센트로 격증하였고 상민호는 53.7퍼센트에서 28.2퍼센트로, 노비호는 37퍼센트에서 1.5퍼센트로 각각 크게 감소하였음을 보여준다. 이런 현상은 양반이 상민 또는 그 아래의 신분으로 전락한 반면 상민은 양반으로, 천민은 상민 또는 양반으로 상승한 결과이다. 그리하여 자연히 조선 후기인 18, 19세기에는 양반층이 급격히 증가하였다는 결론이 도출된다.

시카타 히로시의 이런 주장은 해방 후 많은 국내외 학자들의 연구에 의해서 거듭 확인되었는데, 이들의 연구 결과 역시 비슷하였다. 즉 임진왜란을 계기로 양반 가운데 많은 사람들이 몰락한 반면 대조적으로 종래 양반이 아니었던 사람들이 군공(軍功)·납속(納粟) 등 합법적인 절차에 의해, 또는 유학모칭(幼學冒稱)·족보 위조 등 불법적인 방법을 통해서 양반으로 상승하였다는 것이다. 그리고 그 상승폭은 오히려 시카타 히로시의 연구결과보다 높았다. 이런 견해는 기정사실화되어 현 중·고등학교의 국정교과서나 각 대학에서 교재로 사용하는 한국사 통사류에도 그대로 서술되고 있다.

유학은 과연 양반인가

그런데 이들의 결론은 유학(幼學)을 양반호로 확정한 전제하에서
도출되었다는 문제점을 안고 있다. 철종 9년(1858) 대구호적의 경우
양반호 가운데 유학이 차지하는 비율은 무려 89.8퍼센트였다. 다른
연구자들이 분석대상으로 삼았던 다른 호적들 역시 양반호에서 유
학이 차지하는 비율은 비슷하였다. 이들은 모두 '유학=양반'이라
는 전제 아래 그 결과를 분석했던 것이다. 과연 이런 전제는 타당한
것일까?

조선시대에는 과거 출신자나 전·현직 관리가 아닌 경우, 또 통덕
랑(通德郞)이나 승의랑(承議郞) 같은 일정한 품계(品階)의 소지자가 아
닌 경우, 호적이나 향안(鄕案) 같은 데에 보통 유학이라 칭하는 것이
원래 규정이자 관례였다. 이런 사람은 나이가 60이 되고 70이 되어
도 역시 유학이었다. 그런데 문제는 유학이라 칭할 수 있는 사람들이
모두 양반신분은 아니라는 것이다. 곧 '유학=양반'의 등식이 무너
진다. 그러면 조선 후기에 양반층이 급격히 증가했다는, 즉 신분제가
해체되었다는 주장은 그 결정적인 근거가 뿌리째 흔들리게 된다.

그렇다면 호적상의 유생은 어떻게 이해해야 하는가. 유생은 관리
가 되기 위하여 공부를 하는 학생들이므로 국가차원에서 군역을 면
제해주었다. 조선 후기에 양반이 아닌 사람들이 유생을 모칭한 것
은 대부분 군역을 면제받기 위한 것이었다. 이들은 향리들에게 뇌
물을 주는 등 여러 가지 방법으로 유생명부에 이름을 올려 군역을
면제받았다. 당시 조정이나 학자들이 군역 개혁에서 가장 시급하고
도 중요한 사안이 바로 유학모칭 근절이라고 논의할 정도로 이는

커다란 사회문제였다.

정약용은 저서 『목민심서』 호적조(戶籍條)에서 "공사천(公私賤)까지 유학을 모칭하게 되니 온 나라 백성들이 모두 유학이 될 것이다."라고 개탄하면서, "나는 (지방관으로 있을 때) '모칭유학'은 엄금해야 한다고 하였으나 내가 떠난 후에 '모칭유학' 해서 환원(還元)된 자가 반드시 적리(籍吏)에게 뇌물을 주고 전과 같이 모칭할 것이다."라고 우려하였다.

따라서 과장된 표현이긴 하도 온 나라 백성들이 모두 유학이 될 정도로 극도로 문란한 제도 때문에 야기된 호적상 유학의 급증 사례를 가지고 양반층 급증의 결정적 근거로 삼은 설은 명백한 오류이다. 유생 중에는 양반보다 양반이 아닌 사람들이 훨씬 많았던 것이다.

사실이 이러한데도 현재 학계에서는 대개 '양반에는 품관양반(品官兩班)과 유학양반이 있는데 전자는 상층양반이고 후자는 하층양반'이라고 이해하고 있다. 하지만 유학보다 상위계층인 품관양반으로 간주된 부류도 조선시대의 엄격한 신분구분으로 따져보면 양반이 아닐 수도 있었다. 품관은 대개 수령을 보좌하는 향청(鄕廳)의 좌수(座首), 때론 좌수와 별감(別監)을 뜻하는 말로 사용되었다. 지금껏 이들 품관들을 별다른 이의 없이 양반으로 간주해왔는데 이런 인식에도 문제의 소지가 있다. 조선의 실제 양반들은 자신들과 이들 품관을 차별해 같은 양반으로 간주하지 않았기 때문이다.

이런 인식은 조선 중기 남원출신 학자 이문재(李文載, 1615~1689)의 시문집인 『석동유고(石洞遺稿)』의 다음 기사에서 확인할 수 있다.

"본 남원부는 비록 백리지국(百理之國)이라고 하지만 사류(士類)가

극히 적고 품관이 무려 500호나 되어 중과부적(衆寡不敵)이다. 따라서 이 지방에서는 사론(士論)이 서지 않고 공의(公議)가 행해지지 못하며 조세와 요역(徭役)에 관한 처리가 제때에 이루어지지 않고 누적되기만 한다. 더욱이 이 고을 아전들은 간교하기가 극심하여 백 가지로 백성을 괴롭힌다. 만일 저들 품관이 이 고을 기강을 바로잡을 실무 책임자로서 사론과 공의를 잘 반영하고 아전들의 못된 짓을 단속하며 백성들의 괴로움을 풀어주어 태수(太守)로 하여금 힘들이지 않고 다스릴 수 있도록 한다면 그들도 사류임에 틀림없다. 어찌 그들을 품관이라는 이유로 업신여기겠는가."

자신들은 진짜 양반이지만 품관들은 그렇지 않은데, 품관의 숫자가 자신들보다 많아 중과부적이라는 데서 대결적인 구분의식을 엿볼 수 있다. 품관을 양반으로 인정하지 않은 기록은 『정조병오소회등록(正祖丙午所懷謄錄)』에 수록된 손상룡의 글에서도 찾아볼 수 있다.

"아무리 양반일지라도 일단 향족(鄕族, 좌수나 별감직을 맡은 품관)으로 격하되거나 또는 결혼에 있어 상대를 잘못 택하면 같은 한 집안에서도 상대를 하지 않았다."

이처럼 당시 양반들은 현 학계에서 상층양반으로 이해하고 있는 품관까지도 양반신분으로 대우하지 않고 차별하였다. 품관도 양반으로 인정하지 않는 터에 그들보다 하급인 것이 분명한 유학까지 모두 양반으로 파악하여 조선 후기에 양반층이 급증하였다고 한 주장은 사실을 정확히 반영했다고 볼 수 없다.

양반 숫자가 늘기는커녕 줄다

사실 조선 후기에 들어 양반층은 늘어나기는커녕 오히려 줄어들었다. 이런 사정은 앞의 『정조병오소회등록』 기사가 단적으로 알려준다.

> "대저 (경상도) 71주(州) 가운데 예부터 양반이 없는 읍은 7곳인데, 이는 대개 바닷가의 7읍으로 (이곳에는) 본래부터 사족(士族)이 없었고 향족(鄕族)만 있었다. 그러므로 (경상도에서) 양반이 없는 읍은 단지 7읍뿐이었으나, (조선) 중기 이래로 과거 출신자가 없고, 또한 (양반) 가믄과 결혼에 실패하여 차츰 향족만이 있는 읍이 늘어났다. 이로 인해 양반이 없는 읍이 지금(정조 10년, 1786년경)에는 15읍이 되었다."

경상도 지역은 조선 후기에 와서 양반층이 오히려 줄어든 상황을 보여준다. 여기에는 인조반정 이후 충청·전라도를 기반으로 하는 서인이 계속 집권하면서 영남을 기반으로 하는 남인들의 관직 진출이 저조했던 상황도 한몫을 했다. 이 기록은 양반의 지속 요건으로 '과거'와 '양반과의 결혼'이란 제한된 조건을 들고 있다. 호적에 기재된 유학 따위는 애당초 고려대상도 못 되는 것이다.

그러면 호적에 기재된 유학을 어떻게 이해해야 할까. 이 문제를 검토하기에 앞서 조선시대에 양반신분을 조작한다는 것이 지극히 어려운 일이었음을 먼저 지적해야 할 것 같다. 손상룡은 "경상도 50여 고을에 사는 양반들은 서로가 서로의 가문 내력을 너무도 잘 알고 있다."고 지적하고 있는데, 이런 상황에서 양반 신분을 몰래 조작한다는 것은 불가능에 가까운 일이었을 것이다.

정약용도 「발택리지(跋擇里誌)」에서 "양반이란 당연히 어느 한곳에 터를 잡아 그곳에서 대대로 눌러 살아야 하며 그렇지 않을 경우 마치 망국자(亡國者)와 같은 처지가 되어버린다."라고 말하면서, 그 역시 이런 연유로 자신의 고향 초천(苕川)이 홍수가 잦고 농사가 안 되며 풍속이 좋지 않아서 살기에 매우 좋지 못한 환경이지만 떠나지 못한다고 하였다. 이는 서로의 내력을 너무 잘 아는 진짜 양반들을 피해 다른 지역으로 이주하여 양반노릇을 할 수 없는 상황을 말해주는 것이다.

또한 조선시대에는 어느 지역이든 유림집단이 있었다. 그들은 향교나 서원을 근거지로 하거나 향안·향약의 조직을 통하여 그 지역 내의 정치·사회·교화 기타 모든 영역에서 지배적인 역할을 하였는데, 이들 집단이 지니는 특징의 하나는 배타성이었다. 이들 유림의 배타성은 유학자 특유의 결벽성까지 작용하여 씨족간 또는 씨족 내의 각 파 간에 존재하였던 배타성보다도 더욱 강하였다. 이 같은 상황에서 다른 신분 출신들이 양반신분을 조작하여 유림집단에 속한다는 것은 불가능에 가까운 일이었다. 이처럼 조선시대에는 다른 신분의 사람들이 양반신분을 사칭하거나 조작하기가 극히 어려웠다.

양반으로 인정받기 위한 여러 전제조건들

조선시대 양반은 어떤 집단이기에 그 신분을 위조하는 것이 거의 불가능에 가까웠을까? 조선시대의 특권층이었던 양반의 개념을 정확하게 규정하는 것은 매우 어려운 작업이다. 양반의 기준에 대한 성문화된 규정이 없기 때문이다. 양반이란 신분이 법제적인 절차로 제정된 계층이 아니라 사회관습을 통해서 형성된 계층이기에 그러하다. 즉 조선의 양반은 『경국대전』에 그 특권적 지위가 규정되지는 않았지만 실제적으로는 많은 특권을 누리고 있었고, 이런 특권은 국가 권력은 물론 일반 백성들의 의식 속에서도 용인되고 있었다. 정약용은 양반의 존재형태를 앞의 「발택리지」에서 이렇게 적고 있다.

"가문(家門)마다 공통의 현조(顯祖)를 떠받들고 한곳을 차지하여 씨족이 모여 거주한다. (따라서) 공고하게 유지하기에 (가문의) 근본이 뽑히지 않았다. 가령 이씨는 퇴계(退溪, 이황)를 (공통의 현조로) 떠받들며 도산(陶山)을 차지하고, 류씨는 서애(西崖, 유성룡)를 떠받들고 하회(河洄)를 차지하였다."

정약용의 이 글은 양반이 되기 위한 두 가지 조건을 말해준다. 하나는 과거급제자나 당대를 대표하는 저명한 주자학자, 즉 현조를 조상으로 모셔야 한다는 것이다. 이는 물론 그 조상으로부터 자신에 이르는 계보 관계가 명확해야 한다는 것을 전제한다. 다른 하나는 여러 대에 걸쳐 특정한 행정구역 내의 부락 또는 몇 개의 부락에 집단적으로 거주해야 한다는 것이다. 앞에 서술했듯이 정약용이 살기에 불편한 고향을 떠나지 못하는 이유는 이것이 양반의 조건 중 하나였기 때문이었다. 이렇게 특정 가문이 대대로 거주한 곳을 세거지(世居地)라고 하는데, 이곳에서는 양반 가문이 동족 집락(集落)을 이루며 그 지역을 지배하는 것이 일반적이었다.

양반들은 앞에서 인용한 손상룡의 말처럼 양반 이외의 신분층과 혼인관계를 맺을 경우 양반으로 대우하지 않았다. 즉 양반 대우를 계속 받으려면 결혼 상대도 같은 양반집단에서 골라야 했다. 그리고 연암 박지원이 『양반전』에서 언급한 것처럼 대단히 복잡하고 때로는 힘든 양반의 생활양식과 예법을 지켜야 했다. 양반의 생활양식과 예법이란 봉제사접빈객(奉祭祀接賓客, 조상 제사와 손님에 대한 접대를 정중히 행하는 것)과 동시에 성현들의 학문에 힘쓰면서 이를 자기 것으로 만들기 위해 자기 수양을 쌓는 것을 말한다.

조선의 양반들은 이처럼 여러 조건을 충족시켜야 양반으로 인정받을 수 있었다. 유생 명부에 뇌물로 이름을 올리거나 족보를 적당히 위조한다고 하여 양반 대접을 받는 것이 아니었다. 물론 조선 후기 들어 양반의 법제적 특권인 군역 면제가 문란하게 운영되면서 정확하게 양반과 다른 신분의 부류들을 구분하기가 어려워진 것은 사실이다. 하지만 이는 군역제도가 문란하게 운영되었기 때문이지 다른 신분의 사람들이 양반으로 신분 상승을 한 때문은 아니었다. 이는 다만 양반이란 신분이 지닌 특권이 시대의 변화에 따라 모호해졌음을 의미할 뿐이다.

끝으로 이른바 실학자들의 신분관을 살펴보자. 그러면 조선의 지배층인 양반이 신분제를 유지하기 위해 얼마나 힘을 기울였는지 금세 알 수 있을 것이다. 그만큼 조선 후기에는 신분제가 해체되기는커녕 오히려 더 완고해졌다.

실학자도 신분제 유지론자

정약용은 『목민심서』 변등조(辨等條)에서 수령들에게 자기 관할 지역 내의 귀족들을 예우하도록 특별히 당부하고 있다. 여기서 귀족은 양반을 가리킨다. 그는 양반이란 표현은 그 원래의 뜻에 따라 문·무 관리에 대한 지칭으로만 써야 하며, 양반이라 불리는 계층은 '귀족'으로 불러야 마땅하다고 하였다.

그는 왜 양반을 '귀족'으로 불러야 한다고 주장하였을까. 양반은 과거를 통해 관직에 나간〔入仕〕 사람들의 후손을 말하는데, 입사했다는 것은 곧 군자가 되었다는 것을 뜻한다. 즉 학문과 덕행에서 사회의 스승이 되고 지도자가 될 만한 자격을 갖추었다는 뜻이다. 그와 같은 자격을 인정받아 관리로서 부틈을 받고 일선에 나아가 지도자로서의 직책을 수행한 사람들의 후손이라면 비록 입사하지 않았다고 해도 대대로 학문을 닦고 예를 실천하게 마련이므로 이들은 귀족이라는 것이다. 시대가 내려올수록 귀족은 많아지고 관직의 수는 일정하여, 궁벽한 지방일수록 그런 현상이 더욱더 심해지지만 그들은 귀족이므로 귀족으로서 예우해야 한다는 것이 그의 주장이었다.

정약용의 주장은 단순한 양반 예우 문제를 넘어 정치·사회의 기강을 바로잡는 기본문제를 언급한 것으로 보인다. 실제로 그것은 정치적·사회적으로 조선시대를 지배했던 이념인 동시에 풍토였다. 예컨대 당시 정책입안자들은 양탄의 이해관계에 관련된 정책을 논의할 때마다 "민심은 잃어도 되지만 사족의 인심은 잃으면 안 된다〔民心可失 士心不可失〕."는 주장을 자주 내세웠다. 이익 역시 "4대에 현관(顯官)이 없는 사람은 군액(軍額)에 충당한다고 하나 벌열세족

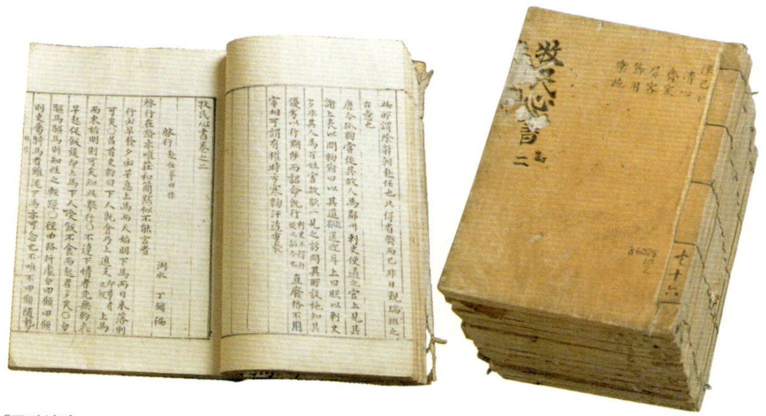

『목민심서』

(閥閱世族)들의 경우 설사 그들이 여러 대 동안 벼슬을 하지 않았다
고 해도 그것을 이유로 그들을 졸지에 군오(軍伍)에 편입시켜 미천
한 백성들과 동일하게 다룰 수 있겠는가."라고 하여 양반우대론을
펼치고 있다.

실학자들의 양반우대론은 노비제를 강화해야 한다는 신분관에서
더 뚜렷하게 드러난다. 가령 정약용은 임진왜란 때에는 사족들이
많은 노비를 소유하고 있었기에 의병을 일으킬 수 있었지만, 홍경
래 난 때에는 한 집에 한 사람의 노비도 낼 수가 없어서 의병을 조직
할 수 없었다고 개탄하였다. 그는 이런 현상이 영조 7년(1731) 노비
의 양인(良人) 처 소생을 모두 양인으로 하는 종모종량법(從母從良法)
실시 때문에 일어났다고 전제하고, 이 때문에 옛 노비법을 회복하
지 않으면 나라의 난리와 멸망을 구제할 수 없다고 주장하였다. 조
선왕조의 존립을 위해서는 사족 보호가 필요하고, 사족을 보호하기
위해서는 노비제의 강화와 유지가 필요하다는 견해였다.

정약용이 언급한 종모종량법은 현종 10년(1669) 송시열의 건의에 따라 처음 시행되었지만, 숙종 16년(1690)에 '송시열의 뜻'이란 비난을 받고 파기되었다가 1731년에 다시 시행되었다. 결국 실학의 집대성자로 알려진 정약용조차 대표적인 주자학자로서 지극히 보수적인 인물이었던 송시열보다도 더욱 보수적인 신분관을 가지고 있었던 것이다. 송시열이 종모종량법 시행을 주장한 것은 물론 그가 노비해방론자였기 때문은 아니었다. 당시 노비가 증가한 만큼 국역(國役)을 부담해야 하는 양인이 감소함에 따라 국가 재정을 확충하기 위한 방안이었다.

유형원은 송시열과 마찬가지로 종모종량법을 실시해야 한다고 주장하였다. 그러면서 공로와 재능 있는 자에게 면천(免賤)이라는 특권을 주어 노비의 숫자를 점차 줄여가자고 하였다. 정약용의 제안보다 진전된 내용이지만, 그렇다고 해서 신분제 자체를 부정한 것은 아니었다. 『반계수록(磻溪隨錄)』 노비조에서 "귀한 자는 남을 부리고 천한 자는 남에게 부림을 당하는 것은 변경할 수 없는 법칙"이라 주장한 인물이기에 그러하다.

이익 역시 예외는 아니었다. 그는 노비 소유를 억제해야 한다고 주장하여 유

형원의 제안보다는 온건한 편에 속했다. 노비 소유를 1백 명으로 제한해서 그 이상과 5세 이하의 노비는 양인화하되, 그 방법은 노비 스스로가 관에서 정한 저렴한 가격을 부담하면 해방되도록 하자는 것이었다.

물론 이들 실학자가 노비를 줄이자고 한 이유는 근대적인 인권사상에 입각한 것이 결코 아니었다. 국역을 부담하는 양인층이 급격히 감소하자 노비 증가를 억제하여 조정의 재정 적자를 가능한 줄이고 보자는 절실한 상황에서 제기된 것이었다. 당시 그들은 "노비가 점차 많아져 10명 중 8~9명이나 되고 양인은 점점 줄어 10명 중 한두 명이 될 뿐이다."라는 유형원의 지적처럼 노비 증가를 가장 시급한 현안으로 여겼다. 결국 그들의 제안은 국역을 부담하는 양인층 확보라는 국가재정 확충안의 일환에 불과했다.

요컨대 정도의 차이는 있을지언정 가장 개혁적이라는, 심지어 근대 지향적인 그룹으로 알려진 실학자들마저 신분제 유지를 고수하였는데, 보수적인 사족들의 신분관은 두말할 나위도 없을 것이다. 실제 조선 후기에 이르러서도 신분제는 의연히 유지되었음은 물론 오히려 이전보다 강화되는 경향마저 있었다. 이것이 바로 역사적 사실이다.

26

화폐유통량 증가는 상업 발전의 산물?

|조선 후기 화폐 유통이 증가한 까닭은|

인류의 역사와 함께 교환수단인 화폐도 등장하였다. 그것이 오늘날과 같은 지폐·동전이든, 철이나 베와 같은 단순한 물건이든 간에 인류와 함께였다. 하지만 농업사회에서는 주로 자급자족했기 때문에 화폐 유통량은 극히 적을 수밖에 없었다. 조선시대 초기만 해도 이 같은 사정은 크게 다르지 않았다. 그러나 후기에 와서 화폐 유통량이 꽤 증가하였다. 심지어 농민들이 정부에 더 많은 화폐 주조를 건의할 정도였다.

흔히들 이런 조선 후기의 현상을 상업발달에 따른 필연적인 결과로 받아들이고 있다. 나아가 학계에선 이 시기에 자본주의가 자생적으로 싹튼 것으로 이해하고 있는데, 그 결정적인 근거를 바로 상업의 발전에 두고 있다. 현재 이런 견해는 통념으로 자리하고 있다. 그런데 과연 이는 역사적 사실에 부합하는 것일까?

화폐 유통을 위한 정부의 조치

조선시대의 화폐제도는 대체로 은과 구리, 즉 은화(銀貨)와 동화(銅貨)를 모두 통용하는 복본위제(復本位制)였다. 은화의 경우 동화와는 달리 큰 역할을 하지는 못했다. 태종 8년(1408)에 조정은 생산량 부족을 이유로 은의 사용을 제한하였으나, 외국과의 무역에서는 계속 사용되었고, 북부지방에서는 16세기 초반까지도 유통되고 있었다.

그 후 임진왜란 때 명나라 군대에 의해 상당량의 은이 유입되어 은화의 유통량이 증가하였다. 하지만 정부는 은화의 유통을 강력하게 통제하면서, 동화의 가치를 은으로 환산하여 고정시켰다. 동화를 위주로 하는 화폐제도가 이어지면서 18세기경에는 동전인 상평통보(常平通寶)가 지배적인 교환 수단이 되고, 은은 주로 비축 화폐로 이용되었다.

17세기는 조선의 화폐역사에서 큰 전환기였다. 당시 김육(金堉)과 같은 실용적인 일부 관리들은 중국의 발달된 화폐제도를 소개하면서 조선을 중국과 같은 화폐 유통 수준으로 끌어올리려고 노력하였다. 또한 이들은 화폐의 주조와 유통이 어려움에 처한 국가 재정의 위기를 해결하는 적절한 방법이라 생각하였다.

상평통보 숙종 4년(1678)에 조선왕조의 유일한 법화로 지정되었다.

정부는 화폐를 유통시키기 위해 정부의 관할하에 있는 주점(酒店)을 이용하기도 하였다. 가령 인조 4년(1626) 새로운 동화를 보급시키기 위해 주점을 설치하였으며 경범죄에 대한 벌금을 화폐로 지불할 수 있다고 포고하기도 하였다.

이런 노력의 소산으로 인조 11년(1633)에는 드디어 처음으로 상평통보를 주조할 수 있었다. 정부는 토지세의 일부, 관노비의 신공(身貢) 그리고 대동세의 10퍼센트를 화폐로 납부하도록 하였다. 벌금도 전처럼 동전으로 징수하였다. 한편 정부는 동전 유통을 확산시키기 위해 주조사업을 지방 주요 도시인 안동(후에 대구로 옮겨짐)·전주·공주 같은 곳에서도 실시하였다. 이들 도시에서 주조한 동전의 액면가는 서울보다 더 높게 책정하였는데, 이는 지방에 화폐 유통을 증대하기 위한 조치였다. 또한 동전 유통을 촉진하기 위해 관아의 상점들을 시장과 교통 요지에 세웠다.

재정 확충을 위한 화폐주조

금속화폐 사용에 대한 반발은 여전하였다. 정부에서 적극적으로 동화를 유통시켰던 17세기에도 일부 관료들은 금속화폐가 필요한 만큼 상업이 발달했는가에 대해 의구심을 나타냈다. 일반적으로 대토지 소유자인 양반계급도 화폐의 유통을, 자신의 우월한 지위를 보장해온 농업생산에 대한 위협으로 간주하였다. 그리고 동전의 원료인 구리의 부족에 대한 우려도 있었다. 이런 저항 때문에 효종은 1656년에 동화 사용을 금지하는 지시를 내렸으나, 5년 후인 현종 1년(1660)에 정부가 다시 주전(鑄錢)사업을 재개하는 등 우여곡절을 겪었다.

이렇게 조선왕조의 정부가 화폐를 주조하고 그 유통을 증대하려고 노력했던 까닭은 무엇일까. 지금까지는 주로 상업발전에서 비롯된 것으로 설명해왔다. 물론 조선 후기에 상업의 발달로 화폐의 수요가 증가한 것은 사실이지만 정부가 화폐를 주조하고 유통시키려한 데는 그보다 더 큰 이유가 있었다. 바로 화폐 주조가 보장해주는 커다란 이익 때문이었다. 이런 사정은 정부가 화폐를 발행하려는 목적에서 확인할 수 있다.

정부 차원에서 동전의 주조 문제가 본격적으로 거론된 것은 임진왜란 때였다. 구원군으로 참전한 명나라 경리(經理) 양호(楊鎬)가 조선 정부에 만력통보(萬曆通寶)의 주조 유통을 제의함으로써 비롯되었다. 『선조실록』 선조 31년 4월 2·8일조에 따르면, 양호가 만력통보의 주조 통용을 제의한 목적은 두 가지였다. 그 하나는 명나라 군사의 군수품 조달을 용이하게 하려는 데에 있었고, 또 하나는 이보다 더 중요한 것으로 임진왜란의 발발과 더불어 극심해진 정부의 적자 재정을 보완하기 위함이었다. 즉 전쟁비용 부담에 따른 재정 궁핍을 주조사업의 이익으로 해결하려는 데에 있었던 것이다.

현종 재위기간인 1660년대에는 잇단 재해로 농업 생산이 감소하면서 기근이 커다란 사회문제가 되었다. 굶주린 백성들은 토지세와 군포세를 납부하지 못했고, 관노비가 납부하는 신공도 동시에 줄어들었다. 정부는 이런 이유로 발생한 재정 수입의 적자를 주조사업의 이익으로 메우려 하였다. 숙종 21년(1695)에도 전국적으로 엄청난 흉년이 들자 전가의 보도처럼 화폐를 주조하자는 주장이 또다시 등장하였다. 정부는 흉년에 필요한 재정 확보를 주조사업으로 해결하였는데, 이때에는 지방 관청까지 주조를 허락할 정도였다.

화폐 주조와 유통은 농업사회의 질서를 뒤흔드는 역할을 하였다. 화폐의 광범위한 유통은 고리대와 사치풍조를 조장하여 농업을 우선시하는 주자학적 가치관을 동요시키고 농민층을 몰락시키는 등 사회적 문제를 야기하였다. 자연 화폐 유통에 대한 반대여론이 고조되었는데, 화폐 유통 반대 여론을 주도한 인물이 바로 영조였다.

영조의 지시를 받은 정부는 영조 3년(1727)에 화폐로 세금을 내는 조세금납제를 폐지하는 '순목령(純木令)'을 반포하여 포로 세금을 내는 포납제로 복귀하려 하였다. 순목령은 화폐를 정부의 재정 정책과 차단하여 화폐가치를 떨어뜨려 퇴장시키려는 조치였다.

그러나 화폐 유통 억제 정책은 곧 현실 앞에 무릎을 꿇게 된다. 영조 재위 7년(1731)에 전국적인 흉년이 발생하자 영조도 피해 복구 비용을 마련하기 위해 그해 9월 호조와 진휼청(賑恤廳)에 화폐 제조를 허락하였던 것이다. 이후 정부는 영조 18년에 50만 냥, 25년에 60만 냥을 발행하는 등 영조 연간에만도 10여 차례에 걸쳐 화폐 발행을 추진하였다.

막대한 이익을 남기는 화폐 주조사업

17세기 말부터 18세기까지는 상평통보를 주조하여 얻는 이익이 때로 50퍼센트에 이를 정도로 주조사업은 많은 이익을 보장해주었다. 가령 『숙종실록』 5년 9월 16일조 및 『영조실록』 7년 10월 23일조에 따르면, 화폐 주조에 의한 이윤율이 각각 50퍼센트나 되었다. 이 때문에 정부는 더 많은 화폐를 주조하여 유통시키기 위해 노력하였는데, 숙종 4년(1678)에 정부가 상평통보를 국가의 유일한 법화(法貨)로 지정한 것이 그 단적인 예다.

한편 1608년 실시된 대동법은 화폐 유통에 자극제로 작용하였다. 현물로 받던 공물이 쌀로 통일되어 납부되자 정부는 공물을 시장에서 조달해야 했는데 이때 화폐가 사용되기도 하였다. 또한 정부는 부분적으로나마 대동세의 화폐 납부를 허용하는 방식으로 화폐의 유통을 장려하였다.

영조 26년(1750)에 시행된 균역법도 화폐의 유통을 자극하였다. 군역세를 화폐로 내는 것을 허락함으로써 화폐 유통량이 부족해지자 18세기 초반에는 백성들이 정부에 더 많은 화폐의 공급을 요구하는 상황에까지 이르렀다. 이 같은 화폐 유통의 증가로 필요할 때만 주조하던 방침을 18세기 중반부터는 정기적인 주조로 바꾸게 되었다.

『만기요람』 재용편4 호조 1년 경비 및 선혜청(宣惠廳) 1년 경용(經用)조에 따르면, 금속화폐 즉 상평통보는 정부의 재정수입에 결정적인 도움을 준 것으로 나타나 있다. 1700년과 1800년 사이에 호조의 화폐주조에 따른 수입은 400퍼센트, 1750년과 1800년 사이에 선혜청의 수입은 약 60퍼센트 가량 늘어났던 것이다.

18세기 말 시장의 동전 유통량이 늘어나면서, 자연히 그 원료인 구리나 다른 금속에 대한 수요도 크게 증가하여 채굴이나 수입을 통해 이를 충족시켜야 했다. 그러나 화폐 주조에 필요한 원료 확보 비용을 낮추는 것은 쉽지 않았다. 그 결과 상평통보의 주조에서 나오는 정부의 이윤은 점차 하락하여 세입(稅入)의 주요 원천이 점차 줄어갔다. 『증보문헌비고』 재용고(財用考)6 전화(錢貨)조에 따르면 순조 25년(1825)과 동왕 29년, 30년 세 차례에 걸쳐 상평통보를 주조하였는데, 주조 원가 대 액면가의 비율은 각각 92퍼센트, 73퍼센트, 73퍼센트 대 27퍼센트였다. 이는 한때 주조 차익이 50퍼센트에 달했던 것에 비해 엄청나게 줄어든 것이었다.

극단적 화폐정책

화폐 주조에 따른 정부의 이익이 감소하자 정부는 대책을 모색하였고 동전의 무게를 줄이는 방법이 손쉽게 이용되었다. 무게가 줄어든 만큼 원료가 적게 들기 때문이었다. 그 결과 『만기요람』 재용편8 주전식(鑄錢式)조에 따르면 18세기 초에서 19세기 초까지 동전의 무게는 대략 50퍼센트나 줄어들었다. 하지만 이내 또 문제가 발생하였다. 동전의 무게가 작아지자 화폐의 가치도 떨어져 주조 이익이 줄어들었고, 금속 가격의 상승에 보조를 맞추는 데도 한계가 있었기 때문이다.

결국 정부가 채택한 최후의 대안은 더 가치가 큰 대전(大錢)을 주조하는 것이었다. 대원군 집권기인 1860년대 중엽 정부는 마진이 적은 상평통보보다 더 많은 이익을 남길 수 있는 대전을 주조하였다. 정부는 당오전(當五錢)과 당십전(當十錢) 같은 대전은 상평통보 몇 개의 구매력을, 당백전(當百錢) 같은 대전은 상평통보 수십 개의 구매력을 가졌기 때문에 많은 이익을 남길 수 있으리라고 계산하였

당백전 재정수입을 극대화하기 위한 조치로 기존 상평통보 액면가의 100배나 되는 당백전을 발행하였다.

다. 이는 원료를 절감하는 한편 주조사업으로 정부의 재정 수입을 늘리려는 이중의 목적을 위한 것이었다.

이런 사정은 『고종실록』 고종 3년 12월 6일조에 실려 있는 좌의정 김병학(金炳學)의 진술에서 확인할 수 있다. 김병학은 당시 백성들의 곤궁한 경제 상황을 개선하고 국방을 튼튼히 하는 등 정부의 공적 업무를 유지하고 지원하기 위한 재정이 부족하다고 개탄하면서, 정부의 세입을 증대하기 위한 최선책은 당백전 주조밖에 없다고 제안하였다. 조정 대신들도 대체로 이 제안에 동의하였다. 또한 당시 경복궁 중건으로 경영난에 빠져 있던 대원군은 이를 타개할 묘책으로 당백전을 주조해 유통시키기로 결정하였다.

당백전은 고종 4년(1867) 1월 15일부터 유통되기 시작했는데, 그 액면가는 기존 상평통보의 100배였지만 금속 본래의 가치로 볼 때는 겨우 5~6배에 지나지 않았다. 정부는 조세 등을 납부할 때 당백전을 3분의 2, 상평통보를 3분의 1의 비율로 납부하도록 명령하여 당백전을 강제로 유통시켰고, 무기를 수리하거나 요새 수선, 지방 관아에 대한 지원, 새로운 환곡 자금의 조달 등에도 당백전을 사용하도록 하였다.

그러나 경제문제를 정치논리로 풀려던 당백전은 엄청난 인플레이션만 유발한 채 실패하고 말았다. 당백전의 유통으로 화폐 유통

질서가 극도로 문란해져 쌀값이 무려 5배~6배나 올랐던 것이다. 이로 인해 당백전 유통을 주도한 대원군은 정치적으로 궁지에 몰리기도 하였다.

요컨대 정부가 화폐를 주조하고 그 유통을 증대하려고 노력했던 까닭은 화폐 주조에 따른 커다란 이익에 있었다. 상업화의 진전에 따라 어느 정도 화폐의 수요가 늘어난 이유도 있었지만, 그보다는 화폐 주조에 따른 막대한 이득이 화폐 주조와 유통의 주요한 원인이었던 것이다.

『고종실록(高宗實錄)』, 『만기요람(萬機要覽)』, 『목민심서(牧民心書)』, 『반계수록(磻溪隨錄)』, 『석동유고(石洞遺稿)』, 『성호사설(星湖僿說)』, 『숙종실록(肅宗實錄)』, 『여유당전서(與猶堂全書)』, 『영조실록(英祖實錄)』, 『중종실록(中宗實錄)』, 『증보문헌비고(增補文獻備考)』, 『효종실록(孝宗實錄)』

1) 김용섭, 「조선후기의 농업문제와 실학」, 『동방학지』 17, 1976.
2) 김태영, 『실학의 국가 개혁론』, 서울대학교 출판부, 1998.
3) 조광, 「실학과 개화사상의 관계에 대한 재검토」, 『조선후기사 연구의 현황과 과제』, 창작과비평사, 2000.
4) 지두환, 「조선후기 실학연구의 문제점과 방향」, 『태동고전연구』 3, 1987.
5) 천관우, 「실학개념 성립에 관한 사학사적 고찰」, 『이홍직박사회갑기념 한국사론집』, 1969.
6) 한우근, 「이조 실학의 개념에 대하여」, 『진단학보』 19, 1958.
7) 김영호, 「다산의 신분제개혁론」, 『한국사학』 10, 1989.
8) 송준호, 『조선사회사연구』, 일조각, 1997.
9) 이준구, 「19세기 유학층의 확대와 신분제 변동」, 『국사관논총』 68, 1996.
10) 이준구, 「18, 19세기 신분제 변동 추세와 신분 지속성의 경향」, 『한국문화』 19, 1997.
11) 김병하, 「이조전기의 화폐유통-포화유통을 중심으로-」, 『경희사학』 2, 1970.
12) 원유한, 「화폐유통정책」, 『한국사론』 11, 국사편찬위원회, 1982.
13) 제임스 B. 팔레저 · 이훈상 역, 『전통한국의 정치와 정책』, 신원, 1994

8

동아시아 삼국의 영토전쟁

불완전한 1712년의 조청정계(朝淸定界)와 간도영유권 확보
일제의 추악한 정략, 백두산정계비는 어디로 갔을까?
일본측 자료도 인정한 '독도는 한국 땅'

27

불완전한 1712년의 조청정계(朝淸定界)와 간도영유권 확보

중국정부가 추진중인 '동북공정(東北工程)'의 2003년 중점 연구 과제 가운데 '간도(間島)문제연구'가 있다. 이른바 동북공정은 중국 사회과학원 직속기관인 '변강사지연구중심(邊疆史地研究中心)'에서 2002년 2월부터 추진해온 '동북변강사여현상계열연구공정(東北邊疆 史與現狀系列研究工程)'을 줄인 말로서, 중국 동북지방의 역사, 지리, 민족 문제 등과 관련된 주제를 중점적으로 연구하는 국가적 차원의 프로젝트이다. 동북공정의 연구과제 가운데 간도문제연구는 남북 한-중국 간의 분쟁지역을 다루는 유일한 주제다. 일반적으로 국제 법상 국가 간의 영토 분쟁이 발생할 경우 자연·지리적 조건, 역사 적 영유권, 실질적 거주민의 현황 등을 참작하여 그 영유권을 판결 한다. 지금 중국정부가 동북공정의 중점 연구과제로 간도문제를 선 정한 의도가 바로 여기에 있다.

고조선이 요동지방에 둥지를 튼 이래 부여, 고구려, 발해로 이어 지는 동안 만주는 한민족의 무대였다. 발해 멸망 이후 한민족의 활 동무대는 한반도로 축소되었지만 만주가 한민족의 땅이라는 의식 은 발해가 망한 926년에서 무려 천 년의 세월이 흐른 지금에도 사라

지지 않고 있다.

발해의 멸망 후 조선 세종 때에 와서 한민족은 압록강과 두만강을 경계로 하는 한반도를 영토로 확보하였다. 두 강 너머 만주에 살고 있던 여진족(女眞族)은 부족통합을 이루지 못한 채 조선에 조공을 바치고 관직을 받는 조공관계를 맺고 있었다.

그 후 17세기 초 여진족 추장 누르하치가 여진족을 통합하고 청나라를 세우게 되자 만주는 이들에게 색다른 의미가 되었다. 중원을 정복한 청나라는 만주 일대 약 500여 킬로미터에 달하는 지역을 봉금(封禁)지대로 설정해 신성시하면서 사람들의 출입을 금지하였다. 사람의 왕래가 끊긴 이 지역은 자연히 무인지경(無人之境)이 되어버렸다.

백두산정계비가 세워진 이유

애초 조선과 청은 정묘호란(1627) 때 '강도맹약(江都盟約)'을 맺은 사이였고 그 조항 중에는 사사로이 국경을 넘은 백성들에 대해서는 양국 정부가 모두 받아들이지 않고 돌려보내야 한다는 규정이 있었다. 실제 조선에서는 조정의 허락 없이 월경(越境)할 경우 극형에 처하는 것이 국법이었다. 하지만 실제로는 상당수의 변경 주민들이 산삼 등을 채집하거나 사냥을 위해 자주 월경하였고, 청국인 역시 마찬가지였다.

조선인의 월경사건은 기록에 나타난 것만으로도 숙종 6년(1680)부터 정계비가 세워진 숙종 38년(1712)까지 33년간 모두 18차례나 있었는데, 그중 6년·11년·16년 3차례는 청에서 칙사(勅使)가 건너와 조선의 국왕과 동석하여 월경사건을 직접 심판하였다. 특히 11년의 사건은 조선인 25명이 압록강을 건너 산삼을 캐다가 백두산 부근을 답사하던 청나라 관원들을 습격한 일로, 청측은 조선 국왕도 이 사건에 책임이 있다고 해서 벌금으로 은 2만 냥을 부과했을 정도로 큰 파문을 일으켰다.

청국인의 월경사건도 꽤 많았다. 소규모의 인원이 월경해온 사례도 있지만 대체로 수십 명이 집단 월경해서 조선의 파수병이나 관원을 납치해간 예가 비일비재하였다. 하지만 조선은 월경한 청국인을 처벌할 수 없어 북경에 외교문서를 보내 항의하는 데 그쳤을 뿐이다.

이런 사건들 때문에 국경분쟁이 자주 일어나자 숙종 37년(1711)에 청나라 오라총관(烏喇摠管) 목극등(穆克登)이 압록강 대안 현지에 와서 조선의 참핵사(參覈使)와 함께 불법월경사건들을 조사한 일이 있었다. 그 이듬해 청나라는 이들 사건의 재발을 방지하는 조치의 일환으로 조청(朝淸) 간의 국경을 정하려는 계획을 진행하였다. 청나라가 백두산을 시조 포고리옹순(布庫里雍順)의 탄생지로 간주하여 신성시한 점도 하나의 이유로 작용하였다.

1711년 청의 강희제는 청과 조선이 압록강과 토문강(土門江, 백두산 천지에서 발원하여 북으로 흐르는 쑹화강〔松花江〕의 한 지류)을 경계로 삼고 있는데 두 강 사이의 지방은 정확히 어디에 속하는지 알 수 없으니 조사하라는 명령을 내렸다. 그 이듬해 2월 청 조정은 이미 압록강 현지에 와 있던 목극등을 비롯한 조사관을 백두산에 보내 변경(邊境)을 조사하려 하니 협조해달라는 외교문서를 조선에 보내왔다. 이어 4월에는 목극등 일행이 두도구(頭道溝)에서 압록강을 거슬러 올라와 후주(厚州)에 도착하였다. 청국의 공문을 받은 조선 정부는 접반사(接伴使) 박권(朴權)과 함경감사 이선부(李善溥)를 보내 협의해 처리하게 하였는데, 이들은 함경도 혜산진에서 출발하여 5월 2일에 압록강을 거슬러 올라온 목극등 일행과 구가을파지(舊茄乙坡知)에서 합류하였다.

조선 정부는 접반사를 보낼 때 가능한 한 백두산을 기준으로 압록강과 두만강 이남을 조선의 강역으로 삼는다는 대략적인 방침만 정했을 뿐 구체적인 대비책은 완벽하게 마련하지 못한 상태였다. 청 역시 조청 양국의 경계가 압록·토문 양강인 것을 당연시해 협의할 필요조차 없는 것으로 보고 있었다. 이 때문에 조선은 별다른 문제 없이 압록강과 두만강, 백두산 남쪽을 영토로 확보할 수 있었다.

이제 조청 간에 남은 문제는 두 강의 정확한 수원(水源)을 확인하는 작업이었다. 강을 경계로 국경을 획정할 경우에는 본류가 아니라 발원처가 기준이 되기 때문이다. 그런데 목극등은 접반사 박권의 나이가 많아 산행이 곤란하다는 이유를 들어 그의 동행을 거부하였다. 그리하여 조선측에서는 접반사 군관 이의복(李義復), 순찰사 군관 조태상(趙台相), 거산찰방 허량(許樑), 통역관 김응헌(金應瀗) 등 중하위직 6인만이 동행하였는데, 조정에서 보낸 대표가 없어 모든 것은 청나라의 의도에 따라 백두산 천지(天池) 동남쪽으로 4킬로미터 지점인 2,200미터 고지 분수령(分水領)에 정계비를 세웠으니 이것이 바로 '백두산정계비'다.

토문은 두만강인가 토문강인가

이렇게 세워진 백두산정계비는 '대청(大淸)'이라는 두 글자를 머리에 크게 쓰고, 그 아래에 "오라총관 목극등이 성지를 받들고 변경을 답사하여 이곳에 와서 살펴보니, 서쪽은 압록이 되고 동쪽은 토문이 되므로 분수령 위에 돌을 새겨 기록한다〔烏喇摠管穆克登 奉旨査邊 至此審視 西爲鴨綠 東爲土門 故於分水領上 勒石爲記〕."라고 새기고, 아울러 청국 수행원들의 이름을 적은 후 날짜를 적고 그 아래 조선 관원들의 이름을 새겼다.

이때 목극등은 다시 조선 관원들에게 부탁하여 토문강의 수원(水源)이 되는 물길이 중간에 땅속으로 들어가서 경계를 확인할 수 없는 곳에는 여기저기에 돌과 흙으로 돈대(墩臺)를 쌓아 아래쪽 강물에까지 연결되게 하여 불법으로 월경하는 일이 없도록 하였다. 이로써 조청(朝淸) 두 나라의 국경선이 확정된 것이다. 이후 두 나라 사이에 국경분쟁이 발생하면 이 정계비가 기준이 되어 해결할 정도로 비문은 중요하게 취급되었다.

백두산정계비의 요지는 '서쪽은 압록강, 동쪽은 토문강을 경계로 한다'는 것인데, 이때 목극등이 수원을 명백히 밝혀야 한다는 조선 측의 주장을 거부하지 않았다면 토문강과 두만강이 별개였다는 사실이 자명해졌을 것이다. 이처럼 정계 당시 '토문'이 어느 강인지를 분명하게 밝혀놓지 않아서 이후 두 나라간 국경분쟁의 불씨로 남게 되었다. 특히 19세기 말 청과 국경 및 영토 문제가 발생했을 때 조선은 '토문은 쑹화강의 한 지류인 토문강을 말하는데 이는 두만강 북쪽의 지명이므로 간도는 조선령'이라고 주장했으나, 청은 토문(土

門)을 도문(圖們)·두만강의 같은 이름이라고 해석하여 간도를 청의 영토라고 주장하였다. 따라서 토문이 어느 강인가를 밝히는 것이 양국 국경을 결정하는 핵심적인 문제가 되었다.

조선은 초기만 해도 '토문은 두만강의 북쪽에 있는 쑹화강의 지류'라는 사실을 분명하게 인식하고 있었다. '토문은 지명이며 두만강의 북쪽에 있다.'는 『용비어천가(龍飛御天歌)』의 주석이 그 단적인 기사일 것이다. 하지만 국경을 획정〔定界〕할 당시 청에선 토문강과 두만강을 같은 것으로 알고 있었으며, 조선측도 토문과 두만을 동일한 것으로 파악하고 있었다고 생각된다. 예컨대 1712년 정계 때 조선 접반사 박권이 압록강과 두만강을 경계로 하자고 제의하자 청의 목극등이 전혀 이의를 제기하지 않았던 것으로 보아 그러하다. 두 나라 모두 두만강과 토문강을 별개의 강으로 보지 않았던 것이다. 이렇게 조선 초기만 해도 두만과 토문을 별개의 강으로 구별하고 있었던 조선에서조차 정계 때 두 강을 구분하지 못한 이유는 조선 중기 이후 북방 경영이 어려워지던서 그 지역 사정에 대한 이해가 부족했기 때문이다.

사실상 간도는 조선령

이처럼 조청 간의 정계는 경계가 되는 강과 수원을 명확히 하지 않아 분쟁의 소지가 있는 불완전한 국경조약이었지만 조선은 백두산을 기준으로 압록강과 두만강 이남 지역을 영토로 확보하였다. 이미 1712년 정계 이전부터 압록강과 두만강 이남을 조선의 판도로 확실히 장악해야 한다는 의견이 있었지만 정계 이후 북방경영이 활성화되면서 이를 넘어선 지역에까지 관심의 영역이 확대되어갔다.

이런 사정은 정계비를 세운 이후에 그려진 고지도(古地圖)를 보면 확인할 수 있다. 예컨대 토문강과 두만강을 명확히 구분하여 그리는 지도가 주류를 이루고 있다. 가령 서울대 규장각이 소장하고 있는 19세기 초 '백두산정계비 지도'(서지번호 26676)에는 토문강이 헤이룽강〔黑龍江〕과 합류하는 두만강과 전혀 다른 강으로 표시돼 있는데, 이 무렵 조선에서는 두 강을 별개의 강으로 인식하고 있었음을 입증하는 단적인 사례가 된다. 동시에 이들 고지도에서는 간도를 조선의 판도로 표시하고 있다. 또한 18~19세기 서양에서 중국 측 자료를 토대로 제작된 고지도들도 대부분 두만강 이북 동간도 지역뿐 아니라 압록강 건너 서북쪽인 서간도도 조선 땅으로 표기하고 있다.

요컨대 1712년 정계 이후 조선에서는 북방에 대한 이해가 높아지면서 사실상 간도를 조선의 영토로 간주하였다. 정계 이후 조선, 나아가 외국에서 제작된 각종 고지도가 그 단적인 증거가 된다.

28

일제의 추악한 정략,
백두산정계비는 어디로 갔을까?

오늘날까지도 한국인은 만주와 한반도의 중심에 위치한 백두산을 민족의 성산(聖山)으로 여기고 있다. 그 산 정상에는 한때 '백두산정계비'가 있었다. 조선과 청나라 사이에는 별다른 명확한 국경선이 없었으며, 두 나라 간의 유일한 국경 표지판이 바로 이 정계비였다. 이 때문에 백두산정계비는 조청 두 나라 사이에 영토 및 국경 분쟁이 발생할 때마다 분쟁을 해결하는 데 결정적인 근거로 이용되었는데, 지금은 수난의 한민족사를 상징하듯 어디론가 사라져버렸다. 백두산정계비가 사라진 배경에는 조국을 빼앗긴 망국민의 회한과 일본 제국주의의 추악한 정략이 숨겨져 있다.

간도는 조선 땅

숙종 38년(1712) 백두산정계비의 건립 이후 고종 초까지 대략 160년간은 조선과 청 두 나라 사이의 국경문제가 별다른 주목을 끌지 못하였다. 그러다가 청의 봉금(封禁)정책과 조선의 월경(越境)금지 조치가 해이해지자 조선인이 두만강을 월경하여 개간하기 시작하였다. 처음에 변경의 조선인은 월경해서 농사를 지으면서도 주거는 그대로 두만강 남쪽에 있었으나, 차츰 주거까지 강북으로 옮겨가면서 좀 더 멀리 북쪽으로 들어갔다. 그러던 중 고종 6~7년(1869~1870)에 함경도에 큰 기근이 닥치자 월경자가 크게 늘어났다. 그리하여 국경분쟁이 또다시 양국의 주요한 외교현안으로 떠오르게 되었다.

당시의 통계를 찾아보기는 어렵지만, 고종 28년(1891) 국왕이 평안감사 민병석(閔丙奭)에게 변방지대의 상황을 물었는데 민병석이 아뢰기를 "압록강변의 9개 읍이 중국과 인접해 있는데 그쪽으로 건너간 조선 사람들이 10만 명도 넘습니다."라고 보고한 일이 있었다. 이 무렵인 1897년의 통계에 따르면 통화, 환인, 관권, 신빈 등 간도지방의 네 현에 살고 있는 조선인은 8,722호에 무려 3만 7,000여 명에 달했는데, 이는 간도 인구의 80퍼센트 이상임은 물론이고 그 개간지도 이와 같았다. 한마디로 간도는 사실상 조선의 영토였으며, 적어도 현행 국제법상 영유권 판결의 기준이 되는 자연지리적 조건, 역사적 영유 경과 그리고 실질적 거주민의 현황을 고려하더라도 그러하다.

고종 18년(1881)에 청나라는 찌린썽〔吉林城〕 장군 명안(銘安)과 흠차대신(欽差大臣) 오대징(吳大徵) 등을 보내서 본격적으로 간도를 개척하려 하였다. 임오군란을 계기로 조선의 실권을 장악하자 간도문제를 힘으로 해결하려 한 것인데, 청의 위세에 눌린 조선은 결국 1년 안에 자국민을 쇄환(刷還)하겠다고 약속하였다. 조정의 이런 방침은 간도를 개척한 조선 농민들로서는 도저히 받아들일 수 없는 것이었고, 이들은 백두산정계비와 토문강을 답사한 근거를 가지고 이 지역이 조선 땅임을 정부에 호소하였다.

조선정부도 고종 20년(1883) 서북경략사(西北經略使) 어윤중(魚允中)을 보내 이 지역을 시찰하게 하였는데, 이때 어윤중은 두만강 북쪽 너머 간도에서 농사짓는 조선인들을 격려하였으며 정부에도 간도가 조선 영토라고 보고하였다. 이후 간도의 영유권 문제는 조·청 양국 간의 중요한 외교적 현안으로 부각되었다. 청나라는 계속 위협을 가했지만 간도가 조선령임을 확신한 조선정부 역시 강경한 태도로 양보하지 않았다.

고종 40년(1903) 조선정부는 이범윤(李範允)을 간도관리사로 파견해 교민을 보호하고 세금을 징수하게 하였다. 이범윤은 군대를 편성하고, 10호(戶)를 1통(統), 10통을 1촌(村)으로 하여 통장과 촌장을 두는 행정조직을 마련하였다. 이는 발해가 멸망한 후 실로 1천여 년 만에 간도가 조선의 영토임을 세계만방에 공포한 획기적인 조치였다.

현행 국제법상 전쟁으로 국경선을 수정하여 영토를 확대하는 비조약(非條約)적 절차는 금지되고, 일반적으로 국가 간의 조약에 따라 국경선을 획정하는 방식이 인정받고 있다. 다만 비조약적 절차 중 여전히 유효한 것은 관습법상의 취득시효(取得時效)를 들 수 있다. 일정한 지역을 아무런 장애 없이 오랫동안 점령하고 국가가 효과적으로 권력을 행사함으로써 유효한 국경선이 성립되는 것이다. 요컨대 조선정부가 자국민이 오랫동안 점유한 상태에서 효과적인 국가권력을 행사할 수 있는 획기적인 조치까지 취했기 때문에 국제법상으로도 조선의 간도 영유권은 인정받기에 충분했다.

일제가 팔아먹은 간도

그러나 조선의 간도 영유권은 일본 제국주의의 한반도 침략으로 무산되고 말았다. 일제는 1904년 일본인 고문(顧問)정치를 주요 내용으로 하는 제1차 한일협약(韓日協約)을 강제로 체결한 후 이듬해 러일전쟁을 일으켜 승리하였다. 러일전쟁의 승리는 일제가 한반도를 차지할 것임을 내외에 공포한 셈이 되었는데, 실제로 일제는 그해인 1905년 11월 강제로 제2차 한일협약, 즉 을사조약(乙巳條約)을 체결하였다. 제2차 한일협약의 주요내용은 일본이 한국의 외교권을 박탈하여 대신 행사한다는 것으로 이를 위해 일본인 통감을 둔다는 내용이었다.

외교권을 강제로 빼앗김에 따라 간도문제는 조·청 사이의 현안에서 청·일 사이의 현안이 되었다. 간도에도 욕심이 있던 통감부는 1907년 간도 용정(龍井)에 통감부 파출소(派出所)를 설치하고 간도가 대한제국의 영토임을 선포하였다. 그리고 이에 대해 청이 부당하게 행동하면 무력도 불사하겠다고 선언하였다. 이로써 간도는 외교권을 빼앗긴 뒤에도 여전히 한국령으로 남아 있었다. 하지만 불과 2년 만인 1909년 일제는 갑자기 태도를 바꾸어 남만주철도의 안봉선(安奉線) 연장 등 만주에 대한 이권을 받는 대신에 간도 영유권을 청나라에 팔아 넘겨버렸다. 그리고 그 근거를 청의 주장대로 '토문강＝두만강' 설에 두었다.

실제 일제는 1909년 청일 간의 간도협약 체결시에도 간도가 한국령임을 분명히 인식하고 있었다. 최근 일제가 간도협약 당시에 제작했던 지도가 공개되었는데, '토문강'을 두만강(豆滿江)이 아닌 별개의 쑹화강 지류로 분명히 밝힌 이 지도를 보면 일본의 모순이 명백히 드러난다. 지도에는 '메이지〔明治〕 42년(1909) 10월, 축척 40만 분의 1'이라고 제작 연도와 방식을 밝히고 있다. 이 지도는 '조선총독부 도서' 직인과 '아홉 번째 지도'라고 표시되어 있는 것으로 볼 때 당시 일제 통감부나 군부대가 전략적인 목적에서 작성한 것으로 추정된다.

이 지도는 '제9도(第九圖) 백두산정계비 부근 수계(水系) 답사도'라는 제목 아래 백두산을 중심으로 압록강, 두만강, 쑹화강(토문강)과 그 지류의 흐름을 상세히 그려 놓았다. 특히 백두산 부근에서 동북 방향으로 흐르다가 다시 북쪽으로 꺾여 쑹화강과 합류하는 하천에 '토문강'이라는 이름을 명기해놓았고, 동쪽으로 흐르는 강에는 '두만강'이라 적어 토문강과 두만강이 같은 강의 다른 이름일 수 없음을 분명히 하였다. 따라서 이 지도는 '조선과 청의 국경인 토문강은 두만강의 또 다른 이름'이라고 줄곧 주장해온 중국에 반박할 수 있는 중요한 자료일 뿐 아니라 간도가 조선 땅이었음을 밝히는 결정적 자료로 주목된다.

이로써 일본이 청에 간도 영유권을 넘겨주며 제시한 근거는 당시에 제작된 지도에 의해 결정적으로 부정되었다. 이 때문에 일제는 훗날 말썽이 일 것을 우려해서인지 간도가 한국령임을 입증하는 결정적 증거인 백두산정계비마저 어디론가 가져가버렸다. 백두산정계비는 대개 1931년 9월 18일에 발생한 만주사변 직후에 사라진 것으로 알려져 있으나, 실제로는 그 두 달 전쯤에 없어졌다.

백두산정계비는 어디로 갔을까?

다음은 당시 일제의 간도파출소 총무과장이었던 시노다 지사쿠〔篠田治策〕의 비교적 양심적인 증언이다.

"백두산정계비는 청나라 황제가 그 선조의 발상지를 자국 영토 내에 포함함과 아울러 조선과 국경을 명확히 하여 국경 분쟁을 막기 위하여 조선과 협의해서 백두산에 건립한 유명한 국경비다. 그 후 '간도문제'가 발생함에 따라, 조청 양국과 청일 양국 간에 28년에 걸쳐 국제분쟁의 원인이 된 중요한 사적(史蹟)이다. 또 오늘날에는 1909년 9월 4일 '청일 간의 간도에 관한 협약(協約)'에 기인한 일만(日滿)간의 국경비다. 그런데 이 정계비는 1931년 7월 28일부터 다음날 29일의 아침 사이에 홀연히 그 자취를 감추었다.

근래 백두산에 등산하는 자는 경계가 필요하기 때문에, 우리 국경 수비대와 동행하는 것이 일반화되었다. 이때 역시 수비대 약 100여 명과 함께 56명의 일반인 등산자가 있었다. 일행이 1931년 7월 28일 오전 9시 30분경 정계비가 서 있는 곳에서 휴식을 할 때에는 분명 정계비가 확실히 있었다. 일반인과 군대가 나뉘어져 산 정상에 올라가 천지 부근에서 잠을 자고 다음날 아침 산을 내려왔다. 이 내려오는 길에 두 번째로 정계비에 도달했을 때에는 정계비가 이미 누군가의 손으로 철거되어 있었다. 그 곁에는 단지 백두산 등산안내도가 세워져 있을 뿐이었다. 일행 가운데 사적연구가는 돌아오는 길에 비와 비문을 조사할 예정이었는데, 결국 그 목적을 이루지 못하였다. 그가 매우 실망하고 산을 내려왔다는 것을 당시 일행 가운데 한 사람이 나에게 알려줬다.

아, 이 어찌 몰상식한 행위가 아니더냐. 이 중요한 사적을 없애버린 것은 국경을 모호하게 하려는 기도가 아니더냐. 비석을 철거하고 그 대신 안내도를 세운 것을 보면, 진실로 계획적인 행위이지 한순간의 호기심으로 한 것은 아니다. 이 행위는 일반 등산객이 한 것이 아닐 것이며, 그 밖의 자들이 하였다는 것은 충분히 알 수 있다.

나는 30여 년 동안 간도문제와 관련하여 이 정계비를 연구해왔기 때문에, 이 사실을 듣고 크게 놀랐고, 또한 분노를 참을 수 없었다. 이와 같은 중요한 사적은 국가로서도 영구히 보존해야 할 책임이 있고, 또한 현재 국경비로서 그 위치에 두어야 하는 것은 당연하다. 따라서 나는 여러 차례 조선총독부에 그 조사를 요구하였고, 그것도 총독의 명령으로 빨리 착수하면 아주 큰 비석이므로 쉽게 찾을 수 있다고 주장하였다. 그런데 총독부는 어떠한 관심조차 보이지 않았고, 1938년인 오늘에 이르기까지 그 조사를 시도조차 하지 않고 있다."

만약 백두산정계비를 가져간 것이 일제가 아니라면 조선총독부에서 침묵으로 일관했을 리 없다. 일제는 왜 만주사변 직전에 백두산정계비를 철거해버린 것일까? 아마 만주에 청의 마지막 황제 부의(溥儀)를 수괴로 하는 괴뢰 만주국을 수립하는 데 장애요소로 작용할 것을 우려해 없애버린 것인지도 모른다. 만주국의 정통성을 주장해야 하는데 간도가 조선의 영토라고 적혀 있는 백두산정계티는 그 장애요소가 될 우려가 있었다. 만주국을 기반으로 중국 전체를 점령하고자 했던 일제가 이런 침략 의도의 장애물이 될 수 있는 백두산정계비를 만주사변 직전에 모처로 가져갔을 가능성이 충분한 것이다.

　앞의 양심적인 한 일본인의 증언처럼 백두산정계비는 '아주 큰 비석'이므로 없애버리지만 않았다면 찾을 수 있었을 것이다. 그런 데도 일제는 조청 간의 유일한 국경 표지판인 백두산정계비를 찾으려는 어떠한 조치도 취하지 않았다. 그럼 백두산정계비는 어디로 갔을까? 백두산정계비에는 일제의 이런 추악한 정략과 망국민의 회한이 담겨 있는 것이다.

일본측 자료도 인정한 '독도는 한국 땅'

　　현재 한일 양국 간의 최대 현안 가운데 하나가 독도 영유권을 둘러싼 분쟁일 것이다. 인류역사상 국경선은 영구 고정성의 개념보다는 이동적 개념이 컸다. 이 때문에 과거에는 국가 간의 국경선 획정에 따른 분쟁이 전쟁을 야기하는 경우가 잦았다. 이런 경우 전승국 측에서 일방적으로 자국에 유리하게 국경선을 수정하는 일이 흔하게 일어났다. 하지만 오늘날에는 국가 간의 경계선이 불분명할 때 상호교섭에 따른 조약과 같은 협정을 통해 국경선을 획정하는데, 이때는 국제법상 자연·지리적 조건, 역사적 영유권, 실질적인 거주민의 현황 등이 참작된다. 이에 따르면 독도는 한국령임에 의문의 여지가 없다.

독도영유권 분쟁과 일본의 저의

　　해방 후 연합국 최고사령부는 지령 제677호 '약간의 주변지역을 정치상·행정상 일본으로부터 분리하는 데 관한 각서'에 따라 1946년

일본과의 영토분쟁의 중심에 있는 독도

1월 29일 독도를 한국영토로 반환하는 조치를 취했다. 한국 정부도 1952년 1월 18일 '인접 해양의 주권에 관한 대통령 선언'을 발표하여 독도가 한국의 영토임을 내외어 선포하였다. 이에 일본 외무성이 그해 1월 28일에 "대한민국의 선언은 다케시마(竹島, 독도의 일본 호칭)로 알려진 섬에 대해 영유권을 갖는 것처럼 보이나, 일본 정부는 대한민국의 그런 주장을 인정하지 않는다."고 항의해옴으로써 한국과 일본 사이에 독도 영유권 분쟁이 일어났다.

1954년 일본 정부는 국제사법재판소에 독도 분쟁 해결을 위탁 제소했다. 한국 정부가 이에 응하지 않아 일본의 제소는 안건으로 성립되지 않았다. 그 후 일본 정부는 간헐적으로 독도가 일본 영토라는 망언을 되풀이했다. 또한 그들은 해마다 한국의 독도 영유에 대한 항의문서를 대한민국 외교부에 보내오고 있는데, 이는 뒷날 독도 침탈을 위한 자료로 축적하는 동시에 국제사회에서 분쟁지역으로 인정받으려는 의도에서다.

이처럼 일본 정부가 계속 독도 영유권 논쟁을 일삼는 것은 독도의 잠재적인 경제 가치가 엄청나기 때문이다. 독도는 경상북도 울릉군 남면에 소속되어 있다. 그 위치는 울릉도 동남쪽 49해리, 일본 오키시마(隱岐島) 서북쪽 86해리의 동해 가운데 있으며, 북위 37도 14분 18초와 동경 131도 52분 22초 지점에 있다.

독도는 동도와 서도라는 두 개의 큰 바위섬과 그 주위에 흩어져 있는 작은 바위섬과 암초들로 구성되어 있다. 동도와 서도 사이의 거리는 약 200미터 가량이고, 동도의 동남쪽에는 상당히 크고 뾰쪽한 바위섬이 있어서 접근해서 보는 각도에 따라서는 마치 세 섬으로 구성되어 있는 것처럼 보이기도 한다.

울릉도의 부속 섬인 독도는 울릉도를 빼면 동해 한가운데 위치하고 있는 유일한 섬이기에 암초를 서식지로 하는 어류들이 철따라 몰려들어 수산자원이 풍부한 보고이다. 더욱이 앞으로는 해저자원도 지하자원처럼 개발이 될 수 있기 때문에, 배타적 경제전관수역 지정으로 인해 독도를 기점으로 다른 나라 영해(領海)와 접속하는 반지름 200해리까지가 실질적인 영해로 포함될 것이다. 이처럼 독도는 풍부한 수산자원과 잠재적인 엄청난 해저자원을 보유한 보고이기에 이를 영유한 나라에는 미래를 보장하는 섬이다.

1905년 일제의 독도 불법 침탈

러일전쟁 기간에 일제는 한국의 식민지화정책을 추진해나갔다. 일제는 1904년 8월에 일본인 재정고문관과 외교고문관 초빙을 내용으로 하는 1차 한일협약을 체결하였다. 그 목적은 한국정부의 재정·외교권을 박탈하는 데 있었다. 일제는 이에 그치지 않고, 궁내부·군부·경무청·학부 등에도 일본인 고문관의 초빙을 강요하였다. 이에 따라 정치의 실권은 일본인 고문관 수중으로 넘어갔다. 이른바 고문정치가 시작된 것이다.

이 무렵 일제는 불법적으로 독도를 침탈하기 위한 조치도 취하였다. 시마네현(島根縣) 어민 나카이 요사부로(中井養三郎)의 명의로 1904년 9월 29일에 량고도(リヤンコ島, 독도) 영토편입을 위한 진정서를 내무·외무·농상무대신에게 제출하였다. 주무부서인 내무성에서는 이듬해 1월 10일에 '량고도'를 죽도로 명명하고, 일본령으

로 편입하여 시마네현 소속 오키시마 지방관〔隱岐島司〕의 소관으로 하자고 내각에 건의하였다. 내각은 그해 1월 28일 이 건의를 승인하였다.

내무성에서는 2월 15일자 훈령 87호로 내각의 결정을 관내에 고시하도록 시마네현 지사에게 지령하였다. 이에 따라 시마네현 지사는 "독도를 죽도로 칭하고 지금부터 본현(本縣) 소속 오키시마 지방관의 소관으로 정한다."는 시마네현고시〔島根縣告示〕 40호를 공포하였다.

여기서 특히 주목해야 할 것은 내각결정문인데, 그 내용은 대략 이러하다.

오키시마 서북 85리에 있는 독도는 다른 나라에서 점령하였다고 인정할 만한 형적이 없고, 1903년 이래 나카이 요사부로가 이 섬에 이주하여 어업에 종사한 것이 명백하므로 국제법상 점령한 사실이 있는 것으로 인정한다. 따라서 이 섬을 죽도로 명명하고, 일본영토로 편입하여 시마네현 소속 오키시마 지방관의 소관으로 한다.

이 결정문에서처럼 일본 내각의 결정이 정당성을 확보하기 위해서는 국제법상 무엇보다도 독도가 무주지(無主地)였다는 전제조건이 충족되어야 한다. 그런데 당시 독도는 조선 어민들의 어업 기지로 자주 이용되곤 했던 곳이기에, 결코 무주지가 아니었다. 아무리 양보해도 조선 후기 정부는 독도를 우산도(于山島)라 부르고, 울릉도에 부속된 도서로 파악하여 자국의 영토로 인식하고 있었다. 또한 1900년 10월에 반포한 칙령 제41호 '울릉도를 울도로 개칭하고

도감(島監)을 군수로 개정한 건'에서는 울도군의 관할구역으로 독도를 규정함으로써, 독도가 대한제국의 영토임을 재확인하였다. 이처럼 무주지도 아니고 조선의 영토인 독도를 일본영토로 편입한 일본 내각의 결정은 국제법상 명백한 불법행위로서 그 근본부터 잘못된 것이다.

일본측 자료까지도 독도는 한국령

실제 일본에선 1905년 독도를 불법적으로 침탈하기 전까지는 독도가 일본령이라는 인식조차 없었다. 일본이 량고도에 다케시마란 새 이름을 붙여 영토로 삼았다는 것 자체가 그전까지 자신의 땅이라는 인식이 없었다는 것을 뜻한다. 이는 17세기 이래 줄곧 그러하였다.

운주(雲州)의 관리 사이토〔齋藤豊仙〕가 1667년에 저술한 『은주시청합기(隱州視聽合記)』는 독도에 관한 일본측 최초의 문헌인데, 여기서의 다케시마와 마쓰시마〔松島〕가 오늘날의 울릉도와 독도이다. 이 책에서는 일본(운주)의 판도를 오키시마에 한정하여 울릉도와 독도를 그 영역에서 제외하였다. 이는 적어도 독도와 울릉도는 일본의 영토가 아님을 명백히 한 것이다.

또한 17세기 말 조일 간에 영유권 분쟁이 일어났을 때, 1696년 도쿠가와 바쿠후〔德川幕府〕는 울릉도가 조선의 영토임을 인정하고 일본인의 울릉도 도항금지령(渡航禁止令)을 내렸다. 이는 막부조차도 울릉도와 그 부속도서인 독도가 조선령임을 확인해주는 조치였다.

이런 사정은 18세기 말엽 일본에서 제작된 일련의 지도첩들에서도 확인할 수 있다. 나가쿠보 세키스이〔長久保赤水〕가 1778년에 제작한 ‘일본로정여지도(日本路程輿地圖)’에는 일본 본토와 그 부속도서는 모두 채색하였지만, 죽도와 송도에는 조선 본토와 함께 채색을 하지 않았다.

당시 일본의 대표적인 학자인 하야시 시헤이〔林子平〕가 1785년경 제작한 ‘삼국접양지도(三國接壤地圖)’와 ‘대일본지도(大日本地圖)’에도 울릉도와 독도가 조선의 영토로 표시되어 있다. 그는 두 지도를 제작하면서 조선의 땅은 황색으로, 일본은 녹색으로 칠하였는데, 두 섬의 위치와 크기를 비교적 정확하게 그려넣고 황색으로 칠했을 뿐만 아니라 두 섬 옆에다 ‘조선의 것(朝鮮ノ持ニ)’이라는 글귀를 적어 넣어 조선의 영토임을 명확히 했다.

더구나 19세기 이후 막부는 울릉도 도항에 관한 규제를 더욱 강화하여 밀항자를 극형에 처하였다. 이후 다케시마(울릉도)와 마쓰시마(독도)는 일본인들로부터 점차 잊혀졌다. 그 결과 19세기 중엽 울릉도에는 ‘마쓰시마’라는 이름이 붙여지고 독도에는 ‘량고도’라는 서양식 이름이 붙여지게 되었다.

그러다 1876년부터 일본인들은 정부에 울릉도와 독도에 대한 개척 진정서를 잇달아 제출하였는데, 두 섬의 소재조차 파악하지 못하고 있던 일본 외무성은 조사에 착수하였다. 이때 외무성 공신극장(公信局長) 다나베〔田邊太一郎〕가 “듣건대 송도는 우리나라 사람들이 명명(命名)한 것이나, 사실은 조선 울릉도에 속하는 우산(于山)이다.”라고 증언하고 있듯이, 외무성 관리들조차도 독도가 조선령임을 인정하였다.

이 무렵인 1881년, 조선 정부도 일본인이 울릉도에서 벌목을 행한 것에 대한 항의조회를 일본 외무성에 보냈다. 이에 일본은 1883년 일본 최고의 국가기관인 태정관(太政官)의 명의로 울릉도 도항금지령을 내려 울릉도가 조선의 영토임을 다시 한번 확인하였다.

일본정부의 외무성·태정관뿐 아니라 육군성과 해군성도 독도가 한국영토임을 분명히 인정하였다. 일본 육군성 참모국이 제작한 1875년의 '조선전도(朝鮮全圖)'에는 독도가 조선영토로 표시되어 있다. 일본 해군성이 1894년에 발행한 '조선수륙지(朝鮮水陸誌)'에도 울릉도는 물론 독도도 포함되어 있다. 이는 일본 육군과 해군 또한 독도가 조선령임을 인정한 것이라 볼 수 있다.

요컨대 일본측의 문헌이나 지도들도 1905년 일제가 국제법상 불법적으로 자신들의 영토에 편입시키기 이전까지 독도가 명백히 한국의 영토였음을 입증하고 있다. 더구나 1905년 이전 일본의 해당 기관과 그 책임자도 독도가 조선의 영토임을 인정하였다.

참고문헌

『고종실록(高宗實錄)』, 『숙종실록(肅宗實錄)』, 『용비어천가(龍飛御天歌)』

1) 강석화, 「백두산 정계비와 간도」, 『한국사연구』 96, 한국사연구회, 1997.

2) 박용옥, 「백두산 정계비 건립의 재검토와 간도영유권」, 『백산학보』 30 · 31, 1985.

3) 백산학회 편, 『간도 영유권문제 논고』, 백산자료원, 2000.

4) 유봉영, 「백두산정계비와 간도문제」, 『백산학보』 13, 백산학회, 1972.

5) 이선근, 「백두산과 간도문제」, 『동빈 김상기교수 화갑기념 사학논총』, 1962.

6) 강석화, 「1712년의 조, 청 정계와 18세기 조선의 지방경영」, 『진단학보』 79, 진단학
   회, 1995.

7) 박용옥, 「백두산 정계비 건립의 재검토와 간도영유권」, 『백산학보』 30 · 31, 백산학회,
   1985.

8) 송병기, 『울릉도와 독도』, 단국대학교출판부, 1999.

9) 송병기, 『독도영유권자료선』, 한림대출판부, 2004.

10) 신용하, 『독도의 민족영토사 연구』, 지식산업사, 1996.

11) 이장희, 「독도문제의 국제법적 논쟁점과 그 대응방안」, 『사회과학논총』 11, 명지대학
    교 사회과학연구소, 1996.

12) 이종학, 「독도관계 고문헌 및 지도」, 『고서연구』 13, 한국고서연구회, 1996.

13) 허영란, 「독도 영유권 문제의 성격과 주요 쟁점」, 『한국사론』 34, 2002.

· 역대왕계표
· 찾아보기

조 선 편

1. 태조(太祖)
(1392~1398)
2. 정종(定宗)
(1398~1400)
3. 태종(太宗)
(1400~1418)
4. 세종(世宗)
(1418~1450)
5. 문종(文宗)
(1450~1452)
6. 단종(端宗)
(1452~1455)
7. 세조(世祖)
(1455~1468)
덕종(德宗)
9. 성종(成宗)
(1469~1494)
8. 예종(睿宗)
(1468~1469)
10. 연산군(燕山君)
(1494~1506)
11. 중종(中宗)
(1506~1544)
12. 인종(仁宗)
(1544~1545)
13. 명종(明宗)
(1545~1567)
덕흥대원군(德興大院君)
14. 선조(宣祖)
(1567~1608)
15. 광해군(光海君)
(1608~1623)
원종(元宗)
16. 인조(仁祖)
(1623~1649)
17. 효종(孝宗)
(1649~1659)
18. 현종(顯宗)
(1659~1674)
19. 숙종(肅宗)
(1674~1720)
20. 경종(景宗)
(1720~1724)
21. 영조(英祖)
(1724~1776)
장조(莊祖)
22. 정조(正祖)
(1776~1800)
23. 순조(純祖)
(1800~1834)
은언군(恩彦君)
전계대원군(全溪大院君)
은신군(恩信君)
남연군(南延君)
익종(翼宗)
24. 헌종(憲宗)
(1834~1849)
25. 철종(哲宗)
(1849~1863)
흥선대원군(興宣大院君)
26. 고종(高宗)
(1863~1907)
27. 순종(純宗)
(1907~1910)

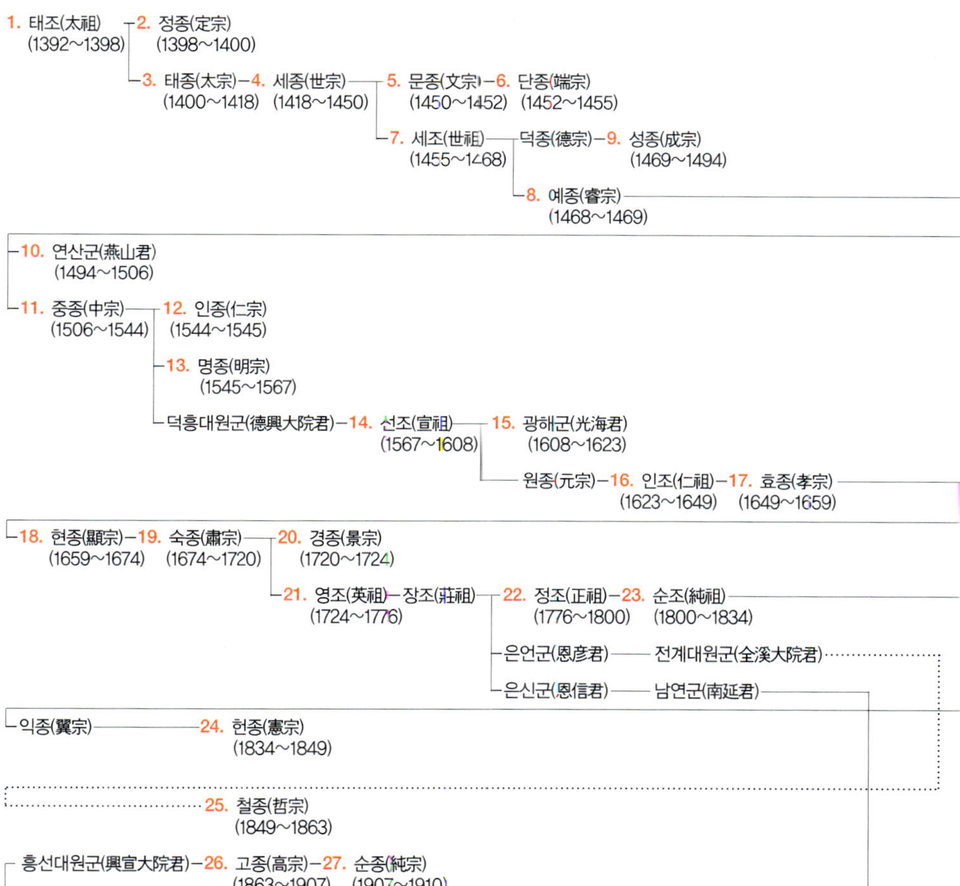

인명

주제어